「中庸」講義録

運命を発展に導く原則、
ここにあり

東洋思想研究家
田口佳史
taguchi yoshifumi

致知出版社

まえがき

　春秋戦国時代（紀元前七七〇〜前二二一）に起こった特筆すべき出来事といえば「諸子百家」があります。自説をもってこの混乱する社会を正し、秩序を取り戻して安定した社会の再現を果たさんとして、それこそ百家に及ぶ思想家たちが輩出しました。この時に、最も多くの人々から支持を受け、百家をリードしたのが孔子の説く儒家思想でした。

　ところが紀元前二二一年に全国を統一した「秦《しん》の始皇帝」は法治主義を採用したため徹底的に儒教を排撃し、有名な「焚書坑儒《ふんしょこうじゅ》」、儒教の書物をすべて集めて焼き捨て、数百人もの儒者を捕え、坑《あな》に埋めて殺すなどしました。

　しかし儒教はこれで絶えることもなく、次の「前漢・後漢」の時代に復活をしたのです。

　ところがその次の「三国時代（二二〇〜二八〇）に入ってから徐々に衰退し、社会の支持は一世紀頃に伝来した仏教と、儒教と並び立っていた道教（黄老《こうろう》の学）へと移ってしまったのです。以降約八百年近い長期に亘《わた》って脇役の立場に甘んじることになりました。

　そして唐（六一八〜九〇七）の末に到って、長年の眠りから覚醒を促《うなが》すような衝撃の書が現れます。それが韓愈《かんゆ》（韓退之《たいし》、七六八〜八二四）の『原道《げんどう》』です。この中唐を代表する詩人にして思想家が、この約千年の間の不安定な社会の主要原因は仏教や道教の政治から隔絶した感のある教えにあるのだとして、安定を取り戻す為には儒教を中心にした社会の出現が必要だと説いたのです。

「堯《ぎょう》・舜《しゅん》・禹《う》・湯《とう》・文王・武王・周公・孔子」に至るこの「仁義道徳」の聖人による伝統「先《せん》王《のう》の道」「礼楽の道」こそ、文明文化を基本とする道の伝統「道統《どうとう》」であり、これこそ人間社会の治国の基本であると訴えたのです。

その後「五代十国」の時代を経て、後周の将軍趙匡胤《ちょうきょういん》が文治主義による官僚政治の国家を建国します。これが「宋」（九六〇〜一二七九）です。宋は、一一二七年に金の侵入によって九代にして江南へ逃れ、杭州を都にして続くことになりますが、これが「南宋」です。

唐までは貴族社会であり、門閥社会でありました。つまりどの家に生まれるかによって人生が決まってしまうという、一部の人々以外は、やるせない一生を送ることになるという社会でしたが、民衆の要求の高まりによってこの宋になって実力尊重社会となりました。そこで官僚登用試験である「科挙」がより重視されることとなって登場するのが「士大夫《したいふ》」層なのです。この士大夫は、別に「読書人」と呼ばれるほどの人々で、この人々の要求によって儒教が社会の中心に座ることになるのです。

そこで誕生するのが「宋学」であります。

周濂渓《しゅうれんけい》、張横渠《ちょうおうきょ》、程明道《ていめいどう》と程伊川《いせん》の兄弟、などにより、面目を一新するような儒教が宋学として誕生するのです。

当時の革新的士大夫の気風を最もよく表明しているとする漢詩がありますので挙げておきましょう。張横渠の作です。

天地のために心を立て
生民のために命を立て
往聖のために絶学を継ぎ
万世のために大平を開く

終戦の詔勅の一部を成しましたから、ご承知の方も多かろうと思います。

そしてこの宋学を集大成して、壮大にして繊細な一大思想大系に仕上げたのが朱子（朱熹《しゅき》〈一一三〇～一二〇〇〉）であります。これが「朱子学」です。

朱子学の最高の主張は、「人間学」と「政治学」をより強く連結させたことだと私は思っています。

社会が平安に治まっているためには、まずより良いリーダーが必要です。国民を監視し抑圧するような社会も困りますし、戦乱の巷《ちまた》となって生命の危険を感じるような社会はもっと困ります。こうしたどのような社会になるかこそ、時のリーダーによるところ大といえます。したがって国民がより良い一生を過ごせるかは、より良いリーダーを得られるかどうかにあるのですから、そうした人を育てるための「人間学」が何といっても重要で、これこそが「国家学」を形成する必須の学なのです。

国家運営の学である「政治学」のみあっても完璧ではないのです。

朱子学は、この点を重視し、そもそも儒教が持っていたそうした要素を強化し、「政治学」と連結させて「人間学」を立てました。

これが「修己治人」です。

人間の精神性の高さ、人格の高さは、ここが限界というものはないとして、特にリーダーはその責任の重さから、君子を目指すとされていた目標を、いや聖人こそ目指すべきとしたのです。

「聖人学んで至るべし」

人間には聖人にさえなれる可能性があるとして人間に奮起を促《うなが》しているのと同時に、学問の在り方にも、人格の向上に資することこそ学問の究極の使命として注意を促しているのです。

『大学』と『中庸』は、朱子が心血を注《そそ》ぎこんで完成させた「朱子学の命《いのち》」ともいうべき典籍です。

特に『中庸』は、何といっても人間として生を受けた者としての責務として、天の代行者としての務めを果すべく、如何《いか》に天に近い存在としてのゆるぎない精神性を保有するか、そのための精神鍛錬の在り方を、丁寧に丁寧に説いているのです。「人間学」としての代表的教科書といえましょう。

『大学』が「修身・斉家・治国・平天下」「政治学」と「人間学」の連結の意義と在り方の詳細を説いているのに対しているのです。

今回『中庸』を読むにあたって、人間向上の書としての意義に焦点を当てましたのも、以上の理由によるものであります。

是非この『中庸』を『大学』と共により良い人生の手引書として親しんでいただき、座右の書として愛読いただくことを願うばかりであります。

「中庸」講義録＊目次

第二講　中庸の実践とは何か
――「道は人に遠からず」

第三講　天の基本「誠」とは何か

――「誠は天の道なり、之を誠にするは人の道なり」

第四講　天道の実践とは何か

――「天下の大経を経綸し、天下の大本を立てる」

第五講　君子の道とは何か
――「君子の道は、闇然として而も日々に章かなり」

※底本には『新釈漢文大系〈2〉大学・中庸』赤塚 忠（明治書院）を使用した。

第一講　天と人間の関係を学ぶ

——「天の命ずる、之を性と謂ふ」

●日本の国家デザインを担当した佐久間象山と横井小楠

昨今のコロナの影響で私などはほとんど閉塞状態というか、家からあまり出られません。しかし、今はインターネットが普及していて、家からいろんな講義を配信しています。ネットTVというものも活用しています。コロナに打ち克つために、いろんな手を使っていかなければいけないのかなと思います。

江戸後期に生きた佐久間象山という人は、なんと九年間も閉門にあって外へ出られませんでした。九年間というと面壁九年の達磨と同じですが、佐久間象山が九年間をどういうふうに過ごしたかというと、人生のやり直しのいいチャンスであるというので、時間があることをよしとしていろんな本を読んで過ごしました。その読書一覧というものを見たところ、こんな本まで読んでいるのかというような本が含まれていました。たとえばクラウゼヴィッツの『戦争論』というような本です。

今どきのマーケティング戦略論じゃなくて戦争戦略論というものが西暦二〇〇〇年ぐらいにブームになりました。それでアメリカのトップレベルのビジネススクールでも『孫子』を勉強しようということになったのですが、その連中に他に戦争戦略論として読んだのは何かと聞くと、皆一様に挙げたのがクラウゼヴィッツの『戦争論』でした。また『海洋戦略論』を書いたマハンという人も『孫子』読みとして有名です。マハンの『海洋戦略論』を読むと『孫子』を想起させるような内容になっています。

リデル＝ハートというイギリス人がいます。この人は「サー」の称号がついているようなイギリスでは相当の位を得た人です。このリデル＝ハートは『機甲戦略論』という本を書いています。このクラウゼヴィッツ、マハン、リデル＝ハートの本はいまだに戦争戦略論の基本にあるのですが、その大もとにあるのが実は『孫子』なのです。

佐久間象山はその『孫子』の戦略論を修めていました。何しろ『易経』を三歳でもすべて諳《そら》んじたという人ですから、『孫子』も語らせればとても蘊蓄のある講義をしたということです。そういう人が九年間も蟄居閉門になって、このときとばかり勉強をし直しているのです。当時の日本人でクラウゼヴィッツの戦争論を読んでいる人は他にいなかったでしょうし、そもそもその存在すらも知らなかったと思います。そういうものまで読んでいるというところが佐久間象山のすごいところです。

この佐久間象山と並んで、勝海舟も西郷南洲もすごい人だと頭を下げるのが横井小楠です。私は多少勝海舟と血筋がつながっているものですから子供の頃から勝海舟の書物を読まされたのですが、その中にも横井小楠のことが出てきました。いまの日本はこういう人をあまり大切にしようとしないのですが、この人は日本の宝と言っていいと思います。

この横井の論と佐久間の論は陰陽を成しています。この二人は近代国家日本の国家デザインを担当した、いわば国家構想係だったのです。ところが佐久間は明治維新の六年前に斬られて死んでしまいます。横井小楠も明治維新になるかならないかというときに斬られて死んでいます。国家構想係が二人ともいなくなってしまったわけですから、新政府の面々は慌てました。

ところが、岩倉具視というお公家さんはしたたかな人で、全く動じることなく、今は西洋の国が世界をリードしているのだから西洋を真似て国をつくればいいじゃないかということで岩倉使節団を派遣するのです。政府の要人百人ぐらいが新政権を樹立したばかりのときに二年以上も国を留守にして西洋の近代国家を見て歩くという、なんともすごいことをやったわけです。その結果、日本は欧米風の国になってしまったのです。

岩倉使節団が出かけている間、留守を預かっていたのが筆頭参議であった西郷南洲です。使節団の連中が帰ってきたとき、西郷さんたち留守番役の人たちは横浜の港へ皆で出迎えに行きました。大きな船が着岸してタラップが下がって、「さあ、大久保どんも伊藤どんも帰ってくるぞ」というので待っていたら、タラップからフロックコートとシルクハットという格好の外国人らしき乗客が次々に降りてきました。しかし、いっこうに日本人が降りて来ないので訝《いぶか》って近くに行ってみると、そのシルクハットとフロックコートの連中が「西郷さん、ご苦労さん」と言うので驚いた。よくよく見ると、大久保や伊藤だったというわけです。

そういうことになったために、日本人は「近代化＝西洋化」であると思ってしまいました。これは半面正しいところはありますが、半面は非常に罪深いことであると私は思っています。というのは、そこで日本の伝統というものが嫌になるほど打ち砕かれてしまい、継続されなかったからです。これは非常に反省すべきことです。

●敗戦で失われた規範形成教育

西洋化した近代国家日本がどうなったかということは、歴史的事実としてわれわれの目の前に突きつけられています。つまり、日本は一九四五年に敗戦国家となりました。三百十万名の同胞の命を亡くして無条件降伏で負けました。こういう結末になったということもわれわれは考えなければいけないのです。

さらに言えば、敗戦国家になった日本はアメリカによって占領されました。そのときに占領軍が自国の主たる連中に対して占領の記録を送っています。アメリカというのはすごい国で、五十年経つとそういう記録がすべてオープンになります。明らかになったそのリポートを見てみると、日本の美点がよくわかります。

例えば日本の伝統的幼年教育の中に規範形成教育というものがあります。人間は判断する動物です。正しい判断をできないと世の中が混乱してしまうので、判断事項がたくさんあります。では、正しい判断とは何か。日本では「正」という字がどういうふうにできているかということを教えてきました。「止」という字は「足」の象形文字です。その足が「一」という線のところでピタッと止まる。つまり、「正」とは「この線で止まれ」ということを表していて、それが「正しい」ことの判断基準になるのです。

外へ出て道路をご覧になるとわかりますが、線だらけでしょう。あれは「ここで止まってください。そうしないと危ないですよ」ということを意味しているのです。本来、それは人間の常識として持っているべきことです。そういうものを教養といいます。教養とは物知りであることではありません。正しい判断ができるのが教養です。

そういう教養を身につけるために、日本では三歳から素読をして、『中庸』などでも覚えてしまう。そして六歳で寺子屋や藩校へ行くと、今度はその意味を教える。それが幼年教育で行われていた規範形成教育なのです。

朱子は仁・義・礼・智こそが人間の本性であって、本性に基づいて判断したものが正しい判断であると言っています。ですから幼年教育においては、仁・義・礼・智とはどういうものなのかを「こういう場合にはこうすることだ」というようにして、まだ柔らかい頭に沁み込ませるように丁寧に教えていったのです。その結果、昔の子供たちは無意識に正しい判断ができるようになりました。それが幼年教育で重要なところでした。

「規範」は英語で「norm（ノーム）」と書きます。よく使う言葉で言えば「ノーマル」という言葉もノームから来ています。「ノーマル」はまさに「正しい」ということです。ノーマルな人間とノーマルな行動をするためにはノームを教えなければならない。これは万国共通で、アメリカなどの幼年教育では非常に細かくノーム教育をやっています。

それに比べても日本の教育のほうが数段上だったと言っていいと思います。そのためなのか、占領軍が中止勧告した最初の項目に「幼年教育の見直し」が入っているのです。そこから日本の規範形成教育はガタガタになって、現在の日本の体たらくにも通じているように思えてなりません。

私はこの二十二、三年間、何度も文科省に通って規範形成教育の再興を訴えてきました。ところが、文科省は時流に即した新しいカタカナの方針ばかり出してきて、こういう一番大切な方針がいまだに除かれたままになっています。私が『中庸』や『大學』の講義をあちこちでしているのも、日本の規範形成教育をなんとか再興しなければいけないという一念からです。文科省が変わるのを待っていても仕方がないので、自分でやろうということです。

規範形成の基本となるのは四書、つまり『大學』『論語』『孟子』『中庸』です。澁澤栄一は父親が四書の教育をしてくれたのが幼年の思い出であると言っています。それに倣って、今日はまず親御さんである皆さんに『中庸』についてお話しさせていただいて、次は皆さんが私から聞いた話をお子さんやお孫さんにお伝えいただきたいと思うのです。規範形成教育がないままではこれからの日本が心配です。ぜひこれをしっかり孫子の世代にも伝えていかなければなりません。

●西洋の「事業の学」と東洋の「心徳の学」

もう一つ申し上げなければならないことがあります。いま、ロシアがウクライナに侵攻して悲惨な戦争が起こっています。私はちょうど終戦の年に三歳でした。両親ともに江戸っ子で田舎がなかったものですから、戦時中はずっと東京におりました。あの三月十日の東京大空襲にも遭い、身内の何人かは亡くなっています。私どもの家も焼けて、大変な惨状でありました。あの大空襲では一晩で十万名以上が亡くなりました。民間人だろうとかまわずに無差別に爆弾を落とすという無慈悲な攻撃でした。ですから、私の人生でまず印象深かったのは空襲の警戒警報です。警報が鳴ると空の向こう端からB29がやってくるのです。最初はウーンという音だったのが真上に来るとガーッという音に変わり、すぐにバンバンバンバンと爆発音がしました。

そういう目に遭って思うのは、戦争だけはしてはいけないということです。

先に挙げた横井小楠は平和論者でしたが、国益も認めるというとても卓越した論を持っていました。平和と国益は相反するものになりがちですが、そうではないと言っています。そして、その論を明確にするために、西洋は伝統的に何を基軸に営まれているのかを知らなくてはいけないと言い、幕末の人としては非常な西洋通でありました。

横井は長崎あたりでオランダ人から直接話を聞き、西洋の文献を読んで、よくわかったことがあるというのです。それは、西洋の学問はどう見ても「事業の学」が根本にある、特に近代西洋社会ではそうだというのです。事業の学とは英語の「deal（ディール）」、日本語では「取引」のための学です。取引とは「交渉」をすることですから、どうやって交渉するのがいいかを研究するのが事業の学ということになります。その事業の学が根本にあって、そこからいろんな学が派生して出てきていると横井は考えました。

しかし、交渉をしても埒《らち》があかないということもあります。そのときは、「時間がかかりすぎているから決着をつけようじゃないか」となって、交渉力を上回る絶対的な力に縋《すが》るのです。その絶対的な力こそが武力です。要するに、交渉で決着がつかなければ軍隊を出すぞ、脅すのです。それで相手が屈服すれ交渉は成就するし、屈服しなければ戦争になるわけです。西洋の学問の基本にそういう考え方がある限り、戦争はなくならないということです。

一方、東洋の学問は「心徳の学」であると横井小楠は言っています。人間はどうあるべきかを徹底して教えるのが東洋の伝統的な学で、そこには人情というものがある。だから交渉が決裂しても、相手もそれなりに立場があるので少々譲歩してあげなければいけないと思うわけです。そこに人情が生ずるのが心徳の学だと言うのです。これとは反対に、西洋では交渉事になればなるほど人情がなくなってくると横井は言っています。よくぞここまで見抜いたなと思います。

したがって、横井は東洋思想で西洋思想を羽包《はぐく》んでやる必要があると言うのです。例えば、西洋が攻めてきたら、「ああそうか、領土がほしいか。しかし、考えてみてもらいたい。一方は領土が欲しいし、一方は領土を失うまいとする。それが折り合うことはないし、結局、殺し合いになるだろう。殺し合いになるほど損害が大きいことはない。両方に損害がなく、両方が満足して領土が広げられればそのほうがいいだろう。そのためには、お互いに協力し合って交易を盛んにして、地球上の人間が幸せになるようにお世話をする事業を一緒にやって、自分の領土のように親しい国がたくさんできるのが一番いいのではないか」ということを誠心誠意話してあげる。これが東洋思想でもって西洋思想を育んでやることなのだと横井は主張しています。

先に申し上げたように、私自身の人生の最初には戦争がありましたから、なんとしてもこの横井の論を世界中に知らせたいと思うのです。いま日本は非常に危ういところに来ています。自由主義圏第二の経済大国であったのが全然だめになってしまって、世界企業番付の百位内に入っている日本企業は数社しかないというのが現実です。経済が売り物の国家なのに経済がだめになったらあと何が残るのかというような状態です。

さらに言えば、日本にはいろんな制約があって自主的に国を守ることが叶わないという論法がはびこっています。数年前に与那国島に行ったのですが、本当に台湾は目と鼻の距離にあって、「おい」といえば「おい」と返ってくるような感じでした。その台湾で戦闘が起これば、誤射されたミサイルが飛んでくるかもわかりません。その瞬間に日本は戦争当事国になりますから、日中戦争が始まる危険性が高まります。だから、今のウクライナが気の毒だというのは確かですが、十年後の日本の姿をウクライナが示してくれていると思ったほうがいいのではないかというのが私の考え方なのです。

そういう危機感もあって、私は横井小楠の言う心徳の学を世界に発信しなければならないと言っているのです。殺し合いによって目的を成就するよりは平和によって成就するほうがよほど賢いやり方だということを、全方面から多数の例を引いて世界に発信して、事業の学を少々でも変更してもらわなくてはいけないと思っています。特にお隣の中国には真っ先に知ってもらわなければいけないので、英語に加えて中国語にも翻訳して配信しているのです。

配信から一年が経過した頃には、自由尊重派の中国の新聞に「このニュースレターは読んだほうがいい」と紹介してもらいました。それからアメリカのホワイトハウス近くのシンクタンクからは「機関誌に掲載したいので文章を書いてほしい」という要請が来ました。横井の論法がようやく世界中に届くということになってまいりました。

そういった時期に心徳の学のど真ん中に位置する『中庸』の講義をすることになったというのは、まさに「啐啄同時」であると感じます。そういうお話を前置きとしてさせていただいたところで、早速、第一段第一節から読んで行きたいと思います。

●「性」とは何か――「天の命ぜる、之を性と謂ふ」

第一段　第一節

天《てん》の命《めい》ぜる、之《これ》を性《せい》と謂《い》ふ。性《せい》に率《したが》ふ、之《これ》を道《みち》と謂《い》ふ。道《みち》を脩《おさ》むる、之《これ》を教《おしえ》と謂《い》ふ。
道《みち》なる者《もの》は、須臾《しゅゆ》も離《はな》る可《べ》からざるなり。離《はな》る可《べ》きは道《みち》に非《あら》ざるなり。是《こ》の故《ゆゑ》に君子《くんし》は其《そ》の睹《み》えざる所《ところ》に戒愼《かいしん》し、其《そ》の聞《きこ》えざる所《ところ》に恐懼《きようく》す。隱《かく》れたるより見《あら》はるるは莫《な》く、微《かす》かなるより顯《あきら》かなるは莫《な》し。故《ゆえ》に君子《くんし》は其《そ》の獨《どく》を愼《つつし》むなり。

われわれは四書五経と一つにして言いますが、五経に比べて四書は手軽にできていて格式として劣るのではないかという批判が後漢の頃からありました。

そこで南宋の時代に朱子が語感、文字や章句の並べ方に非常に気を遣って、改めて四書の編纂をし直しました。それを今われわれがこうして読んでいるわけですが、とりわけこの第一段第一節は名文です。

江戸時代の子供たちは、百字百回といって繰り返しこれを読んで文字どおり身に付けました。これは私たちにも真似のできることですので、ぜひ皆さんもお子さんと一緒に繰り返し読んでいただきたいと思います。

この「**天《てん》の命《めい》ぜる、之《これ》を性《せい》と謂《い》ふ。道《みち》を脩《おさ》むる、之《これ》を教《おしえ》と謂《い》ふ**」は原文では「**天命之謂性。率性之謂道。脩道之謂教。**」となります。五文字五文字五文字で、全部合わせて十五文字ですが、このわずか十五文字の中に無限の深みがあります。これを本格的に講義しようと思えば丸一日かかるというほどの広がりがあります。実際に、教師を志望して私のところで学んでいる学生たちには一日がかりで教授しています。今回もその主旨を外さないように、できる限り丁寧にお話ししたいと思います。

そこで最初の「**天《てん》の命《めい》ぜる、之《これ》を性《せい》と謂《い》ふ**」という文章ですが、これは何を言っているのでしょう。意味としては「天命が性をわれわれに与えてくれた」ということですが、その前提に非常に重要なことがあるのです。それは「天の命ぜる」とはどういうことかということで、実はこれは儒家の思想の根本にある「天人相関、天人合一」という考え方が前提にあるのです。簡単明瞭に言えば、われわれが生まれてこの地に降りるときに、天に対して「人として地上に生まれさせてくれ」と願ったということです。

これからお話しするのはすべて仮説です。しかし、今の科学も突き詰めれば仮説ですから、仮説だからといってバカにしてはいけません。真実を前提にするような仮説というのも中にはあると思ってください。

では、どういう仮説かと言うと、まず天に「なんとか生きとし生けるものに生まれさせてくれ」とお願いしたわけです。それに答えて天は「いいよ。それでは松なんかどうだろう。枝振りがいいしね。松は嫌か？　じゃあ桜はどうだ。ぱぁっと花が咲いていいじゃないか。えっ？　動物がいいのか？　それなら猫なんかいいじゃないか。可愛がってもらえるし」と言うのです。そこで「いや、できれば人間がいいんですが……」と言うと、「ああ、それはやめたほうがいい。人間は一番厄介だ」と天は言います。

それでも「どうしても人間に生まれたいんですけど」と天に願ってわれわれは人間に生まれてきたというのです。そのときに人間はなぜ厄介かというところから、天と人間の関係が語られることになります。

では、天と人間との関係とはどういうことでしょうか。

私は三十歳のときから八十歳の今日まで、必ず一日二時間古典を読むことを日課にして生きてきました。こんな本まで読む必要はないかと思うような古典も読んでいますが、それだけ読んでみてわかったのは、天は生きとし生けるものの生活を劣悪にすることを望んでいないということです。天は生きとし生けるものが愉快な人生を送ることを望んでいるのです。どこから検討しても、天は「愉快な人生を歩んでくれ」と望んでいるとしか考えられないのです。愉快な人生を歩まないというのは、まさに戦争などはそうでしょう。天が望んでいるのはそれとは反対の愉快な人生と健全な社会なのです。

ところが、天は自分が率先してこの地に降りて、「戦争はいけないからやめたほうがいい」「こっちが善だ。それは悪だ」というように采配を揮うことはできません。姿も現すことができないし言葉も発せられない。さて、どうしたものかと考え抜いて悩みに悩んだ末に、自分の代わりを地に降ろすしかないという結論に至りました。そして地に降ろされたのが人間であるわけです。

ですから、「天人相関、天人合一」の一番の基底にあるのは、「われわれは天に代わって人間として生まれてきた」という考え方なのです。これが儒家の思想が人権を崇高なものとして見ているという最大の証拠です。人間は天に代わって、天の仕事の代行者として生まれてきているというのが原理原則で、世界中に訴えなければいけないところです。

そうした天命を受けて人間が生まれてきたときに、「これを持って行きなさい」と言って天から与えられたもの、それが「性」です。この「性」のことを朱子は「本性（ほんせい／ほんしょう）」と言っています。「性根」という言葉があります。「性根が腐っている」と言ったりしますが、人間の骨格といってもいい根本になるのが「性」です。

これを現代語に置き換えれば「人間性」ということになるでしょう。「人間性なくして人間に非ず」ということです。生まれながらに人間だけが持っている本性が人間性なのです。ですから、「性」の第一の説明は「人間性」ということになります。人間性を天がわれわれに与えてくれたわけです。

「性」の第二の説明として、これを「理性」と読むべきではないかという説があります。儒家の思想は仏教などと違って欲望や本能を認めています。人間も動物なので本能もあるし欲望もあるという見方です。それを禁欲という言葉で真っ向から否定するのが仏教です。それで事が済めば話は簡単なのですが、そうはいきません。

そこで儒家は一歩も二歩も中に入って「性」というものを読み解こうとしました。つまり、欲望や本能の中にもよいものがあると考えたのです　例えば「意欲」というのはいい欲望です。意欲がない社会は発展も向上もできません。そういういい欲望もあるのだから、欲望を真っ向上段から切り捨てて否定してしまってはいけないというわけです。

しかし、欲望を認めることはなかなか難しい問題をはらんでいます。それはブレーキの利かないアクセルだけの車に乗るようなものだからです。そんな車は危なくてしょうがありません。車に安心して乗るにはブレーキが絶対に必要です。そして、このブレーキに当たるものが理性だと儒家は考えたのです。

人間にのみに与えられている性の中で、同じく人間のみに与えられているものが理性なのです。だから、人間性を磨くとは、「理性を磨く」「理性を強化する」ことだと理解していただくといいと思います。欲望や本能が出たときに、「それはやり過ぎじゃないか」「それは欲が深すぎるよ」と、理性がブレーキをかける。それが重要なのです。

この「理性を磨く」ための方法を儒教は明確に説明しています。儒教では、理性は精神・意識・霊魂からできているとされます。そして、それらのものを磨くには古典を読むことだと言っています。なぜ古典を読むことが精神や意識を強化することになるのでしょうか。それは、古典というものの成り立ちと関係しています。わかりやすく言えば、「これはすごい内容だ。

これは子々孫々受け渡していかなければいけない」と言って代々大切に伝承されてきたものが古典なのです。例えば『中庸』は五経の『礼記』という書物の「中庸篇」を独立させて最終的に朱子が一つの書物にしたのですが、『礼記』は今から三、四千年前ぐらいにできたものですから、われわれは三、四千年の荒波をかいくぐった本を読んでいることになります。今われわれが読むことのできる古典は、そういう人間の厳しい審査や時代の荒波をかいくぐってここにあるのです。今時の本とは試練の体験が全く違います。そのように皆が大切だと思って伝承されて残っているものこそが精神・意識を強化するために一番重要なのだと儒教は説いているのです。

さて、理性を形作っているものは、この精神・意識と、もう一つ霊魂があります。この魂の強化はどうすればいいのかというと、それは美しいものを見る、美しいものを体験することが最良だとされています。具体的には美しい心に触れるとか親切な行為に感動するのが一番ですが、美しい風景や美しい絵画や美しい音楽に触れることでもいいと思います。

これは、子供に何を与えたらいいのかということでもあります。せっかく古典を勉強されるなら、ここで学んだ内容を自分のお子さんに話して、古典に馴染ませてあげていただきたいと思います。また、美しい風景や絵画や音楽などに接する機会をできるだけつくってあげることが人間の理性の強化になるということを忘れないでいただきたいのです。

「性」の三つめの説明として、「性命論」というものがあります。性命論は儒家の根本的な論議であり、論旨です。では、性命論とは何かというと、天性や天分あるいは命というものは、天が一人ひとりに渡しているという考え方です。卒業式で一人ひとりに卒業証書を渡すように、この性命も天が一人ひとりに与えてくれたものなのです。だから、一つとして同じものはありません。特に天性というものは、この世に八十億の人間がいれば一人として同じ天性はありません。

江戸期の人たちはそれがよくわかっていましたから、幼年教育の主眼は個々の天性を見つけ出すことでした。「あなたは足が速いねえ。それを伸ばしたらどうだ?」「あなたは親切だねえ。親切日本一を目指したらどうだ?」といった具合です。人間はいろんな天性を授かっていますから、それを発見して知らせてあげることがとても大切なのです。そうすると、その天性を生かして自信を持って人生が送れるようになります。自分だけの得意技が増えると、人生が面白くて仕方なくなるように人間はできています。

しかし最近は、教育の場で天性という言葉を使う人はいません。むしろ、一人でも違う子がいるとやりにくいので、教師は「みんな一緒」と言います。それは全く誤りです。天と人間との関係を見れば、一人ひとりに天性が与えられているのです。

私は小学校一、二年生を相手にボランティアで『中庸』のこの第一行を講義して歩いています。私が「天の命ぜる、之を性と謂ふ」の意味を説明して「命は貰ったものなの？　借りているものなの？」と聞くと、最近の子は本当に頭が鋭くて、「借りているもの」と答えます。「なんで借りているってわかるの？」と聞くと、「返さなきゃいけないときが来る」と言います。すごい答えだなと思います。こういう子の天分を花開かせてあげなくてはいけない。みんな同じなんて言ってはいけないのです。

天が「そろそろ命を返してくれないかな」と言うのは、人間が死ぬときです。私もそろそろそう言われる頃ですが、そう言われたら「はい」と言って返さなければいけません。この意味を子供にしっかり植え付けなければいけないのです。私はこんな教え方をしています。

まず一番前に座っている子供を見て、「君が今、机の上に並べている物で一番大切なものは何？」と聞きます。例えば「筆箱」と答えたら、「あ、そう。じゃあ、ちょっと先生、これ借りるよ」と言って筆箱を自分のバッグに入れてしまいます。その子は「あーっ」と言いますが、そのまま全然違う話に移ります。その子は筆箱を持っていかれては困るし、「返して」と言っていいのかどうなのか迷ってもじもじします。そこで「何？　君、さっきからもじもじしているけれど、何か気になることがあるの？」と聞きます。すると「あのー、筆箱」と言うので、「え、筆箱？　筆箱がどうしたの？」と聞くと、「先生が持っていった」と言うので、「嘘だぁ、そんなことないよ。あっ！　あの筆箱か。あれ捨てちゃったよ。申し訳ない、ごめんね」と言うのです。子供は訳がわからなくて「えーっ、捨てちゃった？」などと言います。そのときに「さあ、皆に今の君の心がどういう心か語って聞かせてあげて」と言うのです。そうすると「癪にさわった」とか「先生ひどいじゃないかと思った」と言います。だから、「そうだろう。借りたものを相手が返してくれというときに、もう捨てちゃったと言ったら相手はどう思うだろう。天は怒らないかな、腹を立てないかな」と聞くと、「腹を立てる、天は怒る」と口々に言います。だから「そうだよね。だから、命も天から借りているのであれば、途中で捨ててはいけないものだよね」と言って、「命は捨ててはいけないもの」と白板に書いて、「みんなもノートに書いておいて」と言うのです。

なぜこんな話をするかと言うと、子供の自殺が増えているからです。希望に燃えているべき子供が自殺しなければならない社会はろくな社会ではありません。だから、まず自殺がいけないということをしっかり教えておかなければいけない。すべてはそこから始まります。

そこで、今の話は「さあ、それでは返すときにはどういうふうにして返したらいいだろう？」と続きます。返すときに汚れて何かがついているのを返してもらうのと、きれいにして返してもらうのとでは、きれいにして返してもらいたいと思うのが当たり前です。「だから命もきれいにして返さなければいけないんだよ」と言うと「ピカピカに磨いて返す」と子供たちは言います。そこで「命をピカピカに磨いて返すというのはどういうこと？」と聞いて、そこから命を輝かせるとはどういうことかという話に入っていくのです。

江戸時代の幼年教育ではこういう感じで教えていました。「天命之謂性」の五文字は、こんなにも完璧に人間の生きる根本、生きる力、命について言っているのです。そういうものをなぜ文科省はやらないのでしょうか。私は文科大臣の前で何回もこの話をしました。そのときは「すごいですね。感動しました」と言うのに、後日「どうなりましたか？」と聞くと「検討中です」としか言いません。冗談じゃありません。だから、ぜひ皆さんには、今言ったことをお子さんに話してあげていただきたいのです。

「性」については、今挙げた三点が大事なのだということを覚えておいてください。

●「道」とは何か――「性に率ふ、之を道と謂ふ。道を修むる、之を教と謂ふ」

人間の本性について、朱子は仁・義・礼・智と言っています。仁・義・礼・智こそが最初に天があなたに授けたものなのだと言っているわけです。なぜここに信が入らないのかという方もおられるかもしれませんが、孟子は仁・義・礼・智を「四徳」と言って、仁・義・礼・智・信の「五常」は四徳から始まると言っています。

例えば、私が相手に仁・義・礼・智をもって接していると、相手の心の中に「この人は信用していい」というふうに「信」が生まれます。その「信」が相手側から私に返ってきたとき、初めて仁・義・礼・智・信になるのです。仁・義・礼・智を揮《ふる》わないのに信頼が得られることはありません。ですから、まずは仁・義・礼・智の四徳を徹底的に揮って、それによって信を稼ぐというのが本来の五常のあり方です。

人間性を失わないように生きる。理性を強化する。天性、命、性命を大切にする。それが「**性《せい》に率《したが》ふ**」ということで、これを「**道**」と言います。

道は『大學』の冒頭にも「大學の道は明徳を明らかにする」と出てきますが、宇宙万物の根本原理を表したものです。要するに、宇宙万物はどのように動いているのかを表したのが道です。「道理」という言葉は、宇宙万物の動き方を説明しているものです。ですから、道理に準じて行動している人は善が得られるし、そこから逸脱した人は悪を行っていることになるわけです。

道理に基づいて物事を行うのが道というもので、それは規範という言葉に言い換えることができます。つまり、仁・義・礼・智に基づいて行動するというのが自分のベストの行動であって、そうすればよい結果になります。逆に、仁・義・礼・智に悖《もと》る行動をとれば、それは宇宙万物の運行に反しているわけですから絶対にうまく行きません。そういうふうにはっきり申し上げていいと思います。是非そういうものとして道を理解していただきたいと思います。

では、「**道《みち》を修《おさ》むる**」とはどういうことでしょう。これも「修身」という言葉が『大學』に出てきます。要するに、「修むる」とは自分を修めることです。そのうえで他人を治めるというのが「修己治人」です。修めるというのは気楽にやっているようですが、すべてが仁・義・礼・智に適っているというふうでならなければいけません。

そのためには、「習い性となる」という言葉があるように、繰り返し習うことが大事です。これは「四徳、四徳」と言って毎日やっているうちに知らない間に身についてくるのです。これはなんでも同じで、野球であればノックや素振りを繰り返すことによって守備がうまくなり、バッティングフォームが固まります。ゴルフならばスウィングを何回も繰り返すうちに、ぶれないフォームが身につきます。このように何回も繰り返して行うことを「習」というのです。

「習」という字は、羽がまだ色づいてない幼い鳥が飛ぶ練習をしている様子を表しています。生まれたての鳥には鋭い嘴《くちばし》も鋭い爪もありません。何も武器がないから、毒蛇が来たら飛び立って逃げるしかないのです。自分の命を守るためには一刻でも早く飛び立てるようにならなくてはいけないので、命がけで飛ぶ練習を繰り返すのです。そうやって命がけで反復練習をするというのが「習う」ということです。だから「学習」とは、学んだことを何遍も反復することです。学びっぱなしではなくて、学んだことを反復して身につけていくのが「学習」です。

吉田松陰の松下村塾の教育はまさにそうでした。何遍も同じことを繰り返し、実習していました。今の学校はただ教えるだけです。だから「学学学した教育」と私は言っていますが、学ぶだけで習っていないのです。実習して身につけることが大事なのです。「修むる」とはそういう意味です。教えたことを何回もやらせて、できるようになったら褒めてあげる。これが本当の教えというものです。

●自己を鍛える「慎独」――「道なる者は、須臾も離る可からざるなり」

次の「**道《みち》なる者《もの》は、須臾《しゅゆ》も離《はな》る可《べ》からざるなり**」は、無意識のうちに仁・義・礼・智が揮《ふる》えるような自分になることが重要だと言っているのです。「須臾」とは「少しの期間」ですから、ちょっとしたときも離れてはいけない。離れるようでは道を習得したとは言えない、と。だから離れないようにしなさいということです。

それから「**是《こ》の故《ゆゑ》に君子《くんし》は其《そ》の睹《み》えざる所《ところ》に戒慎《かいしん》し、其《そ》の聞《きこ》えざる所《ところ》に恐懼《きょうく》す**」とあります。道を修めたかどうかは、バッジを付けるわけでもないし札をぶら下げるわけでもないから、一目ではわかりません。それは仁・義・礼・智を揮わなくてはわからないわけです。「睹えざる所に戒慎し」とは、周りの人から見て「この人は人間ができていると思ったらそうでもないな」と思っても口に出して指摘してくれませんから、誰にも見えないところで自分を戒めて慎まなくてはいけないということ。同じように「聞こえざる所に恐懼す」は、誰かが自分の足りないところを指摘する声が聞こえなくても、恐れおののいて自分を鍛えていくことが重要なのだということ。そして「**隠《かく》れたるより見《あら》はるるは莫《な》く、微《かす》かなるより顯《あきら》かなるは莫《な》し**」。ここはまだ足らないなと思って隠そうとすれば、足らないところが明確に出てしまう。だから、足らないところをなくそうとしていけばいいと言っているのです。

　私は儒家の思想を象徴する書物はほとんど読了しましたが、その中には「あなたは聖人になりましたか」「立派な人間になりましたか」「君子になりましたか」といった問いは一つもありません。要するに、君子になろう、聖人になろうと目指していることが大事なのです。なったかどうかではなく、そうなりたいと目指して努力を続けていく。そういう生き方が重要だということなのです。

　だから「**君子《くんし》は其《そ》の獨《どく》を愼《つつし》むなり**」と。ここに「獨を愼む」、つまり「慎独」という言葉が出てきます。慎独は『中庸』だけでなく『大學』にも出てきますし、『言志四録』などの日本の古典にもたくさん出てきます。特に『大學』第二段第一節には、「獨を愼むなり」という言葉が二回も出てきます。それほど慎独は重視されていて、これをしていかないと人間ができないのです。

江戸時代の心ある日本人は「慎独」「立腰」「克己」を自己鍛錬法として実践していました。これは武士ばかりではなくて、士農工商すべての心ある日本人に共通しています。例えば農で言えば、澁澤栄一は農業の出身ですし、石門心学の石田梅岩も工商の人ですが、これで自己を鍛えたのです。

慎独とは具体的に何かと言うと、人間は独りになるとよくないことをしがちなのでそれをやめましょうということです。よくないこととは悪事とまでいかなくても、人に見られては困るような姿勢や態度をとるようなことも含まれます。それを独りのときにするのがだめだと言っているわけです。

それを厳禁するだけでも相当な品格・人格の持ち主になるということは、私が今まで教えてきた何千名という受講生を見てもよくわかります。時とともに威風堂々としてくる人に「君は最近なんか堂々としてきたね」と言うと、「先生の教えで慎独を守っておりますから」と答える人が多いのです。それゆえ慎独は大事なのです。そう言うと、「家の中でもネクタイをしていなくてはいけないのですか」と聞く人がいますが、そんなバカなことを言っているわけではありません。誰かが突然入ってきても居住まいを正さなくていいぐらいの格好をしていればいいのです。要するに、独りであってもたくさんの視線に見舞われているつもりでいてほしいと言っているのです。

それを三か月も続けていると、自分でも人間が変わってきたなと気づくようになります。これは本当に効果がありますので、ぜひしっかりやっていただきたいし、お子さんにも指導していただきたいと思います。

次の「立腰」は腰を立てるということです。立腰が大切な理由は二つあります。一つは気を高めることができるからです。人間は気でできています。弱気、強気というのも気です。人間にとって気は大きな問題なのです。

この気がどこから生まれてくるかというと、気海丹田という臍の下三寸にあると言われる場所です。内臓で言えば腸のところ。日本人の腸は粗食に耐えるように長くできています。つまり、物がすぐに出ないように、充分に栄養を吸収できるように長くできているのです。なんともありがたいことです。一方、体は欧米人に比べると小さいので、小さいところに他の外国人よりも長い腸が入っているわけです。

腸は蠕動《ぜんどう》運動をやっています。細かく揺れるように動いて栄養を吸収して、不必要なものは排除しています。これができなくなると腸閉塞になり危険な状態になってしまいます。しかし、日本人は小さい空間に長い腸が入っているため、どうしても左右から圧迫を受けがちです。長年そうやっていると腸がだんだん弱ってきて、気が弱くなるとか気が散ってしまい集中力に欠けるようになります。要するに、気が弱くなるのです。そうならないためには腸を広げることが大事で、そのためには腰を立てることが重要なのです。

腰を立てて生きている人は堂々としています。時代劇などを見ても、背中が丸まっている殿様はまず出てきません。立派な人間は立腰を習慣にしているのです。

立腰が大事な二つ目の理由は、漢方で言う「気血」の問題です。血はどこで造っているかご存じでしょうか。心臓だと思っている人がいるかもしれませんが、心臓はパイプの働きをするだけで血の生産機能はありません。血は髄で造っているのです。そして髄が一番あるのは骨髄ですから、背骨で造っているわけです。その背骨の血液工場が丸まっているとどうでしょうか。生産ラインが曲がっていることになりますから、生産量が落ちてしまうのです。だから背骨を真っ直ぐにすることが重要なのです。

ところが、今は小学生にして姿勢が悪くなっています。親御さんは厳しく注意して姿勢を整えてあげなくてはいけません。姿勢が整うと、気の強い、気を一気に集中させることのできる子になります。さらに言えば、血液が多くなるから元気になります。これは一生の財産になります。まず親御さんが範を示してあげてください。「お父さんはいつも姿勢がいいよね」というふうになっていただかなくてはいけません。

自己修養法の三つめは「克己」です。ソフトバンクホークスの王貞治球団会長が監督になったとき、なかなかうまくいきませんでした。二年目か三年目に優勝するのですが、優勝した根

慎独と全人格的人間力

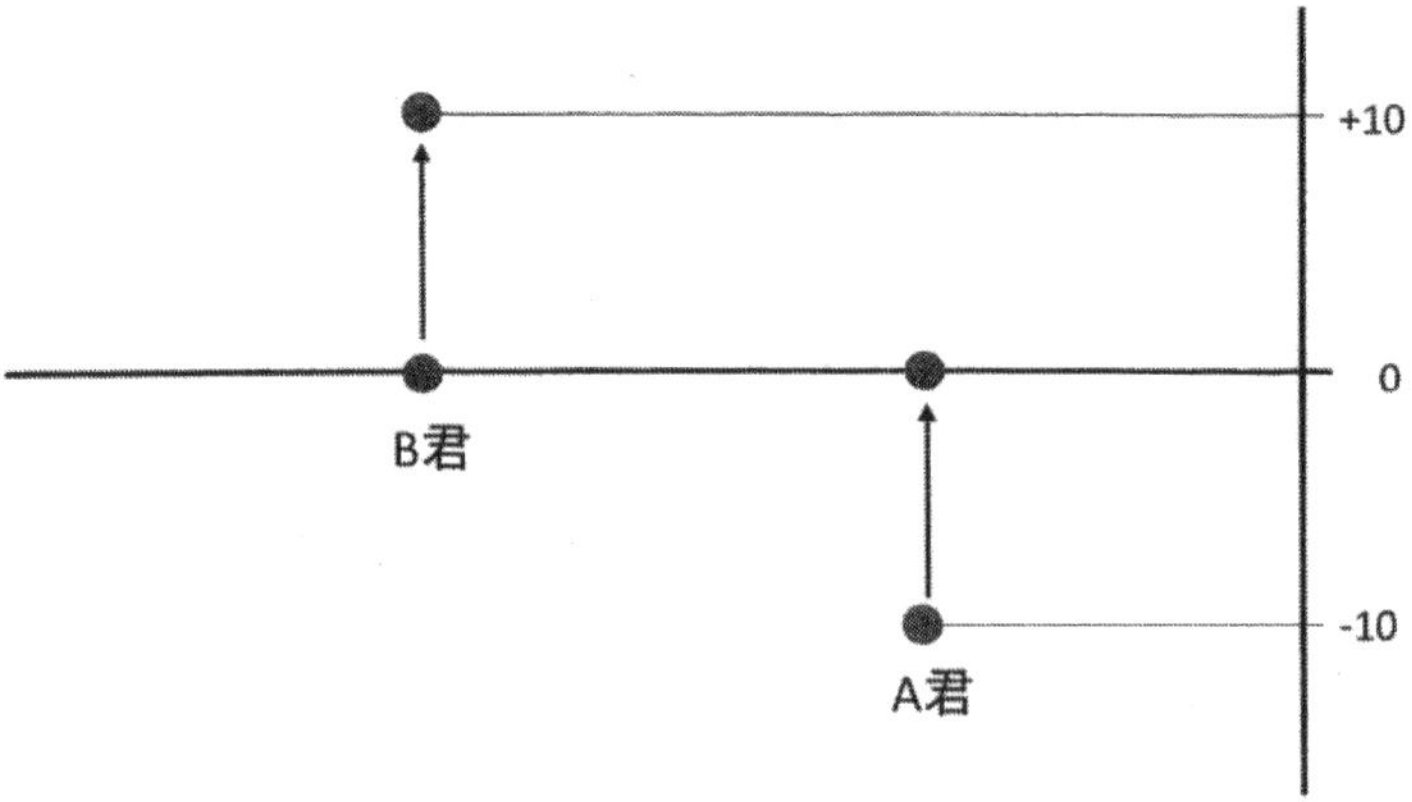

**いま、「即席の対処」で10点上ったとしたら
基礎的人間力が如何に大切か**

本はなんですかと聞かれたときに、色紙に書いたのが「克己」という言葉でした。つまり、己に勝って初めて敵に勝つんだということです。まさにその通りで、敵に勝てない人は己に勝っていません。まず己に勝たなければだめなのです。

例えば、仕事をしていて、「さぁ、そろそろ仕事を終えてビールでも飲みに行こうか」と思ったときに「いや、あと三十分やってから」と、楽なほうに行こうとする自分を否定してもらいたいのです。「そろそろ休もうかな」と思ったときに「いや、あと十分やってからだ」と、もうひと頑張りしていただきたいのです。これも三か月ぐらい毎日繰り返していると、自分をコントロールできるようになります。

怒りっぽい人ならカーッとしたときに、一瞬間、怒るべきかどうかを自分に問うてほしいのです。それから怒るべきだと思えば怒ればいいでしょう。その瞬間に克己が利いていることが大事なのです。自分に問うことによってブレーキがかかり、自己抑制できる。これがとても重要なことです。

江戸期にはこの「慎独」「立腰」「克己」を教育することが行き届いていました。ぜひ皆さんにもこの三つの自己修養法を実践していただきたいと思いますし、お子さんにも教育してあげてもらいたいと思います。

「慎独と全人格的人間力」という図を用意しましたので見てください。今お話しした自己修養法は、この「全人格的人間力」というものを形成します。最近は文科省をはじめビジネススクールなどでも、「全人格的人間力」ということを盛んに言うようになりました。この三つの修養法を続けると、常に全力で対処することができるようになるのです。

例えば、この三つを何もやっていないA君が「社長の前でプレゼンをしてくれ」と言われたとします。張り切ってプレゼン材料を作って、一番いい背広を着て「それではこれから始めます」と言ってプレゼンを始めたとします。しかし、A君はスタート地点が全人格的に低いので、頑張ってプレゼンして十点取ったとしても、プラスマイナスゼロで終わってしまうことになります。自分ではすごくよくできたと思って「今日は褒めてもらえるな」と思っているけれど、どうでしたかと聞くと「まあな」という程度で終わってしまうのです。

ところが、普段から自己修養をちゃんとやっているB君が同じようにプレゼンをして十点を取ればそのままプラス十点になって、周りからも「よくやった」と褒めてもらえます。つまり、日々の特に勝負をしていないときの全人格的人間力を上げておくことが人生においては重要なのです。古典の中で慎独の大切さが強調されているのはそういうわけです。これを忘れないでいただきたいと思うのです。

●自反と内省によって和する心を持つ――「喜怒哀樂の未だ發せざる、之を中と謂ふ」

今度は第一段第二節に行きましょう。

第一段　第二節

喜怒哀樂《きどあいらく》の未《いま》だ發《はっ》せざる、之《これ》を中《ちゅう》と謂《い》ふ。發《はっ》して皆節《みなせつ》に中《あた》る、之《これ》を和《か》と謂《い》ふ。中《ちゅう》なる者《もの》は、天下《てんか》の大本《たいほん》なり。和《か》なる者《もの》は、天下《てんか》の達道《たつどう》なり。中和《ちゅうか》を致《いた》して、天地《てんち》位《くらい》し、萬物育《ばんぶついく》す。

それでは第二節にいきましょう。ここもお話ししようと思えばいくらでも話せるぐらい内容が詰まっています。アルファベットは表音文字ですからそれ自体に意味があるわけではないのですが、漢字は表意文字ですから一字一字に非常に深い意味があります。それだけに一つひとつの単語、漢字を注意深く見なければならないのですが、その分、とても楽しませていただけます。

さて、一文ずつ訳していきましょう。まず**「喜《き》怒《ど》哀《あい》樂《らく》の未《いま》だ發《はっ》せざる、之《これ》を中《ちゅう》と謂《い》ふ」**です。人間には喜怒哀楽の感情がありますから、どうしてもそれらに支配されてしまいがちです。それは「中」という状態ではないと言っています。では、「中」とは何か。「沈思黙考する」という言い方がありますが、そういう喜怒哀楽がまだ出てこない状態を「中」と言うのです。これは別に坐禅を組んで得られるような心境を言っているのではなくて、普通にしていて喜ぶでもない、怒るでもない、悲しむでもない、楽しむでもないというように心が安定している状態です。それを「中」と言うのです。

『孟子』の最後に「尽心章句」というものがあります。私は『孟子』の講義をするときは、この「尽心章句」から読んでいくようにしているのですが、そこに、仏教でいう坐禅は足を組むことが重要なのではなくて、大事なのは背骨を伸ばすことだと書いてあります。背骨を伸ばした姿勢は人間の五体が最も安静になります。ですから、一日の中で背骨を伸ばした姿勢を一定時間保つようにするといいのです。私であれば、一日の終わりに十分か十五分か、椅子に座ったり、廊下の隅の暗がりに正座をして背骨を伸ばします。目の前が広々としていてはあまり効果がないようです。壁に向かって座る。そして一日を省みる。これが精神統一の基本です。

儒教、儒家には自己鍛錬のために先ほどの慎独、立腰、克己という方法がありますが、その他にも寝る前に正座をして一日を省みる方法もあります。「あのときこうすればよかったかな」「こういうことは気をつけよう」と「自反内省」するのです。この「自反」の「反」という字は「反対」という意味ばかり思い浮かべますが、実はこれは「省みる」という字です。ですから「自反」には「自らを省みる」という意味があります。それから「内省」というのは「心の中を省みる」ということです。

「自反内省」は儒教の思想の一つで、『論語』にもたくさん出てきます。「内を省みて疚《やま》しからずんば、夫れ何をか憂え何をか懼《おそ》れん」は『論語』の言葉ですし、『孟子』には「自ら反《かえり》みて縮《なお》くんば、千万人と雖《いえど》も、吾往かん」という有名な言葉があります。つまり、自反と内省は儒家の思想の一番重要な「中」を味わうということです。実際に皆さんも自反と内省を体験していただくと、「ああ、こういう何も思わないことが中なのだな」とわかると思います。自分の心の中を覗いてみることを「中」と言うと思っていただくといいと思います。

そういう「中」の状態にあって物事を何も思わないとは、ことさら作為的になっていないということです。それを「**節《せっ》に中《あた》る**」、節度にあたっていると言うのです。節度ある行動をするときには作為的になったり何か仕掛けてやろうとは思わないわけです。これが「節に中る」ということであり、これを「**和《か》**」というのです。「和」は日本人の基本です。われわれが日本人として一番大切にしなければいけないことが『中庸』に出てきます。そして、「和」とは「中」から来ているのだと言っているのです。「中」の心を保持したときに節度が出てくることによってやり過ぎたり足りないことがなくなる。過不足ない状態になるわけです。

そのようになるためには、まず感情の浮き沈みがないことが大切です。つまり、喜怒哀楽がないということです。そういう心の状態で「中」を味わう。座っているときだけではなくて仕事をするときも、なるべく心が「中」の状態を保とうと思っていると、節度というものがだんだんわかってきます。「それはやり過ぎだよ。それはやらな過ぎだよ」ということがわかってくる。それが「和」ということなのです。

これと反対に和を侵すことを「不和」といいます。不和の状態とは節度がないとき、「やり過ぎ、やらな過ぎ」という状態です。

今お話しした順番を辿って実践をしていただくといいと思います。つまり、まず喜怒哀楽を去って何も考えていない状態、感情の働きがない「中」の状態をつくる。そしてその状態を長い時間保つようにする。そうすると、物事の判断をしていくときに節度ある判断ができるようになります。また、そういう心の状態で人と接すると、自然に両方が和する心になって、交渉事でもうまくいくようになります。

ここは日本人が長けているところだと言われます。日本人は戦闘的ではないのもこういうわけです。横井小楠が言うように、事業の学ではなく心徳の学を積み上げてきた伝統があるので、日本人は無理なく和することができるのです。

次に「**中《ちゅう》なる者《もの》は、天下《てんか》の大本《たいほん》なり。和《か》なる者《もの》は、天下《てんか》の達道《たつどう》なり。中和《ちゅうか》を致《いた》して、天地《てんち》位《くらい》し、萬物育《ばんぶついく》す**」とあります。

まず「**中《ちゅう》なる者《もの》は、天下《てんか》の大本《たいほん》なり**」。中は天下の根本だと言っています。だから、この世の中のすべての人が「中の心」を持てば、戦争が起きることはないのです。皆さんの会社の人がみんな「中の心」を持てば、社内で争い事が起こったり感情的になることは何もないのです。天下とはそういうものなのだと言っています。いろんな揉め事や争い事をつくっているのはあなたの心ですよということを言っているわけです。

次に「**和《か》なる者《もの》は、天下《てんか》の達道《たつどう》なり**」。和とは達しなければいけない道であると言っています。つまり、目指さなければいけないところ、それが和なのだということです。

そして、「**中和《ちゅうか》を致《いた》して**」。「中和」は「薄める」という意味に使いますが、ここで言っているのは、「中と和を致す」ということです。先にも言いましたが、喜怒哀楽を去って何も感情が動いていない「中」の状態をずっと保持していくと節度というものが出てきます。すると、「これはやり過ぎ、これはやらなさ過ぎ」ということがなくて、「ちょうどいい、ほどよい」という状態が出てきます。それが和を生むわけです。それが「中和を致す」ということです。

そのようにして「中」と「和」が出てくると、「**天地位し**《てんちくらい》」全宇宙の根源がいささかの狂いもなく自分と一緒に動き出し、「**萬物育す**《ばんぶついく》」天が望んで力を発しているものはみんな成長する。昨日生まれた赤ちゃんだって一日たてば成長しています。昨日植えた種が今日は芽を出したというように、草花だって生長しています。

つまり、天下にはあらゆるものを育成して成長させるエネルギーが充満しているのです。そういう充満しているエネルギーを受けているから、われわれは元気で健康なのです。それなら、もっと健康になったらどうですか。もっと力を注いだらどうですか。そのためには「中和」ということを常に心がけていく生き方が重要だということなのです。

●誰でも孔子のようになれる――「仲尼曰く、君子は中庸す」

今度は第二段の第一節に入ります。

第二段　第一節

仲尼《ちゅうじ》曰《いわ》く、君子《くんし》は中庸《ちゅうよう》す。小人《しょうじん》は中庸《ちゅうよう》に反《はん》す。君子《くんし》の中庸《ちゅうよう》や、君子《くんし》にして時《とき》じく中《あた》る。小人《しょうじん》の中庸《ちゅうよう》や、小人《しょうじん》にして忌憚《きたん》する無《な》きなり、と。

子《し》曰《いわ》く、中庸《ちゅうよう》は其《そ》れ至《いた》れるかな。民《たみ》能《よ》く久《ひさ》しくすること鮮《すくな》し、と。

ここで「**仲尼《ちゅうじ》**」と言っているのは、ご存じのように孔子の本名です。いつもは「先生」と言っているのに、ここでは「何の誰べえ君」と呼んでいるわけです。これはなぜかというと、「孔子が言っている」ことを強調したいがために、あえて「仲尼曰く」としているのです。孔子が何を言っているのかぜひ知ってほしいという願いが込められていると思うのです。

では、孔子はなんと言っているのか。まず「**君子《くんし》は中庸《ちゅうよう》す**」とあります。立派な人間は「中」をとても大切にして生きている、それだけで君子と言ってもいい、というわけです。それは簡単ではないけれど、人間にできることなのだと強調しているわけです。これを「子曰く」で始めると、「もう立派な先生になった人が言うには」という意味合いが出てきますが、「仲尼曰く」とすることによって、「普通の人間がこう言っている」という意味合いになるわけです。孔子だって最初は普通の子供であり、普通の青年だったのだから、われわれも本当にやる気になれば孔子のような立派な人になれるのではないかということです。その基本になるのが「中庸す」ということなのです。

「中」については先に説明しました。「中」の心とは自反内省をして喜怒哀楽がない、何も考えていない真っ白な心のことですが、ここではそれに「庸」がついています。この「庸」という字は「雇庸」というときに使います。雇う、雇われるというのは人間にとってはごく普通のことです。だから、この「庸」は「当たり前」という意味です。「中庸」というのも、ごくごく当たり前のことだから特別に思わないでくださいというのです。努力すれば誰にでもできるので、諦めずに「中」の心を自分のものにして君子を目指すことが重要だと言っているわけです。

一方、「**小人《しょうじん》は中庸《ちゅうよう》に反《はん》す**」と。くだらない人間は中庸に反する、と言うのです。くだらない人間は中庸を気にしないし、中庸になろうともしないから、行動がいい加減になる。だから君子になれないのです。逆に言うと、喜怒哀楽の感情の起伏まかせで生きていると、くだらない人間で終わってしまうということです。だから、自分の感情をコントロールするために克己が重要になるのです。

次に「**君子《くんし》の中庸《ちゅうよう》や、君子《くんし》にして時《とき》じく中《あた》る**」とあります。「時じく中る」というのは独特の言い方ですが、素晴らしい表現です。「君子の中庸」とは、どんなときでも「中」に当たっている君子の人柄のままということです。「あの人は本当に分け隔てなくいつも親切ですね、いつも温和ですよね」というように、「中」がその人の習い性となって、人柄になってしまっている。それを「時じく中る」と言います。

反対に「**小人《しょうじん》の中庸《ちゅうよう》や、小人《しょうじん》にして忌憚《きたん》する無《な》きなり**」と。「忌憚」という言葉は、「忌憚なく言ってください」というように、われわれも使います。「忌憚なく」とは「遠慮なく」という意味ですから、ここで「忌憚する無き」というのは「遠慮することがない」「慮《おもんぱか》りがない」「見苦しいことばかりやっている」ということになります。つまり、「小人の中庸」というのは慎み慮りがないから、感情のまま生きているようなことになってしまうわけです。例えば、何か気に食わないことを言われたらいきなり怒り出すような人のことです。

これは、一番気を休めているところで直していかないと根本が直りません。一番気を休めているところ、あまり緊張感のないところといえば、多分自宅だろうと思います。その意味で、私はよく「家庭は社会のトレーニング場」と言っています。家庭というのは注意しながら自分を育てる場、トレーニングする場なのだと思っていただくと相当違った自分になれます。

次の「**子《し》曰《いわ》く、中庸《ちゅうよう》は其《そ》れ至《いた》れるかな。民《たみ》能《よ》く久《ひさ》しくすること鮮《すくな》し**」からは「子」と使っています。先生がこう言っている。「中庸というのはとても深いことなので、ごくごく普通の人間がなかなかできることではない」と。「だから普通の人にはできない」と言っているのではなくて、「誰でもが行えることではある」と言っているわけです。特別の才能や能力が必要なわけではない。長年自分の感情をコントロールする、心をコントロールするということをやり続けてればあなたにもできることですよ、と言っているのです。

そして、それは素晴らしいことです。どう素晴らしいかといえば、先に「中和を致して、天地位し、萬物育す」とあったように、天と同じポジションにだって行けると言っているわけですから。「中」になるだけでそういうところに行ける、そういう心境になれるというのですからありがたいことです。ぜひやるべきだということになるでしょう。

子曰《しいわ》く、道《みち》の行《おこな》はれざるや、我之《われこれ》を知《し》れり。知者《ちしゃ》は之《これ》に過《す》ぎ、愚者《ぐしゃ》は及《およ》ばざるなり。道《みち》の明《あきら》かならざるや、我之《われこれ》を知《し》れり。賢者《けんじゃ》は之《これ》に過《す》ぎ、不肖者《ふしょうしゃ》は及《およ》ばざるなり。人《ひと》飲食《いんしょく》せざる莫《な》きも、能《よ》く味《あじわい》を知《し》ること鮮《すくな》きなり、と。子曰《しいわ》く、道《みち》は其《そ》れ行《おこな》はれざるかな、と。

孔子が続けてこう言いました。「**道《みち》の行《おこな》はれざるや、我之《われこれ》を知《し》れり**」。道というものがあって、それに従ってすべてが動いていることを自分は知っているが、ほとんどの人はそれを知らない。だから、道が行われないのだ、と。道の行われないということから言えば、「**知者《ちしゃ》は之《これ》に過《す》ぎ、**

愚者《ぐしゃ》は及《およ》ばざるなり」。頭がよくていろんなものを知っている人であればあるほど言い過ぎたりやり過ぎたりしてしまう欠点があるから、やり過ぎないように気をつけなさい。反対に、自分は愚か者だと思っている人は足らないという欠点があるからもっとやったほうがいい、と注意をしています。「**道《みち》の明《あきら》かならざるや、我之《われこれ》を知《し》れり**」。道というものがよくわからないという向きにはそれはなかなか難しいことではある。だから「**賢者《けんじゃ》は之《これ》に過《す》ぎ、不肖者《ふしょうしゃ》は及《およ》ばざるなり**」。賢者は「これが道だからこうしなければならない」と言ってやり過ぎてしまうし、不肖者は「いや、道なんかどうでもいいんだよ」と言ってやらな過ぎるということになってしまう、と。

「**人飲食《ひといんしょく》せざる莫《な》きも、能《よ》く味《あじわい》を知《し》ること鮮《すくな》きなり、と**」。食べるとか飲むということをここ一か月やっていませんという人はいないでしょう。どんな状況であっても必ず飲んだり食べたりします。それと同じぐらい熱心に中庸になるように取り組んでくださいと言っているわけです。その努力をしないで感情のまま「中」を得ないでいれば、いくら食べたり飲んだりしても味がわからないのと同じだ、と。怒ったり恐れたり憂えたり悩んだりしているときは心ここにあらずで、どんなご馳走を食べても味がわからないということです。飲食に熱心になるのだったら、よく味わうことを前提にしてくださいというわけです。非常に具体的に説いています。

みんな飲食ほど熱心に道を求めようとしない。だから、「**子曰《しいわ》く、道《みち》は其《そ》れ行《おこな》はれざるかな、**

と」。道はなかなか行われないものだな、と孔子が言ったわけです。

●極端にならないように中をとる――「其の兩端を執って、其の中を民に用ふ」

今度は第二節にいきます。

第二段　第二節

子曰《しいわ》く、舜《しゅん》は其《そ》れ大知《たいち》なるかな。舜《しゅん》は好《この》んで問《と》ひて、好《この》んで邇言《じげん》を察《さっ》し、惡《あく》を隱《おさ》へて善《ぜん》を揚《あ》ぐ。其《そ》の兩端《りょうたん》を執《と》って、其《そ》の中《ちゅう》を民《たみ》に用《もち》ふ。其《そ》れ斯《ここ》を以《もっ》て舜《しゅん》と爲《な》すか、と。

私は『書経』の講義もさせていただいていますが、『書経』という本は「堯典」から始まり「舜典」がそれに続きます。堯という古代の名君ですが、その堯が「次は君に王をお願いする」といって禅譲でトップの位を授けたのが舜です。舜は一介の名もなき青年だったのですが、見る人が見ればその凄さがわかったのでしょう。堯が舜を次の王に指名して、舜がトップになっていく経緯が『書経』には事細かく書かれています。

孔子が言いました。「**舜《しゅん》は其《そ》れ大知《たいち》なるかな**」。舜が大いに知恵のある人間であるということはよく皆さん知っているところだ。舜はなんでもよく知っていると言われていましたが、「**好《この》んで問《と》ひ**」好んで問うたというのです。つまり、舜ほどの知恵のある人でも「これはどうか」と問うているというのです。さらには「**好《この》んで邇言《じげん》を察《さっ》し**」。好んで「邇言」を使って静かな心で相手の心を察した、と。「邇言」とは身近な言葉、日常会話で使うような言葉です。「察」という字は「家の中で祭」と書きます。「祭」は神棚に肉を奉げているところを表していますから、家の中で神棚に手を合わせて祈っているというのが「察」という字です。

神棚に手を合わせて、あるいは神社仏閣に行って手を合わせて「よろしくお願いします」と言っているときには静かな心持ちで、感情が沸き立っているようなことはないでしょう。あのときの感じこそが「中」という状態なのです。それを持続すればいいわけです。つまり、何かを言われたとき、「その人がなぜこういうことを言うのか、ちゃんと察してあげなさい」ということです。それがどんな言葉であっても「なんて無礼なことを言うんだ」と感情的になるのではなくて、どうしてそういうことを言うのかと神棚の前で手を合わせているような心で察してあげなさい、ということです。これこそが「中」という状態です。

そして「**惡《あく》を隠《おさ》へて善《ぜん》を揚《あ》ぐ**」。そうやってその人の善の部分を引っ張り出してあげることが重要なのだ、と。これは陰陽という考え方が大前提にあります。陰陽の象徴は『易経』ですが、老荘思想も陰陽でできています。「陰陽」で言えば、善があれば必ず悪があり、悪があれば必ず善があります。悪だけとか善だけという人はいません。善があるということは悪があるのだから、どういう人にも悪があると思って付き合ってあげなければいけない。その付き合い方を「悪を隠へて善を揚ぐ」と言っているのです。

つまり、対面したときにその人のいい点を引っ張り出してあげるようにする。悪いところばかりが出るようなやり方はよくないと言っているわけです。何かを仕掛けたり、喧嘩を売るようなやり方ではなくて、「あなたはここが優れていますね」「ここがいいですね」と言ってあげる。そうすれば、悪を持っていたとしてもそれを出しにくくなるのです。ですから「この人は狡猾《こうかつ》だけれど、純粋なところもあるに違いない」と察して、「あなたは純粋なところもおありなのですね。一見したたかな人かなと思いましたが、あなたみたいに純粋な人はいないですね」などと言っていると、ものすごくしたたかな人間でもそれが表に出せなくなって終わることもあるわけです。要は、相手の心が波立つような状況をつくらないようにすればいいのです。そのために、相手のいい点を引き出すようにするということです。

それから「**其《そ》の両端《りょうたん》を執《と》つて、其《そ》の中《ちゅう》を民《たみ》に用《もち》ふ**」というのは、今の例でいえば、交渉事や取引をするときに、どちらかが全敗、どちらか全勝というふうな極端なことにならないように「中」をとらなければいけないと言っているのです。極端な善と極端な悪をちゃんと見定めて、ちょうど両方が納得する真ん中をとって用いる。政治でも経営でも、そこが足りていればうまく行くのだということです。「**其**《そ》**れ斯**《ここ》**を以**《もっ》**て舜**《しゅん》**と為**《な》**すか、と**」。あの舜はそれを心がけて政治をしたから全部うまくいったのだと言っています。

天は無敵ですから、極端に自分の利益ばかり求めなければ理想的な結果になるのだということを忘れないでくれと、ここで言っているのです。

●物事をマスターする基準――「中庸を擇び、而も期月も守ること能はざるなり」

子曰《しいわ》**く、人皆予**《ひとみなわれ》**を知**《ち》**なりと曰**《い》**ふ。驅**《か》**りて諸**《これ》**を罟**《こ》**・擭**《かく》**・陷阱**《かんせい》**の中**《うち》**に納**《い》**るるに、而**《しか》**も之**《これ》**を知**《し》**りて辟**《さ》**くる莫**《な》**きなり。人**《ひと》**は皆予**《みなわれ》**を知**《ち》**なりと曰**《い》**ふ。中庸**《ちゅうよう》**を擇**《えら》**び、而**《しか》**も期月**《きげつ》**も守**《まも》**ること能**《あた》**はざるなり、と。**

孔子がこう言っています。「**人皆予**《ひとみなわれ》**を知**《ち》**なりと曰**《い》**ふ**」。多くの人が私のことを「あなたみたいな知者はいない」と言う。でも、「**驅**《か》**りて諸**《これ》**を罟**《こ》**・擭**《かく》**・陷阱**《かんせい》**の中**《うち》**に納**《い》**るるに**」。私にも粗忽なところがあって、狩場に行って獲物を捕るために仕掛けた罠にはまってしまったことがあるのです、と。「罟」は獣用の網、「擭」は仕掛けの檻、「陷穽」は落とし穴です。これは獲物を捕獲するためにに使うわけですが、その仕掛けに自分がはまってしまったというのです。そういう粗忽なところだってあるんだと孔子が言ったわけです。

しかも「**之《これ》を知《し》りて辟《さ》くる莫《な》きなり**」。自分がそれらの罠を仕掛けているのだから、どこに何があるかはわかっているはずなのに、それを忘れてズカズカ歩いて仕掛けにはまってしまうような人間なのです。「**人《ひと》は皆予《みなわれ》を知《ち》なりと曰《い》ふ**」。そういう自分を皆「あなたは知者です」と言うのです、と。

ここには二つの意味が含まれています。一つは、人間はどんな人でも至らない粗忽なところがあるということ。それを「ない」と思ったら落とし穴にはまってしまうし、「ある」と思えばはまらないですむと言っているのです。ですから「自分は大丈夫だ。絶対に変なことに遭ったりしない」と思ってはいけない。いつも中庸を思って中をとって生きなければだめですよ、というわけです。

もう一つは、「そんな粗忽な私でもみんなから知者と言われるような人間になれたのです。だから、あなたもなれますよ」ということです。どうしてなれたのかと言えば、「**中庸《ちゅうよう》を擇《えら》び、而《しか》も期月《きげつ》も守《まも》ること能《あた》はざるなり、と**」。いつも中をとってきたからで、中庸がよく身についたなと思っても、一か月も守ることができない自分なのだと思って、少なくとも一か月は守ろう、もう一か月は守ろうとやっているうちに、一生守ることができるようになったのです、と。

我慢強く続けることによって、そういう人間になれるのだということです。

これは物事をマスターする基準です。自分はもう大丈夫、どんなことがあっても全部身についているからと言っている人ほど、もう一段上の仕掛けにはまってしまいます。だから、くれぐれも注意深く生きてくださいよと言っているわけです。

子曰《しいわ》く、回《かい》の人《ひと》と為《な》りや、中庸《ちゅうよう》を擇《えら》び、一善《いちぜん》を得《う》れば、則《すなわ》ち拳拳服膺《けんけんふくよう》して、之《これ》を失《うしな》はず、と。

次は孔子が自分の直弟子の中で一番優秀だと認めてきた「回《かい》」、つまり顔回について語っています。顔回は惜しくも孔子より前に亡くなってしまいます。ですから、孔子は顔回を後継者にしようと思ったけれど後継者にできませんでした。しかし、こんなにすべてがよくできている人はいないと言って孔子は非常に高く評価していました。

その顔回の人となりを孔子が語ったのが、「**回《かい》の人《ひと》と為《な》りや、中庸《ちゅうよう》を擇《えら》び、一善《いちぜん》を得《う》れば、則《すなわ》ち拳拳服膺《けんけんふくよう》して、之《これ》を失《うしな》はず**」という言葉です。顔回の人となりは素晴らしいもので、多くの人と付き合っているときに一つの善を受けたら、「なんと有り難い善をいただいたことだろう。今度は自分が善を返さなければいけない」と、一善をもらったことを決して忘れずに慎み深く自分のものにして、これを失わなかった、と。「拳拳服膺」の「服」も「膺」も身に付けるということですから、身に付けていることすら忘れるくらいに、それを自分のものにして失わなかったということです。

善を受けたときに「なんと有り難いことだろう」と思ったら、それを自分の習い性にしようと言い聞かせて、善を授けるほうに回るようにしたということです。それを見て孔子は「顔回は中庸だなあ」と言ったわけです。中庸にはそういう側面もあるのです。

子曰《しいわ》く、天下國家《てんかこくか》をも均《おさ》む可《べ》きなり。爵祿《しゃくろく》をも辭《じ》す可《べ》きなり。白刃《はくじん》をも踏《ふ》む可《べ》きなり。中庸《ちゅうよう》は能《よ》くす可《べ》からざるなり、と。

孔子が言いました。「**天下國家《てんかこくか》をも均《おさ》む可《べ》きなり**」。人にとって最も成し難いことは何かというと、天下国家を安らかに治めることだ、と。確かにこれはとても難しいことです。

それから二番目に難しいのは、「**爵祿《しゃくろく》をも辭《じ》す可《べ》きなり**」。爵禄を辞退することだと言っています。例えば、「あなた、うちの会社へ来てくれませんか」と好条件で誘われたときに、「それは私の分に不相応です。私にはそんな能力はありませんから、もう少し実力を付けたらまたお話しに参ります」と言って断るようなことはなかなかできないと言っているわけです。

三番目に難しいのは、「**白刃《はくじん》をも踏《ふ》む可《べ》きなり**」。勇敢に敵の中に攻め込むことだ、と。

この三つのことはとても難しいことだけれど、「**中庸《ちゅうよう》は能《よ》くす可《べ》からざるなり**」。中庸というのも同じように難しいものだよ、と言うのです。簡単に、今日帰ってちょっとやってみるかというようなものではない。だから本当に真剣に取り組まなくてはいけないのだ、と。これは孔子からの有り難い忠告です。

●中庸には強さがある――「強なるかな矯たり」

さらに話はどんどん中へと入っていきます。次は心の中、人間の行動の面から中庸というものを説明していきます。

子路《しろ》強《きょう》を問《と》ふ。子曰《しいわ》く、南方《なんぽう》の強《きょう》か、北方《ほっぽう》の強《きょう》か、抑々而《そもそもなんじ》の強《きょう》か。寛柔《かんじゅう》以《もっ》て教《おし》へ、無道《むどう》に報《ほう》ぜざるは、南方《なんぽう》の強《きょう》なり。君子之《くんしこれ》に居《よ》る。金革《きんかく》を衽《にん》とし、死《し》するも厭《いと》はざるは、北方《ほっぽう》の強《きょう》なり。而《なんじ》の強者之《きょうしゃこれ》に居《よ》る。故《ゆえ》に君子《くんし》は和《か》して流《りゅう》せず、強《きょう》なるかな矯《きょう》たり。中立《ちゅうりつ》して倚《かたよ》らず、強《きょう》なるかな矯《きょう》たり。國《くに》に道有《みちあ》るも、塞《さい》を變《へん》ぜず、強《きょう》なるかな矯《きょう》たり。國《くに》に道無《みちな》きも、死《し》に至《いた》るまで變《へん》ぜず、強《きょう》なるかな矯《きょう》たり、と。

子路は〝剛勇無双の子路〟と言われて、孔子が「腕力だったら子路だよね」と言うような人でした。頭脳派ではないので、そういう面での評価はあまり高くなかったけれど、頼りになる人です。

子路は孔子が「顔回は偉いなあ」と度々褒めるのを聞いてカチンときて、「どうして俺のことを褒めてくれないんだろう」と思っていました。そこで「**強**《きょう》**を問**《と》**ふ**」と言ったわけです。要するに、中庸ということであれば顔回が第一だけれど、強いということだったらきっと先生は自分のことを言ってくれるのではないかと考えたのでしょう。そういう思惑もあって、「先生、ちょっと伺いたいことがあります。強いというのはどういうことでしょうか」と聞いたわけです。

すると孔子が聞き返しました。「**子**《し》**曰**《いは》**く、南方**《なんぽう》**の強**《きょう》**か、北方**《ほっぽう》**の強**《きょう》**か、抑々而**《そもそもなんじ》**の強**《きょう》**か**」。あなたが聞いている強というのは南方の地域で評価される強なのか、北方で言われる強なのか、そもそもあなたが強だと思っていることを言っているのか、と。強さにもいろいろあるというのです。

では南方の強さとはどういうものなのかというと、「**寛柔以**《かんじゅうもっ》**て教**《おし》**へ、無道**《むどう》**に報**《ほう》**ぜざるは、南**《なん》**方**《ぽう》**の強**《きょう》**なり**」と。ここに出てくる「無道」とは、道がまだよくわかっていない人のこと。そういう人は、天と万物の運行がどういう原理原則でできているかということを知らないので、言うことも為すことも無礼なのです。しかし、そういう無道の人に対して「この人はまだ知らないのだから仕方がない」と広い心と思いやりをもって教え諭す。人間の道はこうだ、天の道はこうだと教え諭してあげる。無礼に対しても怒らずに諄々と説いていく。これが南方の強さですよ、というわけです。そして「**君子《くんし》之《これ》に居《よ》る**」。君子と言われる人は皆、この強さを持っているのだ、と言うのです。これを聞いた子路は「これはだめだ」と思ったことでしょう。自分が得意とする腕力とは全く関係ないからです。

では、「北方の强」とはどんなものなのか。それは「**金革《きんかく》を衽《にん》とし、死《し》するも厭《いと》はざるは、北方《ほっぽう》の强《きょう》なり**」。「金革」は武器です。だから、武器を「衽」引っ下げて死も厭わずに戦う。これが北方の強なのだ、と。「**而《なんじ》の強者《きょうしゃ》之《これ》に居《よ》る**」。あなたの言う「強」とはひょっとするとこれじゃないのかと言っているわけです。

しかし「**君子《くんし》は和《か》して流《りゅう》せず、强《きょう》なるかな矯《きょう》たり**」。君子というのはそういう道を通らないのです。君子はまずどうするかと言えば、感情に流されないで、ときには相手に無礼があっても「知らないんだから仕方がない、教えてやるか」と言って道を説く。「人間というのは、あなたもよく知っているだろうけれど、こういうふうにやられたら不愉快だよ。だから、そういうことは止めて、こういうふうに持っていったら、あなたの願いも聞き届けてくれる人も多いと思うよ」というように、懇切丁寧に教えていく。それが時と場合の感情に流されないということです。「君子は和して流せず」とは、そういうことを言っています。「強なるかな矯たり」これが本当の強さというものだ、と。

また「**中立《ちゅうりつ》して倚《かたよ》らず、強《きょう》なるかな矯《きょう》たり**」。中立して極端に偏らない、これこそが本当の強なのだ、と。「強なるかな矯たり」という言い方は、「強」を強めています。

さらに「**國《くに》に道《みち》無《な》きも、死《し》に至《いた》るまで變《へん》ぜず、強《きょう》なるかな矯《きょう》たり**」。利益や名誉は必ず道に準じて得る。これが本当の人間の強さなのだよ、と。「塞」は自分の利益とか名誉とかいうものを変えようとしない。「變ぜず」は、利益やポジションが欲しいからといって道に外れると思っても無視してやってしまうようなことがないということです。

つまり、道に反していると思えば、「私は結構です」と断るというのも中庸なのです。中庸にはそういう意味合いも含まれています。「中」の意味が随分広くなってきましたが、そういうものを守っていけるというのが本当の人間の強さなのだというのです。

反対に、「**國《くに》に道《みち》無《な》きも、死《し》に至《いた》るまで變《へん》ぜず、強《きょう》なるかな矯《きょう》たり**」。国に道が無いからと言って、道が無い国に合わせて自分を変えてしまうことはない。そういうときには「わが国は間違っている」と言うのが人間の本当の強さで、その強さこそが中庸です。

このように中庸には強さがあるのです。あっちにも「はい、はい」、こっちにも「はい、はい」と相手に応じることが中庸と受けとられがちですが、そういうものではありません。ここは人間として守らなければならないというところ、つまり万物の運行の原理原則を守っていくのも中庸なのだと言っているわけです。

だんだん中庸の説明が表面的な意味から心の内側へ入ってきています。

子曰《しいわ》く、隠《かく》れたるを素《もと》め怪《あや》しきを行《おこな》ふは、後世《こうせい》述《の》ぶる有《あ》らんも、吾《われ》は之《これ》を爲《な》さず。君子《くんし》は道《みち》に遵《したが》ひて行《おこな》ふ。半塗《はんと》にして廢《はい》するも、吾《われ》は已《や》む能《あた》はず。君子《くんし》は中庸《ちゅうよう》に依《よ》る。世《よ》を遯《のが》れて知《し》られざるも悔《うら》みざるは、唯聖者《ただせいじゃ》のみ之《これ》を能《よ》くす、と。

「**隠《かく》れたるを素《もと》め怪《あや》しきを行《おこな》ふは、後世《こうせい》述《の》ぶる有《あ》らんも、吾《われ》は之《これ》を爲《な》さず**」と孔子が言っています。普通の人が説くことがない、なんとなく目新しい変わった論法を褒めそやして後世まで引き継ぐことがあるかもしれないけれど、私はそういうことはしない。つまり、正論で行くということを言っているのです。要するに、妙な理屈を付けて自分の道を失っていることを正当化しないと言っているのです。正々堂々と、だめなものはだめ、言うべきことは言うというのが中庸だということです。

次の「**君子《くんし》は道《みち》に遵《したが》ひて行《おこな》ふ**」は、絶対に道は侵さない、道から外れないということ。「**半《はん》塗《と》にして廢《はい》するも、吾《われ》は已《や》む能《あた》はず**」は、途中で倒れたとしても自分はそういう運命を恨まないということ。道を貫いて自分の人生を終わったほうが自分としてはよほどいいということです。

「唯聖者《ただせいじゃ》のみ之《これ》を能《よ》くす」。聖者というと手の届かないような人を言うかもしれないけれど、孔子自身もとても危ういところで自分を鍛錬して孔子になったわけだから、誰でも自分のようになれますよということです。

●わかりやすくて深い君子の道——「君子の道は、費にして隠なり」

さて、今日の最後のところに来ました。今度は第三節を読んでいきましょう。

第二段　第三節

君子《くんし》の道《みち》は、費《ひ》にして隠《いん》なり。夫婦《ふうふ》の愚《ぐ》も、以《もっ》て與《あずか》り知《し》る可《べ》し。其《そ》の至《いた》れるに及《およ》んでは、聖《せい》人《じん》と雖《いえど》も亦《また》知《し》らざる所《ところ》有《あ》り。夫婦《ふうふ》の不肖《ふしょう》も、以《もっ》て能《よ》く行《おこな》ふ可《べ》し。其《そ》の至《いた》れるに及《およ》んでは、聖人《せいじん》と雖《いへど》も亦《また》能《よ》くせざる所《ところ》有《あ》り。

天地《てんち》の大《だい》なるも、人《ひと》猶《な》ほ憾《うら》む所《ところ》有《あ》り。故《ゆえ》に君子《くんし》大《だい》を語《かた》れば、天下《てんか》も能《よ》く載《の》する莫《な》し。小《しょう》

を語《かた》れば、天下《てんか》も能《よ》く破《やぶ》る莫《な》し。詩《し》に云《いわ》く、鳶《とび》は飛《と》んで天《てん》に戻《いた》り、魚《うお》は淵《ふち》に躍《おど》る、と。其《そ》の上下《しょうか》に察《あきら》かなるを言《い》ふなり。

君子《くんし》の道《みち》は、端《たん》を夫婦《ふうふ》に造《はじ》め、其《そ》の至《いた》れるに及《およ》んでは、天地《てんち》より察《あきら》かなり。

これは名文です。「**君子《くんし》の道《みち》**」というのは君子が守っている道です。その道は「**費《ひ》にして隠《いん》なり**」。誰の目にも明らかである、と。「費」とは「明らか」という意味です。しかし、一面、「隠」である、と。非常に奥深いものなのです。

第一段第二節の最初に「喜怒哀樂の發せざる、之を中と謂ふ」とありました。「中」とは喜怒哀楽がまだ出てこない状態をいうものなのかと思っていたら、次から次へと「中にはこういうものもある、こういう心の作用もある」というように話が進んできて、どんどん深いところに入ってきています。皆さんが「中」というものに卓越しようと思えば、今まで読んできたところを何度も繰り返し読んで、どういうものを「中」というのか、チェックリストにしてみるといいでしょう。すると、どこに気をつけなければいけないかということがわかってくるはずです。

道は一面とてもわかりやすいのですが、一面とても深いものなのです。わかりやすいというところだけで言えば、「**夫婦《ふうふ》の愚《ぐ》も、以《もっ》て與《あずか》り知《し》る可《べ》し**」。そのへんにいる平凡な人でも、君子だなと思う人の振る舞いを見て真似ようと思ったらできるというのです。これは、最初はそこから入ったらいいという意味もあります。わかりやすいところからやっていいのですよ、ということです。

しかし、「**其《そ》の至《いた》れるに及《およ》んでは、聖人《せいじん》と雖《いえど》も亦《また》知《し》らざる所《ところ》有《あ》り**」。君子の中庸、君子の道というものはものすごく深いから、聖人と言われるほどの人間でもわからないところがある。それほど中庸というもの、しっかり行き届いた道の行き方というのは深くて、ここが終わりというところがないというのです。

『大學』に「至善」善の至りという言葉がありました。これはここが善の到達地点ということではなくて、そこまで行ったら「また次の善がある」「もっと上の善がある」といって、どんどん高みを目指して行ってくださいということを言っています。中庸もそれと同じなのです。「**夫婦《ふうふ》の不肖《ふしょう》も、以《もっ》て能《よ》く行《おこな》ふ可《べ》し**」。大した努力をしていない普通の人たちも行うことができる。しかし、「**其《そ》の至《いた》れるに及《およ》んでは、聖人《せいじん》と雖《いえど》も亦《また》知《し》らざる所《ところ》有《あ》り**」。中庸の最高峰、道の最高峰というものは聖人であってもうまくできないぐらいのものだ、と。

「**天地《てんち》の大《だい》なるも、人《ひと》猶《な》ほ憾《うら》むる所《ところ》有《あ》り**」。天地なんてこんなに広いものはないにもかかわらず、人間は何かと不満を抱く。例えば、「どうして自分はこんな狭いところに住んでいるんだ」と文句を言いますが、住めば都と言うじゃないか、と言っているわけです。松尾芭蕉は

「旅を住処《すみか》にする」と言いましたが、その気になれば、自分が旅をしている先はすべて自分の住処だということもできるのです。心一つで地球全体が自分の住居になるわけです。だから、「自分が今住んでいるところは三畳一間で狭い」と不満を言っている心は中庸ではないよと言っているのです。

したがって、「**君子《くんし》大《だい》を語《かた》れば、天下《てんか》も能《よ》く載《の》する莫《な》し**」。君子が大きいことを語れば限りなく大きなことも語れるけれど、「**小《しょう》を語《かた》れば、天下《てんか》も能《よ》く破《やぶ》る莫《な》し**」。ごくごく小さなこともちゃんと承知している。つまり、君子は大きなことも小さいこともよく承知しているから、ちょうどいい加減のところを求めることができる。だから欲張りにならないし、不満を言うこともないというわけです。

「**詩《し》に云《いわ》く、鳶《とび》は飛《と》んで天《てん》に戻《いた》り、魚《うお》は淵《ふち》に躍《おど》る**」。この「詩」は『詩経』のことです。『詩経』に「鳶は飛んで天に戻り、魚は淵に躍る」と言っている、と。この言葉は名文句なので、ぜひ覚えてしまうといいでしょう。次のような意味になります。

「鳶が青空をすうーっと飛んで行く。いや、爽快だねえ、空は広いねえ。そういうところにわれわれは住んでいるんだよ。だから鳶だけじゃなくて、われわれだってその気になれば天に至りますよ。元気な魚がバーンと川から飛び出ているじゃないか。われわれも元気いっぱいやれば、いくらでも飛び出ることができるんだよ。あなたは気持ちが沈んでいるからだめなんだ。

それは中庸じゃないよ」

この詩は「**其《そ》の上下《しょうか》に察《あきら》かなるを言《い》ふなり**」。道が上にも下にもこの世の中の全部を覆っているのだから、それをあなたのものにすべきだ。あなたが道を悟れば全部あなたのものになりますよ、ということを言っているのです。

「察」は先に説明したように、家の中で神棚に向って手を合わせて「なんとかよろしくお願いいたします」と言っているときの心で常に自分の心を見るということ。そうやって中庸を得ていくことが大切なのです。

最後のところです。「**君子《くんし》の道《みち》は、端《たん》を夫婦《ふうふ》に造《はじ》め**」。この世の中に夫婦というものが存在しているから、そこに子供が授かって次にまた続いていく。これがずうっと続いているから天下が続いているのです。君子の道もそれと同じで、ごくごく当たり前のことだと言っているのです。

「中」それに「庸」が付いて中庸。庸は当たり前のことだと先に言いました。したがって「中」は当たり前のことを保持し続けるということになります。妙に理屈を付けないで、感情的にならない自分の心をじっくり保持し続けることがとても重要なのだと。そして、これはごくごく当たり前のことなのだと言っています。

だからと言って、そこで終わってはいけません。今日読んできたように、中庸はどんどん奥深くに入っていきます。「そんなことも重要なのですか」「あっ、これもですか」というように中庸という概念は非常に広いものなのです。**「其《そ》の至《いた》れるに及《およ》んでは、天地《てんち》より察《あきら》かなり」**。それを一つひとつ身に付けていくと天地が自分のものになる。そういう広がりがあなたの心に生まれますよ、そうやって正々堂々と生きてくださいと言っているわけです。

第二講　中庸の実践とは何か

――「道は人に遠からず」

●「これなくして人間にあらず」ということを教える

コロナも大敵で、当初は一年ぐらい我慢すればなんとかなるだろうと思っていましたが、なかなか厄介なものです。人間の知恵でなんとか駆逐をしたいものだと思っていますが、そんな最中にロシアとウクライナの戦争が起こりました。ここでお話ししている人間学の教育と真っ向反対なことが起こっています。

前回もお話ししましたが、私は今、東洋思想を基本として「世の中こうなるべきではないか」というメッセージを英語と中国語で世界に発信しています。この度の戦争に際しては、民間人を撃ってはいけないというような細かい条件を付けて許容するのではなくて、戦争そのものをこの世からなくすべきではないかというメッセージを発信しました。人が人を殺すなんて不道もいいところです。道を説いている立場の人間から言わせてもらえば、今日生きてこの時代を迎えている人間として、皆がこぞって「戦争をなくそう」と言うべきではないかと提唱したいのです。

私は戦争中に生まれ、戦争から人生が始まりました。東京大空襲のときは三歳で、命からがら逃げるという体験をしました。未だにウーッというサイレンの音を聞くと落ち着かない気分になります。だからこそ、戦争は条件抜きで絶対この世からなくさなくてはいけないと主張していきたいと思います。ぜひ皆さんにもご協力いただきたいと思います。

そういう願いもあって、この『中庸』を読むととても身に沁みるところがあります。

前回、「天の命ぜる、之を性と謂ふ。性に率ふ、これを道と謂ふ」という言葉の説明をして、道を修めるのが教育だという話をしました。その教育が今は知識教育一辺倒になってしまっています。なにしろ覚えろ覚えろとやっておりまして、子供がかわいそうです。しっかりした人間として育つということの第一歩は、道のなんたるかを教えることなのです。だから『中庸』では、「天の命ぜる、之を性と謂ふ」という「性」とは何かを教えて、本性にしたがって生きることが生きるということなのだと教えてあげなければいけないと言っているわけです。『大學』にしろ『小學』にしろ、幼年教育の教科書では、「これなくして人間にあらず」ということをしっかり教えています。そこから成長させなくてはいけないのです。

しかし、そういう意見が全く通じないのです。私も小学校教育に関わりましたが、なにしろ「覚えろ、覚えろ」という教育です。そういう教育をすると、テストには強いけれど人間としては不完全な人ができあがります。それが本当の教育なのかと文科省とも随分やり合いましたが、「あなたのような考え方の人は珍しくて、大方の人は今の教育を良しとしています」と言われました。こういう認識の違いはどうしようもできません。

人間を育てるという意味で、『中庸』をはじめとする四書は実にうまくできています。「これなくして人間にあらず」というものを非常に端的に主張しています。ですから、皆さんにもぜひここで学んだことをご家庭に持ち帰って、お子さんたちに教えてあげていただきたいと思うのです。

●道とは四徳を発揮すること——「子曰く、道は人に遠からず」

さて、今挙げた「天の命ぜる、之を性と謂ふ。性に率ふ、之を道と謂ふ。道を脩むる、之を教と謂ふ」という次には「道なる者は、須臾も離る可からざるなり」とありました。須臾はちょっとの間、あっという間です。そういう間も離れないのが道というものですよと言っているわけです。

この章句とつながる言葉が今回の最初に出てきます。第三段第一小段の第一節です。『中庸』巻頭の名句からここに続いて来るというふうに理解していただいてもいいのではないかと思います。

第三段　第一小段　第一節

子曰《しいわ》く、道《みち》は人《ひと》に遠《とお》からず、と。人《ひと》の道《みち》と為《な》して人《ひと》に遠《とお》ければ、以《もっ》て道《みち》と為《な》す可《べ》からず。詩《し》に云《いわ》く、柯《か》を伐《き》り柯《か》を伐《き》る、其《そ》の則遠《のりとお》からず、と。柯《か》を執《と》りて以《もっ》て柯《か》を伐《き》り、睨《げい》して之《これ》を視《み》るも、猶《な》ほ以《もっ》て遠《とお》しと為《な》す。故《ゆえ》に君子《くんし》は人《ひと》を以《もっ》て人《ひと》を治《おさ》め、改《あらた》むれば而《すなわ》ち止《や》む。

まず「**子曰《しいわ》く、道《みち》は人《ひと》に遠《とお》からず**」とあります。「子」は孔子です。孔子がこう言った。「道は人に遠からず」道というのは人から遠く離れてしまうようなものではない。そんなに難しいものではないし、訓練しないとできないものではないよ、と。だから、少しの間でも離れるような道は道ではないと言っているわけです。

どうしてかというと、また「天の命ぜる、之を性と謂ふ」に戻りますが、人間の本性というものは、人間に生まれるのはなかなか厄介だけれど天に代わって地に降り立ってくれるのは有り難いということで「これを持っていきなさい」と天から授かったものだからです。この「性」を朱子は「本性」と訳していますが、現代流に「人間性」と言ってもいいでしょう。「これなくして人間にあらず」というものです。だから、人間にだけ与えられている欲望をコントロールできる力である理性も性なのです。そういうものを全部合わせて「本性」と言っている。それは生まれながらに持ってきたものですから、少しの間も離れようがないのです。

今日の教育は教科書で「こういうことを覚えろ」というように、知識というのは外側から教えてもらって覚えるものであり、何回も反復練習して体に覚えさせるものだと思っているところがありますが、本性はもともと誰しもが持っているものなのです。そこに気づきなさいと孔子は言っているわけです。

ところが、生まれて成長するときに生まれ育つ性というものがあります。育つ過程で植え付けられる性です。それに邪魔されてしまって、いつしか本性というものがあることも見失ってしまうことがある。皆さんにはぜひご自分の本性に気づいていただきたいと思います。そこで本性とは何かということですが、朱子は非常に簡単に、仁・義・礼・智の四徳こそが本性なのだと言っています。四徳というのは『孟子』からきた言葉ですが、仁・義・礼・智は人間であれば誰もが持って生まれてくるものだというのです。そして、それが性なのだと。

しかし、ただ持っているだけでは仕方がない。それを発揮しなければいけないのです。仁を発揮し、義を発揮し、礼を発揮し、智を発揮して暮らしていく。これを「道」と言っているわけです。四徳は誰でも持っているわけですから、その気になればこれを発揮することはできるのです。だから、「道は人に遠からず」道は人から離れないものなのだと言っているわけです。資質として持って生まれてきているのですから離れようがないのです。それを忘れているだけなのです。

次の「**人《ひと》の道《みち》と為《な》して人《ひと》に遠《とお》ければ、以《もっ》て道《みち》と為《な》す可《べ》からず**」は、これが道ですよと言われてもピンとこない、心あたりがない。そういうものであれば、それは道ではないと思っていい、ということです。

人間はどこかに「仁」思いやりの心があります。孟子はこの「仁」のもとを「惻隠の心」と言っています。困っている人を見たら気の毒だと思う心です。そういう惻隠の心が仁になるというのです。それから「義」のもとは「羞悪の心」であると。自己の悪を恥じて、社会の悪を憎む心が義になると言っています。それから「礼」のもとになるのは「辞譲の心、譲り合いの心」です。「あなたからどうぞ」という譲り合いの心が礼に育つのだと言っています。そして「智」のもとになるのは「是非の心」です。「是々非々」と言いますが、これは人間として良いことなのか悪いことなのか判断するということです。この是々非々の心が智になるのです。こういうものが仁・義・礼・智になると孟子は言っています。

前回もお話ししましたが、信はどうなのか。仁・義・礼・智に信を加えて五常ではないのかと思うかもかもしれません。『孟子』をよく読むと、仁・義・礼・智が自分の本性であると自覚してそれを発揮しようと思って生きるのが人の道であると書いてあります。そして、その人の道を揮うのは立派な人だから信用していいだろうということで、相手に信頼の心に生まれるというのです。そこから「信頼しているよ、信じているよ」という気持ちが伝わってきて、仁・義・礼・智・信の五常になるということなのです。

そういう前提があって、何かピンと来ないのならそれは道ではないと言っているわけです。そして、それはまさに『詩経』にある詩の一文が端的に表しています。それが「**詩《し》に云《いわ》く、柯《か》を伐《き》り柯《か》を伐《き》る、其《そ》の則《のり》遠《とお》からず**」というものです。「柯」とは堅くて材料にし易い樹木です。その柯を柯に使うと言っています。これはどういうことかというと、昔は柯という木を斧の柄として使っていました。斧の柄は柯という種類の細工しやすい樹木でできているため、木の名前と同時に斧の柄のことも柯と呼びました。

そこで「**柯《か》を執《と》りて以《もっ》て柯《か》を伐《き》り、睨《げい》して之《これ》を視《み》るも、猶《な》ほ以《もっ》て遠《とお》しと為《な》す**」と。今もう一つ斧を作ろうというときに、どういう形に作ればいいのか、どういう細工をすればいいのかと思案しているけれど、そんなことを考える必要はないのです。今、自分が握っている斧の柄の形を見ればいいのですから。そんな簡単なことなのに、自分が握っている斧の柄を見ようともしないで、柄はどうやって作ろうか、どういう形だったかなと考えている。

それと全く同じで、道というものはすでに自分の中にあるにもかかわらず、道とはどういうものなのでしょう、どうすれば習得できるのでしょうと言っている。そんなことを考える必要はない。自分を見ればいいじゃないかということを言っているわけです。「睨」は横目でちらっと睨むという意味ですから、ちらっと見ればいいじゃないかということです。

「猶ほ以て遠しと爲す」は、自分で握っていながら「いや、よくわからない、難しい」と言っているという。だから、自分に質す、自分に聞く、自分に問う、そういうことが重要なのです。もうすでにあなたが持っているのですよ、と言っているわけです。

「故《ゆえ》に君子《くんし》は人《ひと》を以《もっ》て人《ひと》を治《おさ》め、改《あらた》むれば而《すなわ》ち止《や》む」。国というのはトップリーダーが治めていきますが、それはまずトップリーダーが自分の部下を治め、次にその部下たちが民を治めていくのです。そのときに何を基準として治めるかと言えば、それこそ人間の道を基準にするべきではないのか、と。なぜかというと、リーダーは道を持っていますが、治める相手である自分の部下も国民も道を持っているからです。つまり、共通言語として「道」というものがあるので、仁・義・礼・智を揮って説いていくのが一番順当なのではないかと言っているのです。

　例えば、「それは仁とは言えないんじゃないか。もう少し思いやりを持たなくては」と仁が足りないことを指摘すると、その人は自分の本性に立ち返って考えて、「ああ、そうでした。もっと仁を考えなければいけませんでした」と言って態度を改める。それだけ言えばわかるというのが、道の道たるゆえんだということです。

　ここでは「道」がどういうものなのかについて事細かく説いていきます。とかく難解に受け取られがちな文章が続きますが、できるだけわかりやすくなるように、あれこれ例を交えてお話をしていきたいと思います。

●忠恕とは何か――「諸を己に施して願はざれば、亦人に施す勿かれ」

今度は第二節を読みましょう。

第三段　第一小段　第二節

忠恕《ちゅうじょ》道《みち》を違《さ》ること遠《とお》からず。諸《これ》を己《おのれ》に施《ほどこ》して願《ねが》はざれば、亦人《またひと》に施《ほどこ》す勿《な》かれ。君子《くんし》の道《みち》四《し》。丘《きゅう》未《いま》だ一《いつ》をも能《よ》くせず。子《こ》に求《もと》むる所以《ところもっ》て父《ちち》に事《つか》ふるは、未《いま》だ能《よ》くせざるなり。臣《しん》に求《もと》むる所以《ところもっ》て君《きみ》に事《つか》ふるは、未《いま》だ能《よ》くせざるなり。弟《おとうと》に求《もと》むる所以《ところもっ》て兄《あに》に事《つか》ふるは、未《いま》だ能《よ》くせざるなり。朋友《ほうゆう》に求《もと》むる所《ところ》先《ま》づ之《これ》を施《ほどこ》すは、未《いま》だ能《よ》くせざるなり。庸徳《ようとく》をば之《こ》れ行《おこな》ひ、庸言《ようげん》をば之《こ》れを謹《つつし》み、足《た》らざる所《ところ》有《あ》れば、敢《あえ》て勉《つと》めずんばあらず、餘《あまり》有《あ》れば敢《あえ》て盡《つ》くさず。言《げん》は行《こう》を顧《かえり》み、行《こう》は言《げん》を顧《かえり》みる。君子《くんし》胡《なん》ぞ慥慥爾《ぞうぞうじ》たらざらん。

「忠恕」は『論語』でお馴染みの言葉です。『論語』は仁を説いているわけですが、仁の内訳として「忠恕」が出てきます。いい機会ですから少し深く解釈しますと、「忠」とは中の心と書きます。これは偏りのない心、まさに中庸の心です。偏りのない心というのは真心ということですから、この「忠」という字は「真心を尽くす」を意味する字なのです。それから「恕」は、女性の口の心と解釈されます。女性の口から出るのは優しい言葉であることから、恕とは「優しく思いやりのある言葉が出るような心」という意味になります。

つまり、真心を持って優しい思いやりをかけてあげるということが忠恕で、それこそが仁の内訳なのだと言っているわけです。そのことを『論語』はあれだけの文章を使ってこれでもかこれでもかと説いています。それは本性の第一番にあるのが仁だからです。仁はまさに人間性の根幹にあるもので、非常に重要なものだと言っているわけです。

そこで「**忠恕道《ちゅうじょみち》を違《さ》ること遠《とお》からず**」ですが、これは忠恕が道に至るための大切な言葉であるということを言っています。つまり、相手に道を発揮させようと思えば、こちらが優しく思いやりを持って真心を込めた言葉や行い、すなわち忠恕を発揮することが第一なのです。そうすると、相手は「ああ忠恕を揮ってもらったな」と思い、それをこちらに返してくれるわけです。

「**諸《これ》を己《おのれ》に施《ほどこ》して願《ねが》はざれば、亦人《またひと》に施《ほどこ》す勿《な》かれ**」。『論語』に曾子という孔子の一番弟子の「夫子の道は忠恕のみ」という有名な言葉があります。先生である孔子はただひたすら仁を説いた人ですが、仁というものを具体的に言えば忠恕に尽きるのだと曾子は言いました。要するに、「先生はミスター忠恕というような人なんだ」と言っているのです。それでもよくわからないので、弟子が「その忠恕の内訳はどういうものですか」と聞くと、「己の欲せざるところは人に施す勿かれ」と同じことを言っています。これはこの「己に施して願はざれば、亦人に施す勿かれ」と曾子は言いました。つまり、自分がしっかりした人間になろう、人間性を発揮しようと思えば、もう金輪際、自分がされて嫌なことは人に絶対しないぞと思うことだ、と。そうすれば自分の中にいつしか忠恕の心が植え付けられ、また仁というものが植え付けられてくることになるのだというのです。

「君子《くんし》の道《みち》四《し》」は、君子の道は四つある、ということです。これからその内訳を言っていきますが、その前提として**「丘未《きゅういま》だ一《いつ》をも能《よ》くせず」**と。「丘」は孔丘という孔子の本名です。「私は未だ一つもよくできない」と言っています。孔子ほどの人間でも一つもできないと言うわけです。これを「だからもう諦めたほうがいいですよ」と驚くべき解釈をする人もあるのですが、そうではありません。「孔子のような人だって全部完璧にはできないというぐらいのものなのだから、われわれ凡人はよほどその気になってやらないとだめだよ」と言っているのです。そういう前提で、人間として生きていこうと思うのであれば、これから言う四つをしっかりやることが重要なのだというのです。

第一は**「子《こ》に求《もと》むる所以《ところもっ》て父《ちち》に事《つか》ふるは、未《いま》だ能《よ》くせざるなり」**です。自分の娘や息子に対して「もっとこうやるべきじゃないかな」と言っている自分が、自らの父親や母親に対してそうやっているかどうか、と痛いところを突いています。これは先ほどの「己の欲せざるところ人に施す勿れ」ということです。子供には自分が本当にできていることを説く必要があるのではないかと言っているのです。

二番目は「**臣《しん》に求《もと》むる所以《ところもっ》て君《きみ》に事《つか》ふるは、未《いま》だ能《よ》くせざるなり**」。自分の部下には「もうちょっとこうしてくれなければ困る」と言っている自分が、部下の立場として上司に対してそれをちゃんとやっているかどうか。それを考えてやらなければだめだと言っています。

三番目は「**弟《おとうと》に求《もと》むる所以《ところもっ》て兄《あに》に事《つか》ふるは、未《いま》だ能《よ》くせざるなり**」。弟に対して「弟の分際で何を言っているんだ」と言っている自分が、兄に対して弟としてのあり方を守っているだろうか、と。これは友だちに対しても全く同じで、「**朋友《ほうゆう》に求《もと》むる所《ところ》先《ま》づ之《これ》を施《ほどこ》すは、未《いま》だ能《よ》くせざるなり**」。自分が友に要求することを友にやっているかどうかよく考えてみなさい、と。これが四番目です。

つまり、これらの四つは、自分が他に要求することを自分自身がちゃんとやっているのかどうかをチェックしなさいと言っているのです。そうやって生きるということが忠恕なのです。

「**庸徳《ようとく》をば之《こ》れ行《おこな》ひ、庸言《ようげん》をば之《こ》れを謹《つつし》み**」の「庸徳」には中庸の「庸」が入っています。庸は前回もお話ししたように「当たり前」ということです。「雇庸」という言葉に使われていますが、雇庸というのは当たり前のこと、普通のことです。したがって、「庸徳」というのも特別に無理をしているような徳ではなくて、ちょっとした気遣いとかちょっとした配慮とか、相手が「ありがとう」と言うぐらいの当たり前の徳を言っています。それを通常生きているときには忘れないで揮うことが重要だということです。「庸言」も同じで、思いやりを持った言葉、優しい心遣いの言葉が重要だと言っています。

次の「**足**《た》**らざる所**《ところ》**有**《あ》**れば、敢**《あえ》**て勉**《つと》**めずんばあらず**」は、人と話したあとに「ちゃんと足りていただろうか」と振り返って、足りないところがあったならば、「もっとこうしてあげればよかった、こう言ってあげればよかった」と自反内省をすることが重要だということです。自反内省は孔子・孟子の言葉ですが、朱子も言うように、自反内省はとても重要で、足らざるところがあれば反省して「もっとこれを強めよう」「もっとこうしてあげよう」と思わなければいけないのです。

さらに「**餘**《あまり》**有**《あ》**れば敢**《あえ》**て盡**《つ》**くさず**」は、言いすぎかな、やりすぎかなと思えば、ほどよいところでとどめるということ。節度という言葉が出てきましたが、この節度を保つことが非常に重要なのです。中庸の「中」は「節」にあたらなければいけないということです。

いろんな人と付き合っていると、本当にほどよい形で対応してくれる人がいます。大げさでもないし、かといって簡単でもない。真心がすっと感じられるような人です。そういうことが無理なくできるようになるような訓練をするのが人間を磨くということです。ちゃんと「庸徳」「庸言」を揮えるような人間になることが重要なのです。

そのために「**言《げん》は行《こう》を顧《かえり》み、行《こう》は言《げん》を顧《かえり》みる**」。自分の行動を常に顧みて、行き過ぎた言葉は控えていく。この「行は言を顧みる」とは、常日頃自分が他人に言っていることを自分はちゃんとできているかと自問自答して、それから言葉を発するということです。それが重要なのです。

「**君子《くんし》胡《なん》ぞ慥慥爾《ぞうぞうじ》たらざらん**」の「慥慥爾」は「謹み努める」ということ。これでいいのかな、これでいいのかなと自反内省を繰り返すことによって、自らの人間の成長を促進できるというわけです。世の中の立派な人はそれを繰り返してきた人なのだということです。そういう立派な人、つまり道というものをちゃんと揮える人になってくださいということを言っているのです。

●君子のあり方――「君子は其の位に素して行ひ、其の外を願はず」

さあ、続いて第三節に行きましょう。

第三段　第一小段　第三節

君子《くんし》は其《そ》の位《くらい》に素《そ》して行《おこな》ひ、其《そ》の外《ほか》を願《ねが》はず。富貴《ふうき》に素《そ》しては、富貴《ふうき》に行《おこな》ひ、貧賤《ひんせん》に素《そ》しては、貧賤《ひんせん》に行《おこな》ふ。夷狄《いてき》に素《そ》しては、夷狄《いてき》に行《おこな》ひ、患難《かんなん》に素《そ》しては、患難《かんなん》に行《おこな》ふ。君子《くんし》は入《い》るとして自得《じとく》せざること無《な》し。

上位《じょうい》に在《あ》っては、下《しも》を陵《しの》がず、下位《かい》に在《あ》っては、上《かみ》を援《ひ》かず。己《おのれ》を正《ただ》しくして人《ひと》に求《もと》めざれば、則《すなわ》ち怨《うらみ》無《な》し。上天《かみてん》を怨《うら》みず、下人《しもひと》を尤《とが》めず。故《ゆえ》に君子《くんし》は易《い》に居《お》りて以《もっ》て命《めい》を俟《ま》つ。小人《しょうじん》は険《けん》に行《ゆ》きて以《もっ》て幸《こう》を徼《もと》む。

子曰《しいわ》く、射《しゃ》は君子《くんし》に似《に》たること有《あ》り。諸《これ》を正鵠《せいこく》に失《しっ》すれば、諸《これ》を其《そ》の身《み》に反求《はんきゅう》す、と。

ここまで道とはどういうもので、どうやって身に付けるかという話をしてきました。そして、ここからは自反内省を繰り返して道を修得したら、さあいよいよ、世の中に出てそれを発揮してくださいというところに進みます。ただし、そのときに注意することがいろいろあるということをここで言っています。

「**君子《くんし》は其《そ》の位《くらい》に素《そ》して行《おこな》ひ**」。偉い人というのは、そのくらいにふさわしい行動をする。例えば、自分が社長であれば社長という位に適応した振る舞いをしなくてはいけないということです。これを朱子は「現に在る」と言っています。「今そこにいる」ことを自覚しなければいけないと言うのです。自分が社長であれば「社長としてはこうあるべきじゃないか」ということを自覚する。課長であれば課長としてはこうあるべきだという行いをする。プライベートでも、父親ならば父親にふさわしい行動をし、妻であれば妻としてふさわしい行動をする。皆そういう位、ポジション、それから役目、役割を負っているわけです。「素して」というのは「それに合った」「そこにいる人間として」ということです。そういうことをまず考えてみなければいけない。

言い換えれば、社長なのに課長みたいな行動をすると「ちょっと社長、それはやめてくださいよ」ということになりますし、反対に課長が社長のように偉そうに何かを言うというのもよくないということです。

ポジションは人事によって与えられたものだと思うかもしれませんが、本当は天から受けたものです。だから、天から授かったポジションにふさわしいように行うことが大切なのです。自分の行いは今の自分のポジションにふさわしいかどうかを考えてくれ、ということです。「**其《そ》の外《ほか》を願《ねが》はず**」は、なんと言っても大切なのはここだと言っています。

自分はいろんな位にいます。社会的な位ばかりではなくて、家庭で言えば父親とか母親とか祖父とか祖母という位にあるわけです。祖父の位にある人が少年みたいに振る舞えば、それはちょっと待ってくれということになります。その位というものに合った振る舞いをしなくてはいけないのです。「素」というのは「大本」という意味ですから、そこに合った行いをする。その外は願わない、考えなくていいと言っているのです。

だから、「**富貴《ふうき》に素《そ》しては、富貴《ふうき》に行《おこな》ひ**」。自分が恵まれた環境にあると思えば、恵まれた環境にあるものとしての行いは何かと考える。例えば、少しでも余分があれば足らない人に回すというようなことも含めて、自分で考えてほしいということです。逆に「**貧賤《ひんせん》に行《おこな》ふ**」。不幸にして貧しくて社会的ポジションもあまり上がらないという境遇にある人は、そういうポジションに合うように無理して出過ぎないようにやっていくことが重要である、と。

「**夷狄《いてき》に素《そ》しては、夷狄《いてき》に行《おこな》ひ**」というのは、風習の違う外国に行ったらそこの風習に従うということ。「郷に入れば郷に従え」ということだろうと思います。「夷狄」を「未開」と訳す場合もありますが、ここでは「外国」と訳すほうが適切でしょう。

それから「**患難《かんなん》に素《そ》しては、患難《かんなん》に行《おこな》ふ**」。とんでもない患難に遭えば、冷静沈着に「いま何をどのようにしなければいけないか」を考えて順番をつけて行動する。

患難に行うことは、取り乱さないところから始まります。そして一度に全部はできないから、「まずこれをする」という順番をつけることが肝心なのです。これは佐藤一斎も言っていることです。

「君子《くんし》は入《い》るとして自得《じとく》せざること無《な》し」。立派な人間はどのような境遇になっても見事にその境遇に合ったように自分の道を守ろうとする、と。道を心得るというのは、そういうものも含まれるわけです。その境遇に沿った生き方とか言動というものを自分で弁えて、それで発揮する。そういうこともあるのだと言っています。

「上位《じょうい》に在《あ》つては、下《しも》を陵《しの》がず」。上の位にいる人は侵さない。つまり、下の人がやるべきことを「お前はのろいからだめだよ。俺がやるから」と言ってどんどんやってしまってはいけない。そういう場合は、なぜこの人は上手くできないのか考えて我慢強く指導してあげることなのです。「陵がず」というのはそういう意味です。

それから**「下位《かい》に在《あ》つては、上《かみ》を援《ひ》かず」**。「援かず」とは非難をしないことですから、下の位にある人は「上位の人はそれだけの重責を担って苦労をしているんだ」と考えて、「自分は少しでも手助けできれば有り難い」というふうに考える。そうすれば上を非難するということはないということです。

「己《おのれ》を正《ただ》しくして人《ひと》に求《もと》めざれば、則《すなわ》ち怨《うらみ》無《な》し」。人には「こうしろああしろ」と口喧しく言うけれど自分はあまりできていないというのでは、言われたほうも「はい」と言えないところがあります。だから、立派な人間はまず己を正しくする。自分はどうなのだろうかと考えたうえで、それでも注意をしたほうがいいときは、「私もまだまだなんだけどね」と前置きをしてから注意をする。そうやって人に求めなければ「則ち怨無し」怨まれるということはない。この怨まれるという中には、癪にさわるとか非難するということも含まれます。

「**上天《かみてん》を怨《うら》みず、下人《しもひと》を尤《とが》めず**」。上は天から下はずっと下の位の人まで、全部をとがめないことが重要なのだ、と。

「**故《ゆえ》に君子《くんし》は易《い》に居《お》りて以《もっ》て命《めい》を俟《ま》つ**」。道の平らかなところを「易」といいます。それは「心安らか」ということでもあります。そういう意味で、君子は常に無理をしないで自分の境遇に合った状態をよしとして、合致して調和を持って生きているから心安らかにして次の天命を待つことができる。こういうことをしろ、ああいうことをしろと天命がいつ下るかなと思って待っている。それが君子というものなのです。

では小人はどうかというと、「**小人《しょうじん》は険《けん》に行《ゆ》きて以《もっ》て幸《こう》を徼《もと》む**」。それは無理じゃないか、やめておいたほうがいいのではないかというところへ行きがちなのが小人である、と。少々の苦労は厭わないでやらなければだめだと言って、それは無理じゃないかということを次から次へとやってしまう。そこで偶然うまくいくことを望んでいるのが小人であるというのです。

君子はそんな無理はしません。日々のあり方から自反内省して、「自分はちゃんと生きているだろうか。道にしたがった言動をしているだろうか」と考えていますから、心静かに生きていくことができるし、次の天命を待つというようなこともできるのです。

孔子はこういう状態を「**子曰《しいわ》く、射《しゃ》は君子《くんし》に似《に》たること有《あ》り**」と言っています。「射」とは弓、弓道です。「弓を射ることは君子のあり方に実に似ているものだね」と言っているのです。どういうところが似ているのかというと、「**諸《これ》を正鵠《せいこく》に失《しっ》すれば、諸《これ》を其《そ》の身《み》に反求《はんきゅう》す、と**」。「正鵠を射る」とよく言いますが、弓を射て真ん中を外してしまったのは何が悪いのかというと、自分が悪いわけです。それを「弓が悪かった」とか「的が悪かった」と言うこと自体が君子ではないのです。他人のせい、その場のせいにするのは全く君子ではない。君子は「弓がだめだ」とか「矢が勝手に飛んでいった」などと言い訳しません。自分の弓の引き方が悪かったのではないか、姿勢が悪かったのではないか、力の配分が悪かったのではないかと、うまく当たらなかったことを自分の問題として考えます。

　これが自反内省の基本です。「あいつが悪かった」と言って終わっている限り、自分の悪いところは改善されません。だから、君子にはなれないのです。「諸を其の身に反求す」ということが大事で、これこそが自反内省ということなのです。

「反」というと、今は子供でも「反対」という言葉を思い浮かべるようです。ところが、江戸期ぐらいまでは、「反」は「かえりみる」と読むのが通常でした。ですから、当時は反と言えば「自反」、自らかえりみるということでした。それから大蔵省とか文部省という「省」という字も、「かえりみる」と読みます。ですから、全体をかえりみることと自分の心の中をかえりみることを「自反内省」と言うのです。

なぜ各省に「省」という字がついているのでしょうか。これは明治の閣議でちゃんと質してあって、「無駄を省く」という意味なのです。無駄を省くことが各省の務めだということを忘れないように「省」という字を付けたということなのです。そういう意味で、ぜひ自反内省をしっかりやっていただきたいと思います。

こうやって読んでいくと、今さらながらに有り難いことが書いてあると思います。今時の本にはなかなか書いていません。古典のすごさは本質を学べることです。本質を学ぼうと思ったら古典を読むことが大事なのです。古典を読んでいると背筋が伸びます。そこが古典のいいところです。

漢学の文章は漢字一文字一文字の羅列でできています。漢字は表意文字ですから、一つずつ意味を持っています。これに対してアルファベットは表音文字ですから音を表現しているだけで意味がありません。だから、漢文は一文字一文字をしっかり読むべきなのです。そうしないとアルファベットと変わらなくなってしまいます。英語の文章を読んでいるようなものです。ですから皆さんも、なぜここにこういう字が使われているのだろうかと考えて、漢字を味わいながら漢文を読んでいただきたいと思います。

横井小楠は西洋列強が押し寄せてきたとき、西洋近代思想が東洋思想に挑戦しに来たと受け止めました。だから、儒家の思想で西洋思想を羽包（育）んでやることが重要だと言って、儒家の思想を学び直すために『書経』を一字一句逃さず、毎朝六時から夜中の二時まで毎日読んだといいます。そして、そうやって改めて一文字一文字読んでいくうちに、東洋思想の凄さを見直しました。こんなに意義が詰まっている文章はないと感動しながら読んだそうです。

さらに言えば漢文の書き下し文が素晴らしいのです。これは日本語で書かれた文章ですが、もとの漢文で使われている文字を残さず使って翻訳しています。こんな翻訳は世界のどこにもありません。漢文に忠実に、漢字を余すところなく使って、しかも日本語になっている。こんな有り難いことはありません。私はいつも、書き下し文を作ってくださった先人に感謝をしながら漢文を読んでいます。日本人にはこれだけのことができるのです。日本文化は他国に類例のない文化だと思います。

●仲睦まじい家族の基本──「妻子好合すること、瑟琴を鼓すが如し」

さあそれでは次へ行きましょう。今度は第三段第二小段の第一節です。

第三段　第二小段　第一節

君子《くんし》の道《みち》は、辟《たと》へば遠《とお》きに行《ゆ》くに、必《かなら》ず邇《ちか》きよりするが如《ごと》く、辟《たと》へば高《たか》きに登《のぼ》るに、必《かなら》ず卑《ひく》きよりするが如《ごと》し。

詩《し》に曰《いわ》く、妻子《さいし》好合《こうごう》すること、瑟琴《しつきん》を鼓《うちなら》すが如《ごと》し。兄弟《けいてい》も既《すで》に翕《あ》ひ、和樂《からく》して且《か》つ耽《たの》しむ。

爾《なんじ》の室家《しつか》に宜《よろ》しく、爾《なんじ》の妻帑《さいど》を樂《たの》しましめんことを、と。

子《し》曰《いわ》く、父母《ふぼ》には其《そ》れ順《じゅん》ならんかな、と。


江戸の子供はこういう素晴らしい文章を百字百回で何度も何度も素読しました。百字を百回も読むと、子供の柔軟な頭脳には全部吸収されます。だから、四書、五万二千六百二十三字は一年半ぐらいかけて素読して、全部頭に入れたのです。それが日本の教育の原点です。ですから、皆さんも機会があれば何回も何回も読んでいただきたい。そのときに大事なのは、声に出して読むということです。本を読むというと今は黙って読んでいますが、黙読が始まったのは明治以降のことで、それ以前は必ず声に出して読んでいました。音読が重要なのです。どうして声に出すことが重要かというと、文章が目だけではなく耳からも入ってくるからです。二つのルートで入ってくるから記憶に残りやすいのです。これを効果的に使ったのが江戸期の教育でした。

さて、ここではまず「**君子《くんし》の道《みち》は、辟《たと》へば遠《とお》きに行《ゆ》くに、必《かなら》ず邇《ちか》きよりするが如《ごと》く**」と言っています。「君子が道を実践するときには、遠くに行こうとするときに必ず近いところから行くようにする」と言っています。道を実践するには、生まれて生きている限り自分を磨かなければいけません。これでよしというところはない。そんな長丁場を行かなければならないと覚悟をすれば、一気に遠くに行こうとするのではなくて、少しずつ的確に、一歩一歩階段を上がっていくことが重要なのだということなのです。「今日から私は仁・義・礼・智を尽くす」と言って始めてもすぐに挫折してしまうから、「ほんの少しだけ今日は仁で生きてみよう。何かあったら真心を込めて皆さんに接してみよう」というようなところから始めなさいということです。いきなり遠くへ行こうと思ってもできるわけはないから無理はしないように、と言っているのです。

次の「**辟《たと》へば高《たか》きに登《のぼ》るに、必《かなら》ず卑《ひく》きよりするが如《ごと》し**」も同じことを言っています。高いところに登るには、低いところから登り始めなくてはいけないということです。よく見ていただくと、「卑き」というときに「卑下」の「卑」という字を使っています。「低い」ということには「卑」という意味も含んでいるということです。つまり、高いところに行くときに階段などの一番低いところから登っていくと言っているだけではなくて、「自分はまだまだだな。まだまだ道というものをよく掴んでいないな」というように卑下しながら進みなさいと言っているわけです。こういうところに漢字の味わいがあります。

次に『詩経』にある「**詩《し》に曰《いわ》く、妻子《さいし》好合《こうごう》すること、瑟琴《しっきん》を鼓《うちなら》すが如《ごと》し**」という詩が出てきます。『詩経』で仲睦まじい夫婦の状態を描いた詩に必ず出てくる決まり文句と言ってもいいのが「瑟琴を打ち鳴らす」という表現です。皆さんがよくご存じなのは普通の琴ですが、瑟琴は大きい琴で、「ででーん」という低い音が出ます。それはだいたい男子が打ち鳴らすものです。男の琴は大琴で、女性の弾く琴は今もある琴なのです。これをアンサンブルで一緒に奏でるので、仲睦まじい夫婦を表すときに使ったわけです。

楽器でも合唱でも、音を合わせてみることは人間にとって調和をとる訓練になります。礼楽は「れいがく」「れいらく」と読みますが、当時は礼儀と音楽は表裏一体のものでした。私が小学校教育に携わっていたとき、学級崩壊というものがありました。そういうクラスへ行くと、私は「さあ、みんなで歌でも歌おうじゃないか」と言いました。「何を歌う?」と聞くと、私の知らないような今時の歌も出てくるのですが、そういう歌を歌いました。そのときに「みんなで手を握って歌うんだよ」と言うと、最初は「そんなのやらないよ」と反発する子もいるのですが、みんなで楽しく歌っているうちにどんどん輪が大きくなってきて、最後は全員が一所懸命歌うようになりました。それと同時に学級崩壊もなくなってくるのです。

このように、人と人との調和が礼儀を生むのです。人に合わせるということは礼儀です。合唱をしていると、それがよくわかってくるのです。オーケストラでも、自分の音を聴きながら全員の音を聴かないとオーケストラの一員にはなれません。「君は唯我独尊だね」と言われて終わってしまいます。

だから、仲睦まじい家庭の基本が「瑟琴を鼓すが如し」なのです。同様に、鉦や太鼓もよく出てきます。鉦鼓も仲睦まじい夫婦で合奏するものでした。

「**兄弟《けいてい》も既《すで》に翕《あ》ひ、和樂《からく》して且《か》つ耽《たの》しむ**」。兄弟も睦み合って、和み合って楽しむ。温泉などに行って、みんなで「楽しいね」と言い合って過ごす。それが和楽ということです。

「**爾《なんじ》の室家《しつか》に宜《よろ》しく、爾《なんじ》の妻帑《さいど》を樂《たの》しましめんことを、と**」。「室家」とは「一族」、「妻帑」は妻子ですから、一族をうまくととのえ、妻子を楽しませる、と。

その次に「**子《し》曰《いわ》く、父母《ふぼ》には其《そ》れ順《じゅん》ならんかな**」という言葉が付いています。これは何を言っているのかというと、夫婦仲をよくするにはどうすればいいかといったときに、すれ違いもあるし腹が立つこともお互いにあるけれど、そこをグッと抑える。それは、それぞれの父親母親のためだという意識なのです。これは、その父親母親にも両親がいて、さらにその上に先祖がいるように、連綿となく続いている末に自分がいるという自覚を持つということです。自分の家庭が今あるのは、その連綿たる流れの末にある。そこに至るまでには祖先の志や意志とかいうものがずうっと流れてきているということです。

そう思えば、夫婦が角突き合って生きていくのは両親に申し訳ないし、さらにその両親に申し訳ない。苦労して一家を続けてくださったから今、わが家が営まれている。わが家にはそういう苦労を続けた歴史がある。苦労の末なのだということを考えれば、なんと有り難いことかと思って、夫婦仲が悪いなんて言っていられないということを言っているのです。

それを孔子は「父母には其れ順ならんかな」と言いました。父母はそういう家の様子を見て「よくやっているねえ、ありがとうよ」と言っているでしょう、と。両親、祖父母、ご先祖の苦労がここで実っているのです。

夫婦が仲睦まじく、皆が「楽しいね」と言っている背景には、今までのご先祖の苦労がすべて反映されていると思わなければいけない。これが道を揮うということの具体的な姿なのです。これを忘れないでいただきたいのです。

●自分の中に先祖が生きている――「鬼神の徳たる、其れ盛んなるかな」

子曰《しいわ》く、鬼神《きじん》の徳《とく》たる、其《そ》れ盛《さか》んなるかな。之《これ》を視《み》れども見《み》えず、之《これ》を聴《き》けども聞《き》こえず、物《もの》に體《たい》して遺《のこ》す可《ところ》あらず。天下《てんか》の人《ひと》をして、齊明《さいめい》し盛服《せいふく》して、以《もつ》て祭祀《さいし》を承《あ》げしむ。洋洋乎《ようようこ》

として、其《そ》の上《かみ》に在《あ》るが如《ごと》く、其《そ》の左右《さゆう》に在《あ》るが如《ごと》し。詩《し》に曰《いわ》く、神《かみ》の格《いた》る、度《はか》る可《べ》からず、矧《いわ》んや射《いと》ふ可《べ》けんや、と。
夫《そ》れ微《び》の顕《けん》なる、誠《まこと》の揜《おお》ふ可《べ》からざる、此《かく》の如《ごと》きかな。

いまご先祖ということを言いましたが、今度は「鬼神」です。「鬼神」というのは神のことですが、当時は「神」という字よりも「鬼」という字のほうが今の「ゴッド」に近い意味で使われていました。「神」という字は「微かに感じられる」とか「微かにある」というような意味合いで、ぐっと掴めるほど明確ではないという意味でした。

ということは、ここで何を言っているのかというと、ご先祖様のことを言っているのです。毎朝神棚でご先祖に感謝する。ご先祖がしっかり生きてくださったからいま自分がいるわけですから、その大もとに感謝するということも道の発揮としては重要なことだと言っているわけです。

つまり「**鬼神《きじん》の徳《とく》たる、其《そ》れ盛《さか》んなるかな**」は、ご先祖の霊の働きはものすごく盛大なものなのだということです。不確かなことは語らないというのが孔子の考え方ですが、祖先の霊については盛大だと言っているのです。

しかし、「**之《これ》を視《み》れども見《み》えず、之《これ》を聴《き》けども聞《き》こえず**」。そんな盛大なご先祖に会いたいものだと思って見ようとしても見えないし、声を聴こうとしても聴こえない。見えもしないし聴こえもしないけれど、自分の体には間違いなくご先祖の血が入っている。家族の皆にもご先祖の血が入っている。そこにご先祖の血がしっかり流れていることは間違いないのです。

聴こえないし、姿も見えないけれど、自分や自分の家族の中にご先祖が生きていることは確かなことだ、と。なぜならば、先祖がいなければ自分は生まれてこなかったからです。したがって、**「物《もの》に體《たい》して遺《のこ》す可《ところ》あらず」**。全部そこに顕われているのですよ、と。

「天下《てんか》の人《ひと》をして、齊明《さいめい》し盛服《せいふく》して、以《もつ》て祭祀《さいし》を承《あ》げしむ」。多くの人たちがご先祖を敬って、身なりを整えてお祭りごとをするということを連綿とやってきた。特に今から二千五百年前はそうだったでしょうし、今でも日本は神を大切にし、ご先祖を大切にしています。

「洋洋乎《ようようこ》として、其《そ》の上《かみ》に在《あ》るが如《ごと》く、其《そ》の左右《さゆう》に在《あ》るが如《ごと》し」。たくさんのご先祖が、神がここにいる。あなたの上や左右隣にいる、と。血の中にいるのですから、いつも一緒にいて守ってくださっているのです。それがあたかも見えるように、毎朝、有り難うございますとお祭りをする。「そこにご先祖様がいる」と思って、あたかも現実の人間がいるかのように「有り難う」と感謝をする。それが重要なのです。これは朱子も言っているし、孔子も言っていますが、今そこに居ますが如くご先祖に感謝しなければいけないのです。

「詩に曰く、神の格る、度る可からず、矧んや射ふ可けんや、と」。神が身近にいるということは、「度る可からず」予測できないことなのだ、と。「矧んや射ふ可けんや」その祖先が気を遣ってあなたを守っているのだ、という言葉が『詩経』にある。「射ふ可けんや」は、避けることができないということです。嫌だと言ってもご先祖はあなたを懸念して守ってくれている、なんと有り難いことかということです。

「夫《そ》れ微《び》の顕《けん》なる、誠《まこと》の揜《おお》ふ可《べ》からざる、此《かく》の如《ごと》きかな」。それは微妙なものであるが、とてもはっきりしている。誠なるものは尽くせず必ず顕われるのだと言っています。それは「此の如きかな」ご先祖とあなた方との関係を言っているのですよ、と。

見えないし聴こえないから粗略にしがちだけれど、そういうものではないのです。現にあなたがここに生きているということは、ご先祖がいたからこそだということを考えれば、ご先祖はいつもあなたと一緒にいることになる。だから、そのご先祖に感謝しないで誰に感謝をするのですか、と。

ご先祖に感謝をするということは、まず父母に感謝をする。次に父母の父母に感謝をする。それを繰り返していくのです。一家が泰平、家族が団欒にあるということ自体が先祖に対する感謝の顕われになるので、ぜひ良い家庭を築いてくださいと言っているわけです。

●大徳を揮う人を天は助ける──「栽つ者は之を培ひ、傾く者は之を覆す」

次に第三段第二小段第二節を読んでみましょう。

第三段　第二小段　第二節

子曰《いわ》く、舜《しゅん》は其《そ》れ大孝《たいこう》なるかな。徳《とく》は聖人《せいじん》たり、尊《そん》は天子《てんし》たりて、四海《しかい》の内《うち》を富有《ふゆう》す。宗廟《そうびょう》に之《これ》を饗《きょう》し、子孫之《しそんこれ》を保《たも》つ、と。故《ゆえ》に大徳《たいとく》は必《かなら》ず其《そ》の位《くらい》を得《え》、必《かなら》ず其《そ》の祿《ろく》を得《え》、必《かなら》ず其《そ》の名《な》を得《え》、必《かなら》ず其《そ》の壽《じゅ》を得《う》。故《ゆえ》に天《てん》の物《もの》を生《しょう》ずる、必《かなら》ず其《そ》の材《ざい》に因《よ》つて篤《あつ》くす。故《ゆえ》に栽《た》つ者《もの》は之《これ》を培《つちか》ひ、傾《かたむ》く者《もの》は之《これ》を覆《くつがえ》す。

詩《し》に曰《いわ》く、嘉樂《からく》なるかな君子《くんし》、憲憲《けんけん》たる令徳《れいとく》は、民《たみ》に宜《よろ》しく人《ひと》に宜《よろ》しく、祿《ろく》を天《てん》より受《う》く。保佑《ほたす》けて之《これ》を命《めい》じ、天《てん》より之《これ》を申《かさ》ぬ、と。故《ゆえ》に大徳《たいとく》ある者《もの》は必《かなら》ず命《めい》を受《う》く。

これも名文です。まず孔子がこう言いました。「舜《しゅん》は其《そ》れ大孝《たいこう》なるかな」。舜はとても偉大なる孝の持ち主だったねえ、と。先に父母を思いなさい、祖先を思いなさいと言いましたが、それは要するに「孝行を尽くせ」ということです。だから、孔子は孝について言っているわけで

す。そこで自分の知っている聖人や偉人で孝と言えば誰が頭に浮かぶかというときに、真っ先に浮かぶのが舜だと言っているわけです。

堯は舜に王の位を禅譲しますが、後継者を探すにあたって「次の王は誰にしたらいいか。誰か推薦してくれ」と周囲の者たちに言いました。すると、いろんな人を推薦する声が上がりました。最初に堯の息子を推薦する人がいました。しかし、これは堯がだめだと言いました。ならばと、次々に名前が挙げられましたが、堯は皆だめだと言うのです。仕方がないので一般から募集をしようということになり、その最後に挙がったのが舜でした。「鰥《かん》の下に在る有り、虞舜と曰ふ」。つまり、「独り者で低い身分の者ですが、虞舜と呼ばれている者がいます。この虞舜が後継ぎとしては一番ふさわしいと思います」とみんなが言いました。すると堯は、「ああ、その者については私も聞いているよ」と言いました。

徳にあふれた堯は、独り者で低い身分でもかまわないから王の候補にしようと言って人材を求めたわけです。人材なくして良い治世なし、人材なくして良い経営なしです。いつも人材を気にして引っ張ってくるぐらいでなければだめだということなのです。

では、この舜という人はどういう境遇で生活をしていたかというと、「瞽《こ》の子なり」とあります。「瞽」とは目が不自由で三味線などを弾いて暮らしている人です。そういう人の子であるというのです。そして「父は頑に、母は嚚《ぎん》に、象は傲なれども、克《よ》く諧《かい》し、孝を以て烝烝《しょうしょう》、乂《おさ》めて格姦《かくかん》せず」とあります。父は頑固者、母は口うるさい、弟の象は傲慢であるというのですから大変な家庭です。しかし、みんなが舜に対してだけは自分の欠点を表さないで、父親は「うん、そうか、わかった」と舜の言葉にしたがい、母親も口汚く言うことはないし、弟も傲慢にならないというのです。これほどにも人間をよくわかって一家を治めている人間であれば、国を治めさせても大丈夫だろうという観点なのです。

私が言っている「家庭は社会のトレーニング場」という、まさに模範みたいなお話です。そんなひどい両親にでも、ちゃんと尽くしたのが舜なのです。

さて、『中庸』に戻りましょう。

「**子曰《しいわ》く、舜《しゅん》は其《そ》れ大孝《たいこう》なるかな。徳《とく》は聖人《せいじん》たり、尊《そん》は天子《てんし》たり、四海《しかい》の内《うち》を富有《ふゆう》す**」。そういう徳の高さがあれば、舜はもう聖人の位にあって、身分の高さは天子になったわけです。そして天子になった舜は全国をしっかり治めて富を豊かにしたのです。「**宗廟《そうびょう》に之《これ》を饗《きょう》し、子孫《しそん》之《これ》を保《たも》つ**」。祖先をしっかりお祭りして、舜の時代になってもちゃんと保ちました。「**故《ゆえ》に大徳《たいとく》は必《かなら》ず其《そ》の位《くらい》を得《え》、必《かなら》ず其《そ》の祿《ろく》を得《え》、必《かなら》ず其《そ》の名《な》を得《え》、必《かなら》ず其《そ》の壽《じゅ》を得《う》**」。ここでは「孝」というのが象徴的な徳になっていますが、孝徳という大徳がある人は必ず位を得て、給料・稼ぎを与えられるし、名声も上がる。そして、そういう人は長寿に終わるといっています。つまり、人間が望んでいるすべてが得られるのです。それぐらい大徳つまり親孝行であるという孝徳は大切なのだということです。

「**故**《ゆえ》**に天**《てん》**の物**《もの》**を生**《しょう》**ずる、必**《かなら》**ず其**《そ》**の材**《ざい》**に因**《よ》**って篤**《あつ》**くす**」。天が万物を生じて生育するのは、その人間のここがいいというところをちゃんと見て、発揮させるようにしているのだ、と言っています。「材」というのは「素材」です。

「**故**《ゆえ》**に栽**《た》**つ者**《もの》**は之**《これ》**を培**《つちか》**ひ、傾**《かたむ》**く者**《もの》**は之**《これ》**を覆**《くつがえ》**す**」の「栽つ者は之を培ひ」とは、農作物が小さくても自立しているのを見て、「これはいける」と周りに土を盛って強化してやるようなことを言っています。「傾く者は之を覆す」は、傾いている農作物は根っこがあまり強くないので小さい時分に引き抜いて、しっかり立っているもののほうへ栄養分を回すようにするということ。天もそのようにして、「この人はいけるぞ」と思えばしっかりサポートしてくれるというわけです。

「**詩**《し》**に曰**《いわ》**く、嘉樂**《からく》**なるかな君子**《くんし》**、憲憲**《けんけん》**たる令徳**《れいとく》**は、民**《たみ》**に宜**《よろ》**しく人**《ひと》**に宜**《よろ》**しく、祿**《ろく》**を天**《てん》**より受**《う》**く。保佑**《ほたす》**けて之**《これ》**を命**《めい》**じ、天**《てん》**より之**《これ》**を申**《かさ》**ぬ、と。故**《ゆえ》**に大徳**《たいとく》**ある者**《もの》**は必**《かなら》**ず命**《めい》**を受**《う》**く**」。『詩経』にこうある、と。いろんなものを生育して楽しむ美しい徳を持つ君子は、国民にも宜しいし人にも宜しいから、天から褒美を受ける。天は君子が徳を揮うのを助けて、天の恩恵をどんどん重ねていく。だから、「民を幸せにするためにこういうことをしてくれないか」という天命を必ず受け取るということです。

そういう天命が何度も下されるというのがトップにとっては重要なことです。一回か二回天命が来て終わってしまうのではだめなのです。トップが大徳・大孝・孝徳といったものを発揮し続けなければ、天も「もはやこれまで」と言って天命を下さなくなるのです。

これが「**故《ゆえ》に栽《た》つ者《もの》は之《これ》を培《つちか》ひ、傾《かたむ》く者《もの》は之《これ》を覆《くつがえ》す**」ということです。すくっと立っているものはもっと伸ばしてあげようとするけれど、傾いているものは引き抜いて、その栄養分をすくっと立っているほうに回そうということになるわけです。

こういう分別を天は持っているので、天は常にあなたの味方というわけではありません。ここで言えば、孝徳を揮い続けている人には次々と天命が下るけれど、それを失えばもはや天命はやって来ないのです。孝徳とは、見える孝としての親孝行だけではありません。一番大切なのは、大本である自分の祖先をいつも目の前にいるかのように大切にすることです。朝は「おはようございます。本日も宜しくお願いいたします」と言って手を合わせるようなことが重要なのです。そういう徳を持っている人間には必ずまた天命が下るということを言っているのです。

読み進んできますと、道が凄いものだということがよくわかってきます。さあ、この後どういう展開になるでしょうか。

●先祖、先人に感謝を捧げる――「斯の禮や、諸侯・大夫及び士・庶人に達す」

子曰《しいわ》く、憂《うれ》無《な》き者《もの》は、其《そ》れ唯《た》だ文王《ぶんおう》か。王季《おうき》を以《もっ》て父《ちち》と爲《な》し、武王《ぶおう》を以《もっ》て子《こ》と爲《な》す。父之《ちちこれ》を作《つく》り、子之《こここれ》を述《の》ぶ、と。

武王《ぶおう》は大王《たいおう》・王季《おうき》・文王《ぶんおう》の緒《ちょ》を纘《つ》ぎ、壹《ひと》たび戎衣《じゅうい》して天下《てんか》を有《たも》てり。身天下《みてんか》の顯名《けんめい》を失《うしな》はず、尊《とうと》きこと天子《てんし》と爲《な》りて、四海《しかい》の内《うち》を富有《ふゆう》す。宗廟《そうびょう》に之《これ》を饗《きょう》し、子孫之《しそんこれ》を保《たも》つ。

武王《ぶおう》、末《まつ》に命《めい》を受《う》け、周公《しゅうこう》、文《ぶん》・武《ぶ》の徳《とく》を成《な》し、大王《たいおう》・王季《おうき》を追王《ついおう》し、上先公《かみせんこう》を祀《まつ》るに天子《てんし》の禮《れい》を以《もっ》てせり。斯《こ》の禮《れい》や、諸侯《しょこう》・大夫及《たいふおよ》び士《し》・庶人《しょじん》に達《たっ》す。父大夫《ちちたいふ》たり、子士《こし》たれば、葬《ほうむ》るには大夫《たいふ》を以《もっ》てし、祭《まつ》るには士《し》を以《もっ》てす。父士《ちちし》たり、子大夫《こたいふ》たれば、葬《ほうむ》るには士《し》を以《もっ》てし、祭《まつ》るには大夫《たいふ》を以《もっ》てす、期《き》の喪《も》は、大夫《たいふ》に達《たっ》し、三年《さんねん》の喪《も》は、天子《てんし》に達《たっ》す。父母《ふぼ》の喪《も》は、貴賤《きせん》と無《な》く一《いつ》なり。

孔子が言いました。「**憂《うれ》無《な》き者《もの》は、其《そ》れ唯《た》だ文王《ぶんおう》か**」。いろんな悩みがあるのが人間というものだけれど、そういう心配がないというのは、それは文王ではないか、と。これはどういうことでしょうか。「**王季《おうき》を以《もっ》て父《ちち》と爲《な》し、武王《ぶおう》を以《もっ》て子《こ》と爲《な》す**」。文王の父親が王季で、子供が武王です。文武とよく言うのは父の文王と息子の武王を指しています。したがって、王季がいて、文王がいて、武王がいるということです。ちなみに武王の弟が周公旦です。「**父之《ちちこれ》を作《つく》り、子之《ここれ》を述《の》ぶ**」の「述ぶ」は「事績を継ぐ」という意味です。「父之を作り」というのは周の王業を父が作って子供がそれを受け継いだということです。

また、「**武王《ぶおう》は大王《たいおう》・王季《おうき》・文王《ぶんおう》の緒《ちょ》を纘《つ》ぎ、壹《ひと》たび戎衣《じゅうい》して天下《てんか》を有《たも》てり**」の「緒」とは「端緒」です。武王が周の王業の糸口を継いだ。「戎衣」は「軍装」のことですから、武力によってそれを行ったということです。「**身天下《みてんか》の顕名《けんめい》を失《うしな》はず**」。天下の名声を失わず、「**尊《とうと》きこと天子《てんし》と為《な》りて、四海《しかい》の内《うち》を富有《ふゆう》す**」。武王も名君と言われて久しいという働きがありました。「**宗廟《そうびょう》に之《これ》を饗《きょう》し、子孫之《しそんこれ》を保《たも》つ**」。ご先祖をお祀りしている場所が「宗廟」です。宗廟に亡くなられたご先祖を皆お祀りして、その栄光を代々子孫が守ってきたということを言っています。

「**武王《ぶおう》、末《まつ》に命《めい》を受《う》け**」の「末に」は「晩年に」。武王は晩年に命を受けたのです。というのは、お父さんの文王が立つのが遅かったからです。殷の紂王という暴虐非道の王様のやり方を非難して、多くの人が明徳のある文王に立ってくれと言ったにもかかわらず、文王はどんなに酷くても仮にも自分の王として仕えている紂王を討つことはできないと固辞していました。しかし、ついに天命が下されて立つわけですが、そのときには随分な年齢になっていたため、文王は間に合わなかったのです。そればかりか、武王も相当いい年になっていたので、紂王を討って王様になってから三、四年で亡くなってしまいました。そして、その後を継いだのが弟の周公旦です。周公旦は武王の息子を王にしましたが、自分が実質的に王の仕事をしました。王を継いでいくというのはそういうことなのです。

文王の父が王季で、王季の父が大王です。この方は太公といいます。古公亶父というのが正式な名前です。この古公亶父が、あるとき夢に見ました。ある老人が釣り糸を垂れて思索に耽っているという夢です。その姿が実に素晴らしく、師にお迎えするのならばこういう人がいいと思いました。文王の時代になって、ある日、大王太公が夢で見たのと全く同じ姿の人が釣り糸を垂れて思索に耽っているのに出会いました。驚いた文王は「私はこういう者ですが」と名乗りを上げて、この釣り人を自分の側近として招きました。これが有名な太公望です。太公が望んだ人だから太公望というのです。正式には太公望呂尚といいますが、この呂尚がいなければ周という国は立派にならなかったのです。そのため、天の啓示で太公望の姿を見て、ぜひ自分の側近になってくれと言った文王と王季の父の大王太公、古公亶父は周の中興の祖と言われています。

ですから「宗廟に之を饗し」というのは、こういうご先祖たちをしっかりとお祀りしてあるということです。二代とか三代とか四代前に、この人なかりせば今の自分はいない、一家はなかったかもしれないという人が必ずいます。そういう人をしっかりお祀りすることが重要なのだということを言っているわけです。
「**武王《ぶおう》、末《まつ》に命《めい》を受《う》け、周公《しゅうこう》、文《ぶん》・武《ぶ》の徳《とく》を成《な》し**」。武王は晩年に命を受けたけれど、早くに亡くなってしまいました。彼の弟の周公旦は、孔子が夢に見るぐらいの明徳の人物で、尊敬している人は誰ですかと聞かれた孔子が「それは周公旦だ」と言うほどの人でした。その周公旦が周の礼の制度をしっかりつくりました。それは文王と武王の徳を完成させるためにつくったものなのです。

それがどういう制度なのかということが次にずっと書いてあります。

まず、「**大王《たいおう》・王季《おうき》を追王《ついおう》し**」。中興の祖である古公亶父、その息子の王季といった人たちを「追王する」。武王は初めて全国の天子になったわけです。それまでの祖先は、今の日本の制度で見れば県知事みたいな存在でした。しかし、武王は自分が総理大臣になった瞬間に、この総理大臣という号はご先祖に差し上げるべきだと言って、大王・王季に王号を追って差し上げたというのです。これこそ先祖を大切にする第一です。自分が勲章などをもらったのは、自分一人がもらったわけではなくて、ご先祖がいてくださったからだから、ご先祖に差し上げるべきではないか、と。「追王する」とはそういう意味です。自分が王になったときにご先祖を追加して、「この方たちも王にします」というようにしたわけです。

さらに「**上先公《かみせんこう》を祀《まつ》るに天子《てんし》の禮《れい》を以《もっ》てせり**」。「この人がいたから」「この人がいたから」

というように、ご先祖を遡って国王の礼を行いました。ご先祖はさぞかし名誉に思ったことでしょう。

次に「**斯《こ》の禮《れい》や、諸侯《しょこう》・大夫《たいふ》及《およ》び士《し》・庶人《しょじん》に達《たっ》す**。当時は、天子がいて諸侯がいて、その次に大夫がいて士がいました。ここまでが公官で、その下が庶人という一般の国民です。そして、太子から諸侯から位についている人間はすべて、それから位についてない庶人に至るまで、全員を礼の制度の範疇としたということを言っています。つまり、国民を差別することなく礼の制度に加わらせたのです。これこそが周公旦の礼の制度の要点です。これは素晴らしいと思います。

では、それは具体的にどういうふうな礼の制度だったかというと、「**父大夫《ちちたいふ》たり、子士《こし》たれば、葬《ほうむ》るには大夫《たいふ》を以《もっ》てし、祭《まつ》るには士《し》を以《もっ》てす**」。父は大夫だったが子は士の位で終わったとしても、子供が亡くなったときの葬式では父の位の人間として葬ってあげる。しかし、お祭りするときは「士を以てす」そのまま士の状態でお祭りする。また、「**父士《ちちし》たり、子大夫《こたいふ》たれば、葬《ほうむ》るには士《し》を以《もっ》てし、祭《まつ》るには大夫《たいふ》を以《もっ》てす**」。父は士であったけれど、子は偉くなって大夫になった場合、葬るときは士として葬るけれど、お祭りするときは士であった父も子の位の大夫としてお祭りすることにしました。これは何を意味しているかというと、子供が頑張って父親より上の位を得たら、父親を晴れて一段上の位にすることができるということです。そうすることによって、皆一所懸命励むようになるということなのです。

礼の制度であってもみんな意欲的に取り組むようになるし、さらに言えば自然に親孝行ができる。こういうことを考えて周公旦は制度を作ったのです。これは素晴らしいアイデアで、現代もこういう制度は見習ったほうがいいのではないかと思うほどです。

「期《き》の喪《も》は、大夫《たいふ》に達《たっ》し、三年《さんねん》の喪《も》は、天子《てんし》に達《たっ》す。父母《ふぼ》の喪《も》は、貴賤《きせん》と無《な》く一《いつ》なり」。一年の喪は大夫までが服するものにし、三年の喪は天子までが服するものとする。父母が亡くなったときに三年の喪に服することは、裕福であっても貧しくても等しく同じにする、と。この制度によって、亡くなった人がおられたから今われわれはここにいるのだということを印象づけたのです。

自分の一番の祖先は父親・母親ですから、父親・母親に対する孝行がまず先行します。さらにそのまた父親・母親、その上の父親・母親も尊重するわけですから、自分の一家眷属全員を大切に思うということになります。これは、現在目に見える人間関係だけではなくて、見えない祖先も含めて国家の一員として尊重するということです。この図式こそが平安の時代を生む最大のものなのです。

例えば、亡くなられた先輩とか会社ならばOBの人たちを尊敬して、毎朝社員で祈りを奉げたりお礼をしたりする。それが会社に安定をもたらすことになる。だから、そういう礼をしっかり守る。それも道を行うということの一つだと言っているわけです。

また父母の喪は貧しいとか豊かとかは関係ない。豪華な仕掛けで神棚をつくればいいというものでもない。心の問題として、いつも感謝をする。そういうことを忘れないようにしてくださいと言うのです。

●祭礼の役割――「死に事ふること生に事ふる如く、亡に事ふること存に事ふる如き」

子曰《しいわ》く、武王《ぶおう》・周公《しゅうこう》は、其《そ》れ達孝《たっこう》なるかな、と。

夫《そ》れ孝《こう》とは、善《よ》く人《ひと》の志《こころざし》を繼《つ》ぎ、善《よ》く人《ひと》の事《こと》を述《の》ぶる者《もの》なり。春秋《しゅんじゅう》に其《そ》の祖廟《そびょう》を脩《おさ》め、其《そ》の宗器《そうき》を陳《つら》ね、其《そ》の裳衣《しょうい》を設《もう》け、其《そ》の時食《じしょく》を薦《すす》む。宗廟《そうびょう》の禮《れい》は、昭穆《しょうぼく》を序《じょ》する所以《ゆえん》なり。爵《しゃく》を序《じょ》するは、貴賤《きせん》を辨《べん》ずる所以《ゆえん》なり。事《こと》を序《じょ》するは、賢《けん》を辨《べん》ずる所以《ゆえん》なり。旅酬《りょしゅう》に、下《しも》の上《かみ》の爲《ため》にするは、賤《せん》に逮《およ》ぼす所以《ゆえん》なり。燕毛《えんもう》は、齒《よわい》を序《じょ》する所以《ゆえん》なり。其《そ》の位《くらい》を踐《ふ》み、其《そ》の禮《れい》を行《おこな》ひ、其《そ》の樂《がく》を奏《そう》し、其《そ》の尊《とうと》ぶ所《ところ》を敬《けい》し、其《そ》の親《した》しむ所《ところ》を愛《あい》し、死《し》に事《つか》ふること生《せい》に事《つか》ふる如《ごと》く、亡《ぼう》に事《つか》ふること存《そん》に事《つか》ふる如《ごと》きは、孝《こう》の至《いたり》なり。

郊社《こうしゃ》の禮《れい》は、上帝《じょうてい》に事《つか》ふる所以《ゆえん》なり。宗廟《そうびょう》の禮《れい》は、其《そ》の先《せん》を祀《まつ》る所以《ゆえん》なり。郊社《こうしゃ》の禮《れい》、禘《てい》嘗《しょう》の義《ぎ》に明《あきら》かなれば、國《くに》を治《おさ》むること其《そ》れ諸《これ》を掌《たなごころ》に示《お》くが如《ごと》きか。

孔子がこう言いました。「**武王《ぶおう》・周公《しゅうこう》は、其《そ》れ達孝《たっこう》なるかな**」。武王・周公は実に孝行の極致をいったものだな、と。孝行の極致とはどういうことかと言うと、「**夫《そ》れ孝《こう》とは、善《よ》く人《ひと》の志《こころざし》を繼《つ》ぎ、善《よ》く人《ひと》の事《こと》を述《の》ぶる者《もの》なり**」。孝行とはまず「人の志」を継ぐことなのです。亡くなった人を敬う、お祭りをするということは、その人の志を継いでいくことです。さらに「善く人の事を述ぶる」。亡くなった何々さんはいつもこう言っていた。先輩の何々さんはこう言っておられた。これを皆で継ごうじゃないかと言い合う。これは神を敬う最大のことであり、一言で言えば「孝」です。「孝」とは上の人、一人の人間で言えば父親・母親、会社に勤めていれば先代の社長や先々代の社長、さらには創業の社長といった人たちの志を明確にして、これを継いでいくことなのです。

その手段は時代に応じて新しくしていけばいいのですが、志自体はどんどん充実させていく。今、経営の世界では「パーパス経営」ということが言われます。つまり、「志経営」が大事だと言っているわけです。世の中が複雑になってビジネスがやりにくくなったときの最大の力はパーパス、志だというのです。志を一にしてやっていくことが経営の第一義だと言うようになっています。

何千年前に言った同じことを今も言っているわけです。こういうところに古典の凄みがあります。時代を通り越して、当たり前のこととして言っているという凄さがあります。だから、善く人の志を継ぎ、善く人の事を述ぶるということは絶対に続けていかなくてはならないことなのです。

「春秋《しゅんじゅう》に其《そ》の祖廟《そびょう》を脩《おさ》め、其《そ》の宗器《そうき》を陳《つら》ね、其《そ》の裳衣《しょうい》を設《もう》け、其《そ》の時食《じしょく》を薦《すす》む」。春の祭りは豊年を祈願し、秋の祭りは豊年を感謝する。祈願し、感謝するのがお祭りの目的なのです。「其の宗器」は伝承の祭器、お祭りの器。そういうものを陳ねて、その衣服をしっかり設けて、その季節の食べ物を食べる。これは「神人共食」ご先祖と自分たちが一緒に食べて有り難いと思うということを言っています。

「宗廟《そうびょう》の禮《れい》は、昭穆《しょうぼく》を序《じょ》する所以《ゆえん》なり」。お祭りの礼は「昭穆を序する」世代の別をはっきり序することが重要だと言っています。どういうことかというと、**「爵《しゃく》を序《じょ》するは、貴賤《きせん》を辨《べん》ずる所以《ゆえん》なり」**。参列者の爵位によって序することは貴賤を区別するためだ、と。なぜ貴賤を区別することが重要かといえば、ご先祖に祈りを奉げる一方で、今度は現代を見て、賎の人になんとか頑張って貴のほうへ行ってくださいと祈るのが祭礼のもう一つの目的だからです。そのために貴賤をはっきりさせるのだというのです。はっきりさせることによって、「末席にいてはだめだ。もっと上座に行かなければだめだな」と思って賎の人が奮起するわけです。それも礼の重要な側面だというのです。

今度は「**事《こと》を序《じょ》するは、賢《けん》を辨《べん》ずる所以《ゆえん》なり**」。「事」というのは祭事の分掌です。いろんな担当を序するのは「賢を辨ずる所以なり」。つまりベテランで頭が回る人間には重要な仕事を頼むし、入ってまだ慣れてない新人はそれなりの役職につける。そういう区別をすることも重要だと言うのです。区別することによって、新人は「早く先輩のように上座で取り仕切れるようにならなきゃいけない」と考えて奮起するからということなのです。

「**旅酬《りょしゅう》に、下《しも》の上《かみ》の爲《ため》にするは、賤《せん》に逮《およ》ぼす所以《ゆえん》なり**」。「旅酬」というのは祭礼の終わりの礼のことですが、そこで「下の上の為にする」下位の者が上の人のために「今日は有り難うございます」という意味で舞い踊ったりします。これは「賤に逮ぼす所以なり」賤の人が奮起して、自分もそういう礼を受ける側にならなければいけないと奮起するのを期待しているというわけです。

「**燕毛《えんもう》は、齒《よわい》を序《じょ》する所以《ゆえん》なり**」。「燕毛」はお祭り事が終わったあとの宴会です。「齒」と書いて「よわい」と読んでいるのは、要するに年齢のことを言っています。長幼の序ということで年長者をまず立てて、若い人はそれに対してもてなすほうに回るということです。

次は「**其《そ》の位《くらい》を踐《ふ》み、其《そ》の禮《れい》を行《おこな》ひ、其《そ》の樂《がく》を奏《そう》し、其《そ》の尊《とうと》ぶ所《ところ》を敬《けい》し、其《そ》の親《した》しむ所《ところ》を愛《あい》し**」。先祖のいた場所にいて、先祖の行った礼を行い、先祖の奏でた音楽を奏で、先祖の尊んだ人を尊び、先祖の親しんだ人に親しむ。これがなぜ重要なのかというと、祭礼というのはご先祖のために行うものですから、本来は死者のためのものなのですが、それだけで終わるのでなく、生きているわれわれのために行うものでもあるからです。中には「亡くなった人より生きている自分たちのほうが重要だ」と言う人がいますが、そういうものでもありません。祭礼には、死んでしまった人をお祭りするのと同時に、現在生きている人たちに奮起を促すという意味合いもあるということなのです。死んでいった人を弔い、あるいはお祭りすると同時に、生きている自分もしっかりしなくてはいけないと思うきっかけにしてほしいということなのです。

だから「**死**《し》**に事**《つか》**ふること生**《せい》**に事**《つか》**ふる如**《ごと》**く、亡**《ぼう》**に事**《つか》**ふること存**《そん》**に事**《つか》**ふる如**《ごと》**きは、孝**《こう》**の至**《いたり》**なり**」。死を弔っているのだけれど生きている人間が奮起一番することも重要だ、と。「亡に事ふること存に事ふる」亡くなった人を弔うことは、今ここにいるわれわれがしっかりしなければいけないと思うということで、それが広い意味での孝徳だというのです。

こういうことは学校では教えてくれませんが、本来であれば、こういうことを教えてあげなければいけないと思います。行事というのは何のためにあるのか、式典というのは何のためにあるのかということを教えてあげなければいけないのです。

次も同じことを言っています。

「**郊社**《こうしゃ》**の禮**《れい》**は、上帝**《じょうてい》**に事**《つか》**ふる所以**《ゆえん》**なり**」。「郊社の禮」とは「最高の祭礼」、「上帝」は万物の祖としての「天」です。最高の祭礼とは、われわれが天に仕えているというその有り難みをつくづく感じるためにやっているということです。

「宗廟《そうびょう》の禮《れい》は、其《そ》の先《せん》を祀《まつ》る所以《ゆえん》なり」の「宗廟の禮」とは、一家眷属の御霊屋、霊廟で行う礼のこと。そういう礼は先祖に対して有り難うと感謝するために行うものです。

「郊社《こうしゃ》の禮《れい》、禘嘗《ていしょう》の義《ぎ》に明《あきら》かなれば、國《くに》を治《おさ》むること其《そ》れ諸《これ》を掌《たなごころ》に示《お》くが如《ごと》きか」。郊社の禮と春秋のお祭りの意義が明らかになれば、国を治めることは掌の上でものを見るようなもので簡単なことだと言っているのです。

「社稷」という言葉があります。「社」とはご先祖の霊のことで、伊勢神宮で言えば、天照大神をお祭りしている内宮を言います。「稷」というのは食物の神です。要するに、ご先祖の神と食物の神にお祭りする行事を「社稷」と言うのです。今は国家のことも「社稷」と言っています。伊勢神宮はそっくりそのまま「社稷」でできています。稷の神、豊受大神が外宮ですから、内宮と外宮が両方あって社と稷をお祭りしています。その意味をよく知っていただきたいということで、ここまでこの文章を読んできました。ぜひ春のお祭り、秋のお祭りがどういう目的で行われるのか、どういう意味合いで式典の序列が決まっているのかといったことを知っていただきたいと思います。

●すべて天につながっている――「人を知らんと思はば、以て天を知らざる可からず」

第三段　第二小段　第三節

哀公《あいこう》、政《せい》を問《と》ふ。子曰《しいわ》く、文《ぶん》・武《ぶ》の政《せい》は、布《し》いて方策《ほうさく》に在《あ》り。其《そ》の人存《ひとそん》すれば、則《すなわ》ち其《そ》の政《せい》擧《あ》がり、其《そ》の人亡《ひとな》ければ、則《すなわ》ち其《そ》の政息《せいや》む、と。

人道《じんどう》は政《せい》を敏《つと》め、地道《ちどう》は樹《じゅ》を敏《つと》む。夫《そ》れ政《せい》なる者《もの》は、蒲盧《ほろ》なり。故《ゆえ》に政《せい》を爲《おさ》むるは人《ひと》に在《あ》り。人《ひと》を取《と》るには身《み》を以《もっ》てし、身《み》を脩《おさ》むるには道《みち》を以《もっ》てし、道《みち》を脩《おさ》むるには仁《じん》を以《もっ》てす。仁《じん》は人《ひと》なり。親《しん》を親《した》しむを大《だい》なりと爲《な》す。義《ぎ》は宜《ぎ》なり。賢《けん》を尊《たっと》ぶを大《だい》なりと爲《な》す。親《しん》を親《した》しむの殺《さい》、賢《けん》を尊《たっと》ぶの等《とう》は、禮《れい》の生《しょう》ずる所《ところ》なり。……

故《ゆえ》に君子《くんし》は以《もっ》て身《み》を脩《おさ》めざる可《べ》からず。身《み》を脩《おさ》めんと思《おも》はば、以《もっ》て親《おや》に事《つか》へざる可《べ》からず。親《おや》に事《つか》へんと思《おも》はば、以《もっ》て人《ひと》を知《し》らざる可《べ》からず。人《ひと》を知《し》らんと思《おも》はば、以《もっ》て天《てん》を知《し》らざる可《べ》からず。


哀公は、孔子が生まれ育った魯の国の王様です。この王様があるとき孔子に「政を問ふ」、つまり政治とはどういうものなのか、何を大切にしなければいけないのかと聞きました。それに対して孔子が答えました。「**文《ぶん》・武《ぶ》の政《せい》は、布《し》いて方策《ほうさく》に在《あ》り**」。よくぞ言ったと思います。ここまで読んできたように、文王・武王の政治については非常に細かく書かれています。前項で周公旦がどういう礼の制度を作ったかということの一端を読みましたが、そういうものさえ、今でもちゃんと読める。ということは、文王・武王の政治は文献として残されているということなのです。「方策」とは「方」は木の板、「策」は竹簡のことです。紙のかわりに文献、文書に使用されたのです。

今回はご縁があって皆さんと『中庸』を読んでいるわけですが、この縁がなければ一生読まないままだったかもしれません。しかし、文章を読んでみると、人間として知らなければいけないこと、心得なければいけない重要なことがたくさん書いてあります。それを思うと、古典は大切に読んでいくことが大切なのだと痛感します。

だから、まず孔子は哀公に対して「古典をちゃんと読んでいますか」と指摘したわけです。文王・武王の政治について書かれた文献があるのだから、あとは王様の勉強次第ですよと言っているわけです。

「**其《そ》の人存《ひとそん》すれば、則《すなわ》ち其《そ》の政擧《せいあ》がり、其《そ》の人《ひと》亡《な》ければ、則《すなわ》ち其《そ》の政息《せいや》む、と**」。そこに書いてある要点は、やはり人材が決め手だということです。このポジションにはこの人、このポジションにはこの人というように、必要な人材がそこにいれば政治の成果が上がる。しかし、そのポジションに適切な人がいなければ、さらに言えば、あまり感心しない人がついていれば、「則ち其の政息む」。これは重要です。「息む」とは「休む」という意味ですから、一見何か動いているように見えるけれど、後々その時代のその政治を見てみると、なんだ、休んでいたじゃないかということになる。

たとえば一九九〇年代以降の日本は、今になってみると失われた二十年とか三十年とか言われますが、その渦中にあってはそんな指摘はありませんでした。皆なんとなくやっているような気がしていたわけです。でも、あとから客観的に見ると、あの時代は休んでいたように見えます。渦の中に入っていると毎日慌ただしく一日が終わっていくので、「ああ、今日もよく働いた」と思うものです。しかし、十年後、社会のため人のために自分は、あるいは自分の会社は何をやっただろうかと客観的に振り返ると、大した働きはしていなかったということもあります。そういう視点を持って政治をやることだと、孔子は答えているのです。そこに凄さがあるのです。

「**人道**《じんどう》**は政**《せい》**を敏**《つと》**め、地道**《ちどう》**は樹**《じゅ》**を敏**《つと》**む**」。人の行うべき道は政治こそがそれをやらなければいけない。それは「地道」地のあり方、つまり大地の営みが草木を育てるということを徹底して務めているのと同じことで、政治が徹底して務めるべきは人の道を行き渡らせることなのだと言っています。

今日は頭からずっと、道とはこういうことですよ、こういうことも道ですよと言って読んできましたが、そういうものをしっかり自分の関係する組織に定着させていくことが政治であり、経営であるということです。

「**夫《そ》れ政《せい》なる者《もの》は、蒲盧《ほろ》なり**」。政治を行う者はどう考えければいけないかというと、「蒲盧」他人の子供でありながら自分の子供のように思えるかどうかである、と。当事者意識を持つことだというのです。自分の問題だと思っていますかということです。自分は関係ないと思った瞬間にどうでもよくなります。だから、これは大切だ、これは私の問題だと主体的に取り組まなければいけない。そうしないと何も前に進みません。

例えば、会社の問題について、「それは総務の問題でしょう」「それは人事の問題ですよ」「それは社長の問題でしょう」と言っていては何も解決しません。しかし、自分の会社で起こることはすべて社員である私の問題なのだと社員全員が当事者意識を持って「なんとか解決しましょう」と思えば、どんな問題でもすぐに解決します。そういうことを言っているわけです。「**故《ゆえ》に政《せい》を為《おさ》むるは人《ひと》に在《あ》り**」。そういう当事者意識を持った人をしっかり集める、あるいは育てなければいけません。やっているふりはだめだということです。

「**人《ひと》を取《と》るには身《み》を以《もっ》てし**」。人を採用するとか、人を応援するということは、自分がまず立派になって範を示すところから始める。「**身《み》を脩《おさ》むるには道《みち》を以《もっ》てし**」。身を修めるためには道にしたがってしっかり修める。「**道《みち》を脩《おさ》むるには仁《じん》を以《もっ》てす**」。道を修めるためには仁、思いやりがなくてはいけない。どれも皆、同じことを言っています。

ここでもう一度、「天の命ぜる、之を性と謂ふ」という『中庸』冒頭の言葉に戻りましょう。この性は本性のことで、朱子は仁・義・礼・智の四徳が本性であると言いました。それは天が人間に与えてくれたもので、生まれながらにして持っているものなのだ、と。この性、本性に従うことを道というわけです。つまり、仁・義・礼・智に基づいて生きること、それを発揮することが道なのです。本性を発揮して生きるのが道に生きているということなのです。だから、道には仁・義・礼・智のすべてが入っています。これを別の言葉では「人道」と言ってもいいでしょう。仁・義・礼・智をしっかり修めて生きているということが身を修めて生きているということなのです。

したがって「**仁《じん》は人《ひと》なり**」。人と人との関係は仁、これは忠恕と言ってもいい。真心を込めて、女性の口から出るような優しい思いやりを持って、どの人でも区分なく皆に揮うというのが忠恕です。これが仁であり、本性だということです。

「**親《しん》を親《した》しむを大《だい》なりと爲《な》す**」。親愛の情というものも重要ですよ、と言っています。「**義《ぎ》は宜《ぎ》なり**」。仁義の義は、適宜の宜であるということで、これは間髪容れずタイミングよく応えてあげるということ。これが「宜」です。いつも心がけて、こうなったときにはこうしてあげよう、こうなったときにはこうしてあげようと待ち構えているぐらいに人のことを思ってあげる。これが「宜」を発することであり、それは筋を通すということでもあります。「義は宜なり」とはそういうことです。

「**賢《けん》を尊《たっと》ぶを大《だい》なりと爲《な》す**」。賢人とは宜を心得ている人で、そういう賢人を尊ぶことが大事である、と。それから「**親《しん》を親《した》しむの殺《さい》、賢《けん》を尊《たっと》ぶの等《とう》は、禮《れい》の生《しょう》ずる所《ところ》なり**」。親に親しむのにも、賢人を尊ぶのにも区分がある。この「殺」と「等」は「区分」という意味です。「禮の生ずる所《ところ》なり」そうした区分から礼というものが生ずるのである。これはどういうことかと言うと、上のまた上の人にはこういう礼をしなければいけない、直属の上司にはこういう礼をしなければいけない、部下にはこういう礼をしなければいけないというように、自分が対する人に合った礼をすることが礼の奥義であり、区分によってそういった礼の違いが生ずるのだと言っているのです。

「**故《ゆえ》に君子《くんし》は以《もっ》て身《み》を脩《おさ》めざる可《べ》からず**」。立派な人は身を修めなくてはいけない。身を修めるということは性に従って生きること。道を発揮して生きるということです。

「**身《み》を脩《おさ》めんと思《おも》はば、以《もっ》て親《おや》に事《つか》へざる可《べ》からず**」。これは「孝」ということについて言っています。孝には、ご先祖を大切にすること、父母を大切にすること、それから人を大切にすること、これらのすべてが含まれます。だから、身を修めようとするのならば、親に仕えないなんていうことはあってはならないのだ、と。

「**親《おや》に事《つか》へんと思《おも》はば、以《もっ》て人《ひと》を知《し》らざる可《べ》からず**」。親に仕えようと思えば、人間を知らなければなりません。親も人間なので、人間には人間としての対応をしなければいけない。そうやって仁・義・礼・智を心得て、たとえ親であっても「親しき仲にも礼儀あり」というように、しっかりそれを揮わなければいけないのです。親だからいいじゃないかというものではないということです。

「**人《ひと》を知《し》らんと思《おも》はば、以《もっ》て天《てん》を知《し》らざる可《べ》からず**」。人を知ろうと思えば、天を知らなければならないのだ、と。すべては天から来ているものだからです。天が「人間に生まれるのならばこれを持っていきなさい」と言って性を授けてくれたところから始まっているのです。「天の命ぜる、之を性と謂ふ」からすべてが始まっているわけです。

結局　道というものがどういうものかを知ろうとして源を探っていけば、天に行きつくのです。そして、天というものがなんと有り難いものかがわかるのです。孟子が「其の心を尽す者は、その性を知るなり。その性を知れば、則ち天を知る」（尽心章句上）と言っているのはこのことです。

●天下国家を治める五つの達道と三つの徳

第三段　第三小段　第一節

天下《てんか》の達道《たつどう》は五《ご》。之《これ》を行《おこな》ふ所以《ゆえん》の者《もの》は三《さん》。曰《いわ》く、君臣《くんしん》なり、父子《ふし》なり。夫婦《ふうふ》なり、昆弟《こんてい》なり、朋友《ほうゆう》の交《まじ》はりなり。五者《ごしゃ》は天下《てんか》の達道《たつどう》なり。知《ち》・仁《じん》・勇《ゆう》の三者《さんしゃ》は、天下《てんか》の達徳《たつとく》なり。之《これ》を行《おこな》ふ所以《ゆえん》の者《もの》は、一《いっ》なり。

或《あるい》は生《うま》れながらにして之《これ》を知《し》り、或《あるい》は學《まな》んで之《これ》を知《し》り、或《あるい》は困《くる》しんで之《これ》を知《し》る。其《そ》の之《これ》を知《し》るに及《およ》んでは、一《いっ》なり。或《あるい》は安《やす》んじて之《これ》を行《おこな》ひ、或《あるい》は利《り》して之《これ》を行《おこな》ひ、或《あるい》は勉強《べんきょう》して之《これ》を行《おこな》ふ。其《そ》の功《こう》を成《な》すに及《およ》んでは、一《いっ》なり。

子曰《しいわ》く、學《がく》を好《この》むは知《ち》に近《ちか》く、力《つと》めて行《おこな》ふは仁《じん》に近《ちか》く、恥《はじ》を知《し》るは勇《ゆう》に近《ちか》し、と。斯《こ》の三者《さんしゃ》を知《し》れば、則《すなわ》ち身《み》を脩《おさ》むる所以《ゆえん》を知《し》る。身《み》を脩《おさ》むる所以《ゆえん》を知《し》れば、則《すなわ》ち人《ひと》を治《おさ》むる所以《ゆえん》を知《し》る。人《ひと》を治《おさ》むる所以《ゆえん》を知《し》れば、則《すなわ》ち天下《てんか》・國家《こっか》を治《おさ》むる所以《ゆえん》を知《し》る。

ですから、天下国家を治めようとする人は、まずこの『中庸』をよく読むことなのです。さらに言えば、人を治めるというのは会社を経営する、あるいは地方を治めるのも同じことですから、そういう人も『中庸』をしっかり勉強されるといいと思います。そのために必要な要点がズバズバと書いてある書物が『中庸』なのです。

そこで今回の最後に五つの要点ということについて説明していくことにします。

「**天下《てんか》の達道《たつどう》は五《ご**》」、つまり至極の道は五つだと言っています。「**之《これ》を行《おこな》ふ所以《ゆえん》の者《もの》は三《さん》**」、そして、これを実践するために修めなければいけない徳は三つある。五つの達道があって、それを行うために必要な徳が三つあるということです。最初は五つの達道からお話ししていきます。

「**君臣《くんしん》なり、父子《ふし》なり。夫婦《ふうふ》なり、昆弟《こんてい》なり、朋友《ほうゆう》の交《まじ》はりなり**」。まず「五倫」というものについてお話しします。この「倫」は、乱雑になっている紙を整えてきちんと揃えることです。倫は人偏ですが、車偏にすれば「輪」という字になります。これらの字は「合」という字の上の部分がついて、下は「冊」になっています。これは冊を整えるという意味なのです。ですから、倫理とは人間としての徳を整えること、道を整えることなのです。それから車輪は車を整えることです。例えば「論」など、旁《つくり》がこの字になっているのは、すべて整えることを意味しています。だから、人として人のあるべきものを整えるのが「五倫」なのです。

五倫の一つ目は「**君臣義有《くんしんぎあ》り**」です。上司と部下の間は義が重要です。義というのは筋道を通すということですから、上司と部下の関係はその範囲の中で筋道を通さなくてはいけません。

私の友人で中国の会社へ勤めた人がいますが、もうたまらんと言って辞めてしまいました。辞めた理由を聞くと「君臣義なしだ」というのです。一回その人の部下になると、人生まるごと全部部下になってしまう。引っ越しをするから手伝いに来いとか、大掃除だから手伝いに来いと言われる。「私はあなたの会社の部下です」と言っても、「いや、そうじゃない。上司・部下の関係はすべてが上司と部下だ」と言われたそうです。

しかし、それをちゃんと区分をして筋を通すのが「君臣義有り」です。そこには何が必要かというと、君から臣に対しての礼がなくてはいけません。『論語』に「君は臣を使うに礼を以てし、臣は君に事うるに忠を以てす」（八佾第三）とあります。忠とは嘘偽りのないこと。一回でも上司に嘘をついたら、上司は「信用できない男だ」と思ってしまいます。「君臣義有り」というのはそういうことを言っています。

二つ目は「**父《ふ》子《し》親《しん》有《あ》り**」です。この世の中で一番難しい人間関係を挙げるならば、それは父親と長男の関係です。これが一番難しいということは『孟子』にも言われています。孟子は、絶対に失ってはいけないのは親愛の情だと言って「父子親有り」と言っているのです。親愛の情というものを前提にして物を言ったらいいのだ、と。親愛の情がないとこの関係は崩れてしまうと言っています。父親の期待を背負っているのが長男ですから、どうしてもそうなってしまう。ですから孟子は、もしこじれた場合はしばらく父親が信用できる人に長男を預けるのも一つの手だと言っています。そういうことも「父子親有り」の中の一つです。

三つ目は「**夫婦別有り**《ふうふべつあ》」です。夫婦に別有りとは何事かと女性から非難が出そうですが、そういうことを言っているわけではありません。役割が違うという意味です。私流に解釈すれば、夫婦はせっかく二人いるのだから、それぞれ別の方向を見ればいいのではないか、ということです。なぜならば、同じ方向を見ていたら一八〇度しか注目できないからです。頭のいい夫婦は、それならば背中を付け合って社会に向き合おうと考えます。夫婦が背中を付け合って見れば、三六〇度すべて見ることができます。これを「夫婦別有り」と言っているのです。要するに、夫婦の間に隙間があってはいけないということです。

それはどうしてかと言えば、子供のためです。一旦緩急あったときには、「俺はこっち見てくるから、君は向こう見てくれ」と奥さんに言って、奥さんは「こっちは大丈夫だから、あなたはそっちを見てください」という。それで子供はお互いの背中の間に保護する。これが「夫婦別有り」ということです。差別だと言う女性がいますが、そんなことを言っているのではないのです。

四つ目は「**長幼序有り**《ちょうようじょあ》」です。「長幼」はまず兄弟のことで、兄弟の間には順番があるということです。年長者には一日の長があるから、それだけ人生の経験の差がある。それを大切に思わなければいけないということです。『中庸』ではこれを「昆弟」と言っています。「昆」は

「兄」という意味です。弟は弟の身分をちゃんと守る。これを「悌」と言います。それからお兄さんをちゃんと敬う。これが「敬」です。そういうことをちゃんと守ってくださいというのが「昆弟」です。

五つ目は**「朋友信有《ほうゆうしんあ》り」**です。この世で友人といえば二種類しかありません。それが「朋」と「友」です。「朋」は師を同じくして学び合っている仲の友人です。同朋の朋です。そして「友」は志を同じくする友です。友人というのは、一緒に学び合った仲か、志を同じくするかの二通りしかありません。そして、その間では絶対に信を侵してはいけない。信頼に外れるようなことは絶対しないことが重要だというのが「朋友信有り」ということです。

以上が五輪の内訳です。道に達するには、この五倫をまずしっかり身に付けることだと言っているわけです。

そして、それを行うときには三つの徳がなければいけないと言っています。この三つが「知・仁・勇」です。

それぞれ説明がありますが、あらかじめ申し上げておくと、「知」とは人間としての知です。まさに『大學』で言っている「致知」のことです。人間として持たなければいけない知があるということです。本性を知るのも知です。知を磨くと言いますが、人間の本道を磨くものが知なのです。

二つ目の「仁」は「忠恕」といってもいいし、「慈愛」といってもいいし、「思いやり」と言ってもいいでしょう。

三つ目の「勇」とは「勇気」です。何をやるにも躊躇していたらだめで、勇気を持ってやらなくてはいけない。これは『孟子』が説いているところです。善なるものは勇気をもって行う。善を行うには勇気が必要なのだということです。

「知《ち》・仁《じん》・勇《ゆう》の三者《さんしゃ》は、天下《てんか》の達徳《たつとく》なり」。五倫を徹底させるためには、この三つの徳が必要なのです。**「之《これ》を行《おこな》ふ所以《ゆえん》の者《もの》は、一《いつ》なり」**とは、根本は一つだよ、ということです。**「或《あるい》は生《うま》れながらにして之《これ》を知《し》り」**。生まれながらにしてこういうことを知っている人もいます、と。なぜかと言えば、人間が生まれるときに天が与えてくれたものが大本なので、それを心得ている人は生まれながらに知っているわけです。

ところが、朱子が言うような本性のほかに、育つ家庭で植え付けられる性というのがあります。それが欲望であったり悪い習慣であったりして本性を隠してしまうのです。だから、ある程度のときが来たら努力して本性に返らなければいけないのです。でも、親が本性を心得ていて、仁・義・礼・智の大事さを言い続けられて育った子は、生まれながらにしてこれを知る人になるのです。

「或《あるい》は學《まな》んで之《これ》を知《し》り、或《あるい》は困《くる》しんで之《これ》を知《し》る」。それから学んで知る人もいます。学んで知る人にも、楽に知る人もいれば苦しんで知る人もいます。つまり、いろんな艱難に遭遇して、自分は仁が足らない、義が足らないからこうなるのだと悟って、仁を学ばなければいけない、義を学ばなければいけないと考えるようになる。そういう人もいるということです。

　したがって、生まれながらに知る人、あるいは学んでこれを知る人、あるいは苦しんでこれを知る人と、いろいろあるわけです。

「**其《そ》の之《これ》を知《し》るに及《およ》んでは、一《いっ》なり**」。しかし、これを知るということにおいては同じなのです。どういう知り方でもいいから知ってくださいと言っているわけです。

「**或《あるい》は安《やす》んじて之《これ》を行《おこな》ひ、或《あるい》は利《り》して之《これ》を行《おこな》ひ、或《あるい》は勉強《べんきょう》して之《これ》を行《おこな》ふ**」。今度は実施する場合です。軽く楽々とできる人もいるけれど、中には「利して」よいことだからやろうと思ってやっている人もいるし、「勉強して」つまり自分に「絶対やらなきゃだめだぞ」と強いて行うという人もいる。「**其《そ》の功《こう》を成《な》すに及《およ》んでは、一《いっ》なり**」。起因がどうであろうとも、行っているという点では同じなのだから、行わなければだめだと言っています。

　それから「**子曰《しいわ》く、學《がく》を好《この》むは知《ち》に近《ちか》く**」。学ぶことが好きだということは当然知るというほうに行きますよ、と。また「**力《つと》めて行《おこな》ふは仁《じん》に近《ちか》く**」。実行するというのは仁に近い。努めてもやろうとしているということは、仁を揮おうと思っているからです。それから「**恥《はじ》を知《し》るは勇《ゆう》に近《ちか》し**」。こんなことを知らないのは恥ずかしい、こんな失敗をしているようでは恥ずかしいというのは、これをなんとか覆えさなければいけないと思うことなので勇に近い。したがって「**斯《こ》の三者《さんしゃ》を知《し》れば、則《すなわ》ち身《み》を脩《おさ》むる所以《ゆえん》を知《し》る**」。この知・仁・勇の三つを知ることは、身を修めることの理由を知る、わが身の修め方を知ることになるというのです。

そして「**身《み》を脩《おさ》むる所以《ゆえん》を知《し》れば、則《すなわ》ち人《ひと》を治《おさ》むる所以《ゆえん》を知《し》る**」。自分の身を修められたのであれば、それを人に活用すれば人を治めることができるのではないか。「**人を治《おさ》むる所以《ゆえん》を知《し》れば、則《すなわ》ち天下《てんか》・國家《こっか》を治《おさ》むる所以《ゆえん》を知《し》る**」。人を治めることができれば、天下・国家を治めることができる、と言っています。

今回学んできた中庸の実践は、簡単なようで実は難しいことです。なぜなら、中庸であるかないかは目に見えますが、なぜそうなるかという原理は目に見えないからです。それゆえ、『中庸』には、中庸を実践するとは何か、なぜ中庸から外れてしまうのかについて具体的に詳しく書かれているのです。ここに書いてあることを一つひとつ理解して、それを実行して、しっかり身に付けることができれば、人も治められるし、天下も治められる。会社であればしっかりした経営ができる。すなわち「君子の道」を歩むことができるということなのです。

第三講　天の基本「誠」とは何か

——「誠は天の道なり、これを誠にするは人の道なり」

今日は『中庸』の骨格である「誠」についてお話しします。「誠」とは偽りのない本来のままのあり方、つまり天の道というべきものです。そして人が天から与えられた本来の性もまた「誠」なのです。したがって、至誠に徹することこそが、よりよく生きることの要点になるのです。いろんな要点がこの『中庸』という書物には出てきますが、今日もその一つです。しっかり読んでいきたいと思います。

●組織を運営する九つの原理原則——「凡そ天下、國家を爲むるに、九經あり」

まず第三段第三小段の第二節を読んでみましょう。

第三段　第三小段　第二節

凡《およ》そ天下《てんか》・國家《こっか》を爲《おさ》むるに、九經有《きゅうけいあ》り。曰《いわ》く、身《み》を脩《おさ》むるなり。賢《けん》を尊《たっと》ぶなり。親《しん》を親《した》しむなり。大臣《だいじん》を敬《けい》するなり。羣臣《ぐんしん》を體《たい》するなり。庶民《しょみん》を子《いつく》しむなり。百工《ひゃっこう》を來《ねぎら》ふなり。遠人《えんじん》を柔《なつ》くるなり。諸候《しょこう》を懷《やす》んずるなり。

身《み》を脩《おさ》むれば、則《すなわ》ち道立《みちた》つ。賢《けん》を尊《たっと》べば、則《すなわ》ち惑《まど》はず。親《しん》を親《した》しめば、則《すなわ》ち諸父《しょふ》・昆弟怨《こんていうら》み

ず。大臣《だいじん》を敬《けい》すれば、則《すなわ》ち眩《げん》せず。羣臣《ぐんしん》を體《たい》すれば、則《すなわ》ち士《し》の報禮《ほうれい》重《おも》し。庶民《しょみん》を子《いつく》しめば、則《すなわ》ち百姓《ひゃくしょう》勸《つと》む。百工《ひゃくこう》を來《ねぎら》へば、則《すなわ》ち財用《ざいよう》足《た》る。遠人《えんじん》を柔《なつ》くれば、則《すなは》ち四方《しほう》之《これ》に歸《き》す。諸《しょ》侯《こう》を懷《やす》んずれば、則《すなわ》ち天下《てんか》之《これ》を畏《おそ》る。

齊明《さいめい》し盛服《せいふく》して、禮《れい》に非《あら》ざれば動《うご》かざるは、身《み》を脩《おさ》むる所以《ゆえん》なり。讒《ざん》を去《さ》り色《いろ》を遠《とお》ざけ、貨《か》を賤《いや》しみて德《とく》を貴《たっと》ぶは、賢《けん》を勸《すす》むる所以《ゆえん》なり。其《そ》の位《くらい》を尊《たっと》くし其《そ》の祿《ろく》を重《おも》くし、其《そ》の好惡《こうお》を同《おな》じくするは、親親《しんしん》を勸《すす》むる所以《ゆえん》なり。官《かん》は盛《さか》んに任使《にんし》するは、大臣《だいじん》を勸《すす》むる所以《ゆえん》なり。忠信《ちゅうしん》もて祿《ろく》を重《おも》んずるは、士《し》を勸《すす》むる所以《ゆえん》なり。時《とき》に使《つか》ひ薄《うす》く斂《おさ》むるは、百姓《ひゃくせい》を勸《すす》むる所以《ゆえん》なり。日《ひ》に省《かえり》み月《つき》に試《こころ》み、既稟《きりん》事《こと》に稱《かな》ふは、百工《ひゃくこう》を勸《すす》むる所以《ゆえん》なり。往《ゆ》くを送《おく》り來《きた》るを迎《むか》へ、善《ぜん》を嘉《よみ》して不能《ふのう》を矜《あわ》れむは、遠人《えんじん》を柔《なつ》くる所以《ゆえん》なり。絕世《ぜっせい》を繼《つ》ぎ、廢國《はいこく》を擧《おこ》し、亂《らん》を治《おさ》め危《あやう》きを持《たす》け、朝聘《ちょうへい》時《とき》を以《もっ》てせしめ、往《ゆ》くを厚《あつ》くして來《きた》るを薄《うす》くするは、諸侯《しょこう》を懷《やす》んずる所以《ゆえん》なり。

凡《およ》そ天下《てんか》・國家《こっか》を爲《おさ》むるに、九經《きゅうけい》有《あ》り。之《これ》を行《おこな》ふ所以《ゆえん》の者《もの》は一《いつ》なり。

まず「凡《およ》そ天下《てんか》・國家《こっか》を爲《おさ》むるに、九經《きゅうけい》有《あ》り」とあります。天下国家もそうですが、会社、組織もこの中へ入りますし、家庭もこの中へ入ります。人間が二人以上集まるところには皆、これから読んでいく論法が応用できると思っていただいたらいいでしょう。この「凡そ天下を為むるに」の「為むる」は「うまく運営する」ということです。経営でもこれがなかなか難しくて、経営者は日夜苦労しているわけですが、これには九つの「經」があると言っています。「經」は、今は「経」という簡単な字になっていますが、本来はこの字を使います。これはとても由緒の深い字で、布を織る「織機」を表しています。旁の上の部分は糸がピーンと張ってある状態です。私は子供の頃、京都の西陣でしばらく育ったのですが、大きな織機がありました。それは見事な織機で、子供心にもすごいものだなと思いました。糸が大きな部屋の向こうの壁からこちらの壁ぐらいまで張ってあって、織機がガチャンガチャンと動いて布が織られていくのです。この「經」という字は、そうした伝統が重要だということを言っているわけです。「五經」（五経）にもこの「經」の字が使われていますが、それはとても重要な五つの書物、伝統をしっかりと受け継いでいくべく編纂された五つの書物という意味があるのです。

違う領域で言えば、仏教の「經典」（経典）があります。これも全く同じ意味です。釈尊が最初に説いたものは「阿含經」ですが、そのときからこの「經」という字を使っています。この字が使われているということは、原理原則を言っていると考えていいと思います。ここでは、組織を運営するときには九つの原理原則があると言っているわけです。

その九つの原理原則の第一番目は「**曰《いわ》く、身《み》を脩《おさ》むるなり**」ということです。これは、会社で言えば社長、国家であれば総理といったトップリーダーの身が修まっているかどうかということです。身が修まるというのは、逆に読むと修身です。『大學』の「修身斉家治国平天下」

の基本になっているのが修身ですから、君子としてのあり方をしっかり身に付けているかどうかということを問うているわけです。

孟子も説いているように、善があれば悪もあるのが人間です。これは陰陽で考えれば当然なのです。どちらか一つしかないというほうが不可思議で、東洋思想ではその反対が絶対にあると言っています。ですから、人間にも善もあれば悪もある。その前提に立って、この悪の部分をどんどん減らして善の部分を高めていく。理想としては善が百％でしょうが、九十％ぐらい善の部分があって十％ぐらい悪があるぐらいにまですることを最終目標にすればいいでしょう。

なぜ悪を残すのかと言うと、悪の部分を持っていなければ悪にしてやられてしまうからです。自分に悪の部分があるから「敵はこう来るんじゃないか」ということがわかる。「これは本当に言っているんじゃないな。自分の利のために言っているんじゃないか」ということを見抜くことができるのです。そういう意味では、生まれたときから純粋無垢で育ってきた人が仮にいれば、非常に危険極まりないということになってしまう。だから、悪も大切なのだというふうに考えていただきたいのです。

しかし、その悪の部分を減らしていくことが人間の人生です。身を修めるとはそういうことなのだと言っているわけです。

原理原則の二番目は「**賢《けん》を尊《たっと》ぶなり**」ということです。これは儒家の思想ばかりではなくて、中国古典、漢籍全体に関わる考え方です。賢人を見出すことができるかどうかで組織が決まるというのは当たり前ですが、一人の賢人がいたからと言ってそれだけではなかなかうまくいくものではありません。立派なトップの下に賢人が何人かいなければ、やはりうまくいかないのです。だから「これはなかなか立派な人物だな」と思ったら、その人間をどんどん引き立てることが大事なのです。

ところで、賢というと、今は頭の回転が速い、学校秀才というような者を賢と言ってしまいがちですが、ここの賢はそうではありません。世間の道理がよく身に付いている人、道というものを心得ている人物を賢人というのです。そういう人間を尊ぶということです。

自分がどういう人間を評価しているかということを表す一番いい方法は、その人をどんどん引き立てていくということです。口に出さなくても、社員は「ああ、社長はこういう人物を良しとしているのか」とわかりますから、「この人を手本にしよう」と考えるようになります。それによって、全体がレベルアップしていくことにもなるので、強い組織をつくるためには一番効果的な方法です。

第三は「**親《しん》を親《した》しむなり**」。この頃は親族社会でしたから、最初の「親」とは「肉親、同族」という意味です。現在の会社で言えば側近でしょうか。自分のすぐ下で汗水垂らして支えてくれるような人たちを親愛の情で迎えることが大切だと言っています。

第四は「**大臣《だいじん》を敬《けい》するなり**」。これは、それなりの役職に立っている人間を敬愛・尊敬するということです。

第五に「**羣臣《ぐんしん》を體《たい》するなり**」。「羣臣」というのは「多くの臣下」のこと。「體」という字は、今は「体」と書きます。吹けば飛ぶような字になってしまっていますが、こうやって見ていただくと人間の「體」は骨が豊かでなければいけないとわかります。骨というのは現実の骨もあるでしょうが、その人の背骨、バックボーンという意味でもあります。それがしっかりしているのが「體」という字です。これには「思いやる」という意味もあります。

漢字は意味が豊富ですから、ここではこういう意味合いで使われているということを見抜く楽しみがあります。横井小楠は『尚書』、つまり『書経』の読み直しをしようと、一字一日という目標を立てて、一文字一文字の漢字を「なぜこの字をここで使っているのか」と徹底的に問うということをしました。これは表意文字だからできることで、表音文字ではできません。そういう意味では、表意文字の漢字圏にいる者としては、漢字を楽しむことは重要なことなのです。

第六に「**庶民《しょみん》を子《いつく》しむなり**」。これは国家でいえば国民を慈しむということです。

第七に「**百工《ひゃくこう》を來《ねぎら》ふなり**」。国民の中でも工人といえば物を作る人です。政治をする人たちが多いと、物を作る農工商の人に重荷になってきます。だから士農工商という配列の「士」にあたる人の数を極力少なくする。「士」は消費するばかりの人ですからできるだけ少なくして、農工商の人たちをねぎらって重荷にならないようにするということです。

第八に「**遠人《えんじん》を柔《なつ》くるなり**」。中国に限らず日本の場合もそうですが、革命は僻地に起こります。その国が危うい状態になることの第一は、僻地で暴動が起こったときにそれを見過ごしてしまうところから始まります。「大したことはないだろう」と思っていると、それこそ風が吹くように近づいてきて、ひとたまりもなく滅んでしまうことが歴史の中にはよく見られます。ですから、特に遠くから来た人は非常に重要です。ここでは民族の違う国から来た人を手厚く招いて歓待して懐けることが重要だと言っています。

最後の九番目は「**諸侯《しょこう》を懐《やす》んずるなり**」。日本の場合で言えば、幕府があって藩がありました。それぞれの藩主のように、各地域のトップを務めている人を諸侯と言います。その諸侯を「懐んずる」というのは、安心して政治ができるようにしてあげるということです。無理ばかり言ったり、いきなり改易したりといった乱暴な政治はしないということです。

●なぜ「九經」が重要なのか

以上の九つが組織運営の原理原則だというのですが、これだけで終らないところが『中庸』の凄いところで、なぜそれが重要なのか、それはどのように行われるべきものなのかということを引き続き具体的に書いてくれています。

「九經」の一番目は「身を修むるなり」でしたが、なぜ身を修めなければならないのか。それは「**身《み》を脩《おさ》むれば、則《すなわ》ち道《みち》立《た》つ**」からだと。これはとても重要なことです。「道」にはいろんな解釈がありますが、この「道」は「天の道理」ということです。天地で言えば地、地上、われわれが国民の一員として暮らしているこの地は千変万化します。千変万化の一番の象徴が戦争です。数年前には思ってもいなかった、人が人を殺すということが公に行われるという異常な状態が今も見られます。その点、天の行いは何千年、何万年とつながなく続いています。天は地上にいる生きとし生けるもののためにいろんな配慮をしてくれています。そのようにすべてを仕切っている天が「こうあるのが一番いい。だから、こうやってほしい」というのが道理です。「道立つ」とは、この「道理が立つ」ということです。

身を修めれば道理が立つというのはどういうことでしょうか。例えば、トップに立つ人がやりたい放題で自分勝手な行いをしていれば、下にいる人たちは嫌になってきます。これは道理が立っていないのです。反対に、上にいる人が「人間はああでないと」と下の人が仰ぎ見るようにしっかりと暮らしていれば、みんな見習おうとするから組織は自然と落ち着いて静かになってきます。トップの身が修まれば道理が立つとはそういうことを言うのです。『論語』でも、君主が孔子に「国家をつつがなく安定させるにはどうしたらいいでしょうか」と尋ねれば、孔子は「それは一つしかありません。あなたの身が修まっているかどうかです」と答えています。つまり、手本になるべき人が手本になっていないということが一番いけないと言っているわけです。「上に立つ」ということには、「手本になる」という意味合いも含まれているのです。

役職上、課長、部長、役員、社長といったポジションについているからという理由だけでなく、社会的に見ても、上にいる者が手本とならないと下が治まらないのだということに気づいていただかなくてはなりません。

私がよく言っているのは、役職がつくということは下の人の養育係になったと思わなくてはいけないということです。これはマネジメントをしっかりやるという意味もありますが、下の人の教師・師匠となって人を育てるという役割もあります。これは佐藤一齋が「言志四録」で強調していることです。役職者がこれを守っている組織はどんどん人が育ちます。よくオン・ザ・ジョブ・トレーニングと言いますが、特別に研修などやらなくても、日々の仕事を通して人間を育てていくことができます。だから、上司が手本となって教師という役割も背負って、マネジメントもちゃんとやる。それが組織の長の役割です。

「九經」の二番目「賢を尊ぶなり」はどうして大事なのかと言うと、「**賢《けん》を尊《たっと》べば、則《すなわ》ち惑《まど》はず**」と。賢人とは頭脳明晰で回転が速い人のことを言うのではなく、道理を心得た人のことだと言いました。そういう人を引き立てて要所要所に置いている組織は、部下が道理に外れたことをすれば「君、これはおかしいのではないか、こういうふうにすべきではないか、すぐにやり直したほうがいい」と、人が人をちゃんと見て指導しています。そういう組織には不祥事がありません。逆に、それを怠っている組織はとても危うい状態にあると言えます。

下に道理を説くというのは、「この仕事はこういうふうにやるべきだよ」「世間とはこういうものだから、こうすることが皆さんのご納得をいただくことなんだよ」というように、必要なことをしっかり伝えるということです。だから逆に、そういうことをはっきり言える人間を推挙しなければいけないのです。それが「賢を尊べば、則ち惑はず」ということです。なぜ惑わないかと言えば、要するに、その人のすることを見て真似すればいいからです。あの人だったらどうするか、多分こうするだろう、と思ってやればいいわけです。だから惑いがない組織運営ができるのです。

第三の「親を親しむなり」が大事なのは、「**親《しん》を親《した》しめば、則《すなわ》ち諸父《しょふ》・昆弟《こんてい》怨《うら》みず**」だと。最初の「親」は「肉親・親族」という意味だと言いましたが、肉親にはどうしても甘くなったり辛くなったりするものです。つまり、特別扱いしてしまうわけです。そのときに、肉親というものがあって初めて成り立っているというふうに思えば、そこに親愛の情が湧いてきます。どんなに厳しいことを言っても肉親を親愛の情をもって扱っていれば、組織に入っていない親戚の人や兄弟たちも、「ああやって処遇しているのか。いいなあ。われわれも入ればああいうふうに処遇してもらえるのだな」とわかるので、根本的にその人の人間性を評価することになってくるわけです。だから、どこかに温かさ、人間性がすっと伝わってくる愛情がなければいけないということです。

第四の「大臣を敬するなり」が大事なのは、「**大臣《だいじん》を敬《けい》すれば、則《すなわ》ち眩《げん》せず**」だからだと言っています。役職者を尊敬すれば、事に当たって正当な判断に迷わない。逆に言えば、大臣や役員には周りから敬われるほどの人を据えなければいけないということになります。日本では大臣が不祥事などで辞めてしまうケースがしばしば見られます。これは任命するときにちゃんと道理を心得た人なのかどうか、手本になれる人なのかどうかということを見抜けなかったところに問題があります。年功序列の人事になるとなかなか難しいのですが、それだけにその人をよく見抜くということが重要になってきます。

第五の「羣臣を體するなり」が大事なのは、「**羣臣《ぐんしん》を體《たい》すれば、則《すなわ》ち士《し》の報禮《ほうれい》重《おも》し**」だからだと。この「士」は「一般社員」と考えればいいでしょう。「報禮」は「礼に報いる」ということですが、この場合の礼は組織の秩序を重んじて守り通しているということです。組織人として組織の規則を守る、あるいは法令を守ることは当たり前ですが、それを守らない人も現実にはいるので、きちんと守っている人に対しては評価してあげる必要があると言っているわけです。これが「報禮」ということです。

礼は孔子が社会的に一番力を入れた言葉でした。仁・義の次に礼が来るのですが、それは人々が秩序が正しく生きている社会を作らないと仁も義も発揮することができないからです。そういう意味でも、礼を守っている人間には報いなければいけない。「君はいつもしっかり決まりを守ってやってくれているからいいね。ありがとう」と声をかけてあげることが大事だということでしょう。

第六の「庶民を子しむなり」が大事なのは、**「庶民《しょみん》を子《いつく》しめば、則《すなわ》ち百姓《ひゃくしょう》勸《つと》む」**からです。「百姓」というのはいろいろな姓ということから「国民」のことです。国民を慈しめば一所懸命働くと言っていますが、どうしてでしょうか。これは、普通の人たちが「口に出しては言えないけれど、本当はこれで困っている」というようなことを解決するためにトップが政策によって素早く応えてくれるようになると、「ああ、なんと今のトップはわれわれのことを親身に考えてくれるのだろうか」と思って、「この人のために一所懸命に働こう」と勤めるようになるということなのです。

いくら「国民に寄り添って」「困っている人に寄り添って」と口で言っても政策的に何もし

ないのでは意味がないのです。寄り添うというのは、「みんな口には出さないけれど困っているのではないかな」「もっとこうしてもらいたいのではないかな」ということに公に応えるということです。そうすれば国民もそれに応えてくれるということです。

第七の「百工を來ふなり」が大事なのは、**「百工《ひゃくこう》を來《ねぎら》へば、則《すなわ》ち財用《ざいよう》足《た》る」**からです。物を作っている人たちをねぎらえば、その結果として物品の不足がなくなるのです。皆がトップの満足する顔を見たいと思い、お褒めの言葉に預かりたいと思って、一所懸命物づくりに励むようになるので、不足するものがなくなるというわけです。

第八の「遠人を柔くるなり」が大事なのは、**「遠人《えんじん》を柔《なつ》くれば、則《すなわ》ち四方《しほう》之《これ》に歸《き》す」**からです。遠い外国から来た人たちを歓待してもてなしていると、めったにやって来ない外国の人たちも「自分たちも行けば、ああやってもてなしてもらえるのだな」と考えます。トップがいかに周辺の国を大切にしているかが伝わって理解されることになるわけです。これは外交の基本です。やってくる人全員に対してそうしなさいということではなくて、典型例を示すだけで外交がうまくいくと言っているのです。外国を非常に大切に思っているトップなのだなと伝わることが重要なのです。

「九經」の九番目の「諸侯を懷んずるなり」が大事なのは、**「諸侯《しょこう》を懷《やす》んずれば、則《すなわ》ち天下《てんか》之《これ》を畏《おそ》る」**からです。各地域のトップが安心してつつがなく仕事に向かえるようにしてあげると世界中にその威光が伝わって、「あんなに卓越したトップが腕を揮っている国だから侮ってはいけない」と考えるようになるということです。中には暴力的な国家もあるでしょうが、そういう国でも「あの国を攻めるのは危ないからやめておこう」となるわけです。

軍事ばかりが防衛の根本ではありません。軍事ももちろん重要ですが、それだけでは国は守れません。トップの力量を天下に示すことが最大の防衛策なのだと思っていただかなくてはいけません。

ここまで「九經」を全うするためにはどのようにしたらいいかということをお話してきました。『中庸』はこれほどまでに事細かく言ってくれているのです。ここまで丁寧に、われわれにもわかるように言ってくれているのですから、これを読んだわれわれもそれに応えていかなければいけないということです。

改めて「九經」を見てみますと、一番が「身を修める」、二番が「賢を尊ぶ」、三番が「親を親しむ」、四番が「大臣を敬する」、五番が「羣臣を體する」、六番が「庶民を子しむ」、七番が「百工を來う」、八番が「遠人を柔くる」、九番が「諸侯を懐ずる」ということでした。

全体的に見ると、一番目は自分の身のことですからこれが真ん中にあって、それを取り囲むように他人に対してやるべきことが八つ並んでいます。これを八方攻めと言います。江戸時代は佐久間象山から横井小楠から皆、計画を立てるときには八方攻めが基本でした。八方というのは隙がないのです。東西南北があって、その中間を埋めると八方になります。ですから、三百六十度を守れる、あるいはカバーしているわけです。そういう計画でなければ、江戸時代はまともな計画として評価されませんでした。だから絶えず八方ということを考えていました。

大谷翔平選手は花巻東高校の一年生のときに自分の将来をどうやって打ち立てるかという計画を立てました。そのときマトリックスに計画を細かく書き込んでいるわけですが、このマトリックスはまさに八方攻めでできています。「ドラフト一位八球団」というのが真ん中に来て、次にそうするためには何がどのようになっていなければいけないかということで、「体づくり」「コントロール」「キレ」「スピード160km」「変化球」「運」「人間性」「メンタル」といった具体的な目標を八つ書いています。この八つを次々と展開させることによって、現在の彼があるわけです。

『大學』の八条目は典型例ですが、江戸の文献を読んでいますと佐久間象山の『海防八策』や坂本龍馬の『船中八策』など、切りがないくらい八つの計画が出てきます。

●「九經」の具体的内訳

さて、ここでは「九經」の内訳を具体的に説いてくれています。まず第一番の「身を修める」とはどういうことかというと、「**齊明**《さいめい》**し盛服**《せいふく》**して、禮**《れい》**に非**《あら》**ざれば動**《うご》**かざる**」ことだと。つまり、身を修めることを訓練して自分の身に付けるためには、まず身を修めることの象徴ともいえる祭礼に行くときに、ちゃんと身を清めて、きちんとした礼服に身を収めて、しっかり礼を踏むことが大事だと言うのです。それが「**身**《み》**を脩**《おさ》**むる所以**《ゆえん》**なり**」。身を修めることになるということです。

会社の例でいえば、社長の前でプレゼンテーションをするとか、周年記念でお客様を招いて会合を開くというようなときに、しっかり礼を踏んでやっていると周りから言われるようなことが重要なのだと言っているわけです

秩序というものが、この世の中でどのように形になっているのかを表しているのが礼です。「起立、礼」という礼にも、そういう深い意味合いがあります。そういうことを承知して動いていく。それを三十年も四十年も繰り返し毎日やっていれば、嫌でも身を修めることになります。

二番目の「賢を尊ぶ」とは「**讒**《ざん》**を去**《さ》**り色**《いろ》**を遠**《とお》**ざけ、貨**《か》**を賤**《いや》**しみて徳**《とく》**を貴**《たっと》**ぶ**」ことだと言っています。いろんな誹謗中傷を遠ざけて、女色を避けて、貨財を第一にするのではなくて徳を第一に考える。金よりも何よりも、まず徳があるかどうかを考えてみてくれ、と言っているわけ

です。この順番を間違えないで毎日暮らしていれば、「**賢《けん》を勧《すす》むる所以《ゆえん》なり**」。トップがちゃんと筋を通してくれているのだから、自分が行っても感情的に使われるようなことはないだろう、ちゃんと処遇してくれるだろうといって、賢人が「ぜひ雇ってくれませんか」と言ってくるということです。

三番目は「親を親しむ」ですが、そのためには「**其《そ》の位《くらい》を尊《たっと》くし其《そ》の禄《ろく》を重《おも》くし、其《そ》の好悪《こうお》を同《おな》じくする**」ことが必要だと言っています。組織には位というものがあります。会社であれば課長とか部長とかの位があります。その位を尊くするとは、重視して考えていくということ。そして禄を重くする。つまり重要な、あるいは大変な仕事をしている人間には待遇面でプラスアルファをちゃんと考えてあげる。そして好き嫌いを出さず、皆かわいい自分の部下であるとして扱う。そうすると「**親親《しんしん》を勧《すす》むる所以《ゆえん》なり**」、肉親が親しみを抱いて働いてくれるようになるというわけです。

四番目の「大臣を敬する」ためには、「**官《かん》は盛《さか》んに任使《にんし》する**」ことであると。「官を盛んに」とは、官職がしっかり具わっている人間を任命するということです。「さすがに法務大臣は法務大臣だね」「財務大臣は財務大臣だね」と言われるような人を任命する。会社で言えば、「やっぱり営業部長は営業部長だね」「経理部長は経理部長だね」とみんなが納得する人を任命する。そういう能力を具えているだけで、なすべきことがすべてわかるわけです。それは「**大臣《だいじん》**

を勧《すす》むる所以《ゆえん》なり」、大臣がよく働いてくれるようになるのです。

五番目は「羣臣を體する」には、「**忠信《ちゅうしん》もて祿《ろく》を重《おも》んずる**」ことであると言っています。真心をもって物事にあたり信用できる人の処遇をちゃんと考えてあげると、みんな一生懸命に働きたいと思うようになるということです。信用の基本は、孟子が言っている仁・義・礼・智の四徳です。これは朱子が言っている本性です。この仁・義・礼・智を忘れることなく、相手が嫌だと言っても揮うようにすると、相手方の心に信ができて、それがこちらに返ってくるのです。仁・義・礼・智も揮わないで信用してもらおうと思ってもそれは無理ですよということです。

物事に本当に一所懸命取り組んでいるという忠信の人にこそ処遇をちゃんと考えてあげると「**士《し》を勧《すす》むる所以《ゆえん》なり**」、ああいうところへ行って働きたいと思うようになるのです。

六番目の「庶民を子す」ためには、「**時《とき》に使《つか》ひ薄《うす》く斂《おさ》むる**」ことであると。当時は職業軍人がいませんでしたから、戦争になると民を駆《か》り出しました。道路や城を造るというときも民を使いました。民は皆、農業をやっていましたから、種蒔きのときに使役に刈り出されると、その年は何も採れないことになってしまうので困ります。トップはそういうところまでちゃんと愛情を持って見てあげなくてはいけません。「時に使ひ」とはそういう意味です。それから「薄く斂むる」とは税金を薄くすることです。

このように、よく国民の生活を理解して、仕事の邪魔になるようなときに無理な注文をしないのが本当にいいトップなのです。そうすれば「**百姓**《ひゃくしょう》**を勧**《すす》**むる所以**《ゆえん》**なり**」、国民はそのトップのためによく働いてくれるようになるわけです。

七番目は「百工來ふ」ということで、これは「**日**《ひ》**に省**《かえり》**み月**《つき》**に試**《こころ》**み、既稟事**《きりんこと》**に稱**《かな》**ふ**」ことだと言っています。「日に省み月に試み」ということは、一月毎に作っている物をちゃんと点検して、「今回は随分励んだね」とか「来月はもう少し励もうよ」というようにしてトップが付き添ってくれるということです。物を作っている人間からすれば、トップがそういうふうに気にかけてくれれば「**百工**《ひゃくこう》**を勧**《すす》**むる所以**《ゆえん》**なり**」、他の物づくりの人間もみんな励むようになるということです。

八番目の「遠人を柔くる」には、「**往**《ゆ》**くを送**《おく》**り來**《きた》**るを迎**《むか》**へ、善**《ぜん》**を嘉**《よみ》**して不能**《ふのう》**を矜**《あわ》**れむ**」ことだと言っています。遠くから来た人を歓待するというところまでは先に言いましたが、それだけでは足らないと、ここでもっと具体的に言っています。

「往くを送り」というのは、来ていただいた人が自国へ帰るというときに「名残り惜しい、もっといたい」と思うようにして帰すことが重要だということ。「早く帰りたい」というのではだめなのです。それから「来たるを迎へ」は、「よく来ましたね」と歓迎することです。これもとても大切です。忙しいとつい「なんで来たんだ」というようなそっけない態度になってしまいまかず、それはだめだよということです。

それから「善を嘉して」とは、「善」善良な人間が来たら、「あなたの善良さには心を打たれた」とちゃんと指摘して褒めてあげるということ。相手を理解してあげることです。「不能を矜れむ」は、遠くのあまり文化が発達してないような国から来た人を見下さないということ。むしろ哀れんであげなくてはいけないと言うのです。例えば、「もっと文化活動を盛んにしたければ言ってください。何か協力できることがあれば言ってください」と手を差し延べてあげる。それを受けて何か申し出があれば、「帰りにうちの国の専門家を三、四人付けましょう」と言って送り出すぐらいでなければいけない。そうすれば**「遠人《えんじん》を柔《なつ》くる所以《ゆえん》なり」**、遠くの人は皆懐いてくれる。

九番目は「諸侯を懐んずるなり」ですが、このためには**「絶世《ぜっせい》を繼《つ》ぎ、廢國《はいこく》を擧《おこ》し、亂《らん》を治《おさ》め危《あやう》きを持《たす》け、朝聘時《ちょうへいとき》を以《もっ》てせしめ、往《ゆ》くを厚《あつ》くして來《きた》るを薄《うす》くする」**ことだと。徳川幕府であれば各藩の藩主がそれぞれの地域でしっかり政治をやってくれて初めて日本全国が治まるわけです。だから、諸侯をどう処遇するかは大切です。そのため、これについては一番長く言っています。一つずつ見ていきましょう。

まず「**絶世《ぜっせい》を繼《つ》ぎ**」というのは、簡単に言うと跡継ぎがいない藩をどう処遇するかということです。江戸幕府でも後継ぎのいない藩が随分ありました。たとえば白河楽翁・松平定信は田安徳川家の初代当主・徳川宗武の七男として生まれます。そのままだと部屋住みで藩主になれる見込みはなく、廃人同様で終わってしまうところでした。そこで、後継ぎのいなかった陸奥白川藩の二代当主・松平定邦のところへ養子に出されて、白河藩の後継ぎになったのです。松平定信は今度は出来のいい人の斡旋方にまわり、養子縁組の促進に力を揮《ふる》いました。このように、出来のいい人を後継ぎのいない他藩や他国に斡旋して後を継がせるというのが「絶世を繼ぎ」ということです。

次の「**廢國《はいこく》を擧《おこ》し**」とは、親の代でいろんなことがあって廃されてしまった国に「私は後継ぎとしてなんとしてもあの国を再興したい」という人が出てきたときには、「わかった」と言っていろんな方法で再興を促していくということを言っています。また、「**亂《らん》を治《おさ》め危《あやう》きを持《たす》け**」とは、乱があればそれを治めて危ないところを助けてあげる。そのために「**朝聘時《ちょうへいとき》を以《もっ》てせしめ**」る。「朝聘」とは重臣を派遣することなので、手助けをするために自分のところの取っておきの人材を「一年貸してあげましょう」というようにして派遣する。

「**往《ゆ》くを厚《あつ》くして來《きた》るを薄《うす》くする**」の「往くを厚く」とは、こちらから向こうに何かをあげるときにはうんと手厚くするということ。「來るを薄く」というのは、向こうから何かをもらうときは、それが少しであってもうんと喜ぶということです。

これが「**諸侯《しょこう》を懷《やす》んずる所以《ゆえん》なり**」、諸侯を手なずける鉄則だと言っています。

　ここまで細かな注意をしてくれているというのが『中庸』の特徴です。『大學』も同じようなことを言っていますが、『中庸』は非常にきめ細かいのです。ですから、これを全部ちゃんと読んで実践したら、だいたいの人はかなりのところまで行けるのではないか思います。**「凡《およ》そ天下《てんか》・國家《こっか》を爲《おさ》むるに、九經有《きゅうけいあ》り。之《これ》を行《おこな》ふ所以《ゆえん》の者《もの》は一《いっ》なり」**。天下国家を治めるためには、いま挙げた「九經」というものがある。この九つをすべて実践して初めて世の中が治まっていく。それを忘れないでくださいよと言っています。

●準備の重要性――「凡そ事は、豫めすれば則ち立ち、豫めせざれば則ち廢す」

　続いて第三節を読んでいきましょう。

第三段　第三小段　第三節

凡《およ》そ事《こと》は、豫《あらかじ》めすれば則《すなわ》ち立《た》ち、豫《あらかじ》めせざれば則《すなわ》ち廢《はい》す。言前《げんまえ》に定《さだ》まれば、則《すなわ》ち跲《つまず》かず。事前《ことまえ》に定《さだ》まれば、則《すなわ》ち困《くる》しまず。行《ゆ》くこと前《まえ》に定《さだ》まれば、則《すなわ》ち疚《や》まず。道前《みちまえ》に定《さだ》まれば、則《すなわ》ち窮《きわ》まらず。

下位《かい》に在《あ》り、上《かみ》に獲《え》られざれば、民《たみ》得《え》て治《おさ》む可《べ》からず。上《かみ》に獲《え》らるるに道《みち》有《あ》り。朋友《ほうゆう》に信《しん》ぜられざれば、上《かみ》に獲《え》られず。朋友《ほうゆう》に信《しん》ぜらるるに道《みち》有《あ》り。親《おや》に順《じゅん》ならざれば、朋友《ほうゆう》に信《しん》ぜられず。親《おや》に順《じゅん》なるに道《みち》有《あ》り。諸《これ》を身《み》に反《はん》して誠《まこと》ならざれば、親《おや》に順《じゅん》ならず。身《み》を誠《まこと》にするに道《みち》有《あ》り。善《ぜん》に明《あき》らかならざれば、身《み》に誠《まこと》ならず。

「**凡《およ》そ事《こと》は**」すべての物事というのは、「**豫《あらかじ》めすれば則《すなわ》ち立《た》ち、豫《あらかじ》めせざれば則《すなわ》ち廢《はい》す**」。これは何を言っているかというと、私の解釈で言えば「悲観的に準備して楽観的に行動する」ということになります。要するに、準備の重要性です。何事もいきなりやってもうまくいかない。何年も準備して万全を期して行うのですよと言っているのです。そのときに悲観的に準備することが重要なのです。「豫め」するということは事前によく考える。そうすれば「立つ」成功するし、そうしなければ「廢す」失敗するということです。

「**言前《げんまえ》に定《さだ》まれば、則《すなわ》ち跲《つまず》かず**」。言う前に言うべきかどうかをちゃんと考えれば乱暴なことを言わないから、躓くことはない。

「**事前《ことまえ》に定《さだ》まれば、則《すなわ》ち困《くる》しまず**」。事を起こす前にしっかり計画を立てれば、あとになって苦しむことはない。しっかり計画しないうちに、勢いだけでスタートしてしまうことが多いけれど、それではうまくいかないと言っているのです。

「行《ゆ》くこと前《まえ》に定《さだ》まれば、則《すなわ》ち疚《や》まず」。行くときもちゃんと計画を立ててから行くようにすれば、得られないということがない。**「道前《みちまえ》に定《さだ》まれば、則《すなわ》ち窮《きわ》まらず」**。そこへどういう計画で行くかということが事前に定まっていれば、突然困るということはない。**「下位《かい》に在《あ》り、上《かみ》に獲《え》られざれば、民《たみ》得《え》て治《おさ》む可《べ》からず」**。誰でもいきなり社長になる人はいません。最初は一番下の新入社員から始まって、徐々に上に行くわけです。しかし、下にいるときに評価してもらえなければ上には行けません。ですから一番下っ端のときが一般重要なのだということになります。

これは渋沢栄一の『論語と算盤』にも書いてあります。新入社員で、とくに学校エリートは、思い通りの会社に入ったのはいいけれど、例えば「じゃあ君、これからやってよ」とコピーを取るように言われると、「コピーを取るために入ったわけじゃない」と言って、最初にやらされる仕事からバカにしてしまう。しかし、それだと次に用意したもう一段上の仕事をまかせてもらえなくなるのです。

小さなどうでもいいような仕事すらちゃんとできない人間に上の仕事をまかせるなんてもってのほかだということになると渋沢は言っています。だから、最初に与えられた仕事から的確に、できれば人の倍やらなければいけない。そして、そこは秀吉を見習えと渋沢は言います。

秀吉は最初、草履取りを命じられました。信長様がお出ましになると、草履をパッと出して揃える。お帰りになって草履を脱いだらちゃんとしまっておく。それが草履取りの仕事です。今流のエリートはそれをバカにするわけですが、秀吉は寒いときは草履を懐に入れて温かくして、信長が出かけるときに草履を懐から出しました。それを履いた信長は「こいつできるぞ」と気づいて、秀吉にどんどん上の仕事を与えていきました。ここが大事だと渋沢は言うのです。このところを新入社員にしっかりと教えなくてはいかん、と。

この『中庸』でも同じことを言っています。「下位に在り」一番下にあるようなときには「上に獲られざれば」上位の人に認められなければ、「民を得て治む可からず」民を治める仕事を与えられたところで治められるわけはない、と。

反対に「**上《かみ》に獲《え》らるるに道有《みちあ》り**」。上に評価されるためには何が重要なのか。それは「**朋友《ほうゆう》に信《しん》ぜられざれば、上《かみ》に獲《え》られず**」。友達に信用がない人間は、それだけで上の人に評価されないよ、と。だから、まず友達に信用される人間になろうと思わなくてはいけないのです。

では、「**朋友《ほうゆう》に信《しん》ぜらるるに道有《みちあ》り**」。友達に信用されるためには何が必要なのか。そのためには「**親《おや》に順《じゅん》ならざれば、朋友《ほうゆう》に信《しん》ぜられず**」。親に従順でなければ友達に信用されるようにはならないと言っています。

「**親《おや》に順《じゅん》なるに道有《みちあ》り**」。親に従順になるということはどういうことなのか。それは「**諸《これ》を身《み》**

に反《はん》して誠《まこと》ならざれば、親《おや》に順《じゅん》ならず」。我が身を反省して常に自分を省みる。「反して」というのは反対ではなくて「省みる」という意味だと言いました。自分を省みて、「ああ、ここはまずかった、これはおかしかった」と誠心誠意反省することがなければ親に従順とは言えない、というわけです。

「**身《み》を誠《まこと》にするに道《みち》有《あ》り**」。自分の身を誠にするとはどういうことなのか。それは「**善《ぜん》に明《あきら》かならざれば、身《み》に誠《まこと》ならず**」。「善」はこの場合、「正しい」ということです。正しく仕事をするとか、正しく暮らすとか、正しくものを食べるとか、正しく眠るとか、なんでも正しいということがある。仏教でいう八正道です。東洋思想は皆、同じことを言っているのです。そうした正しさがなければ、自分の身を誠にすることはできないということです。

　これを反対から見ると、自分の身を正しくして常に反省をし、親が「この子は本当に親孝行で」と言ってくれるようでなければ友達には信用されないし、友達に信用されない人間は上司に評価されることはないということになります。

　実に丁寧に言ってくれています。学校では今、こういうことを教えてくれないと思います。でも、これは社会に出るためには一番重要なことではないでしょうか。ぜひこれを家庭教育に使っていただきたいと思います。

●天の中心に誠がある――「誠は、天の道なり」

今度は第四段の第一小段に入っていきます。『中庸』という書物は「中庸」を説くとともに「誠」を説いています。いよいよその「誠」についての話が始まります。ここでは「誠の重要性」とともに「誠とは何か」ということをよく理解していただきたいと思います。

第四段　第一小段

誠《まこと》は、天《てん》の道《みち》なり。之《これ》を誠《まこと》にするは、人《ひと》の道《みち》なり。誠《まこと》なる者《もの》は、勉《つと》めずして中《あた》り、思《おも》はずして得《え》、従容《しょうよう》として道《みち》に中《あた》る。聖人《せいじん》なり。之《これ》を誠《まこと》にする者《もの》は、善《ぜん》を擇《えら》んで固《かた》く之《これ》を執《と》る者《もの》なり。

博《ひろ》く之《これ》を學《まな》び、審《つまびら》かに之《これ》を問《と》ひ、愼《つつし》んで之《これ》を思《おも》ひ、明《あきら》かに之《これ》を辨《べん》じ、篤《あつ》く之《これ》を行《おこな》ふ。學《まな》ばざる有《あ》れば之《これ》を學《まな》び、能《よ》くせざれば措《お》かざるなり。問《と》はざる有《あ》れば之《これ》を問《と》ひ、知《し》らざれば措《お》かざるなり。思《おも》はざる有《あ》れば之《これ》を思《おも》ひ、得《え》ざれば措《お》かざるなり。辨《べん》ぜざる有《あ》れば之《これ》を辨《べん》じ、明《あきら》かにせざれば措《お》かざるなり。行《おこな》はざる有《あ》れば之《これ》を行《おこな》ひ、篤《あつ》くせざれば措《お》かざるなり。人《ひと》一《ひと》たびにして之《これ》を能《よ》くすれば、己之《おのれこれ》を百《ひゃく》たびす。人十《ひとと》たびにして之《これ》を能《よ》くすれば、己之《おのれこれ》を

千《せん》たびす。果《は》たして此《こ》の道《みち》を能《よ》くすれば、愚《ぐ》と雖《いえど》も必《かなら》ず明《めい》、柔《じゅう》と雖《いえど》も必《かなら》ず強《きょう》なり。

最初の「**誠《まこと》は、天《てん》の道《みち》なり**」という言葉はよく知られている名言です。「誠」というのは天が定める、天の道理です。あまねくこの世には天が「このように動くのが一番の姿ですよ」と示している道理があるのです。その道理の根本に誠というものがあります。これから誠というのはどういうものかを説明して、どうやって習得するかを説明していきますが、仮に今日のところは誠を次のように解釈してお読みいただいたらどうかと思います。

誠にはいろんな解釈があります。私は講義をするときに、過去に出ている『中庸』を解釈した本を国会図書館にあるような本も含めてすべて読んでから講義にあたることを鉄則としています。しかし、それらを読むと、どうも理屈が先行してしまっていて、誠ということをわかりやすく、「ああ、それが誠ですか」と端的に理解できるように説いているものがないのです。

私は皆さんに誠の説明をするのにどういうふうにしたらいいかを考えているうちに思ったことがあります。皆さんは子供の頃に、何かすると「お天道様はお見通しだよ」と言われたことがないでしょうか。おそらく皆、そんなことを言われたと思うのです。実はあの「お天道様が見ている」という概念がとても大切なのです。

われわれの諸行はすべて天が見ている。お天道様が見ているのだから、天に恥じない行いをする。天に恥じない姿、天に恥じない言動をしなくてはいけない。そういうものを誠というのです。誠には天というものの崇高な営みの根幹にあるもの、中心をなす概念というような意味合いもあります。ですから、いくらでも深く追求できるのですが、その結果、よくわからなくなってしまうのではもったいないので、非常にわかりやすく言えば、天に恥じない行いをすることが誠なのだと考えていただきたい。そして、その前提には、いつも天は見ているという概念があるということが非常に重要だと思います。

日本という国は凄い国だなと思うのは、『中庸』がこれだけの文字数を使って「誠」を説いているのを「お天道様はいつも見ているよ」という一言で核心をついてしまうところです。全くその通りで、これこそが誠の基本概念なのです。ぜひそう思っていただきたい。それを前提として読んでいただきたいと思います。

そこで改めて「**誠《まこと》は、天《てん》の道《みち》なり**」です。すべてを動かしている絶対的存在を儒家の思想では「天」と言います。仏教であれば「仏」、神道では「神」、老荘思想では「道」と言います。言い方はそれぞれ違いますが、この世には絶対的な根源というものがあるわけです。その根源がこの世で起こっていること、地上で起こっていること、天で起こっていることをすべて統べている、総括しているのだというのです。

地を生み、人間を生み、それから今こうしている間も天の営みは一瞬も休むことなく、常に民のためにいろんなものを生み出してくれているのです。それからもう一つ、こうしている間も人間の子供も、動物の子供も成長しています。花も植物も、すべて芽が吹いて実が成っています。人間が全く立ち入ることのない原始林の奥深いところでも果実はなっているのです。これは誰がやっているのかといえば、天です。天はそういう創造性に富んでいるのです。

さらに、この宇宙には満天の星がありますが、これが全部動いています。あれだけのものが同時に動けば、人間社会のように、こちらで衝突し、こちらで混乱が起きるということがあってしかるべきですが、それが一切ありません。よほど凄い秩序で営まれているのだろうと思います。そして、そんな天の秩序というものをなんとかこの世に下ろせないかと考えた末につくられたのが礼というものなのです。

この創造と秩序という二つの天の営みに感動した孔子は、それを「道徳」という言葉でまとめました。こうした行動の根源に天の営み、天の愛情があると考えたのです。そして、その源泉である愛情をわれわれもこの地で発揮しなければいけないと考えました。それを「仁」と言ったのです。また、天の営みには一定の秩序がある、一定の理がある。これが「義」だと孔子は言いました。

このようにして、それぞれの天の営みを、これは「仁」と言おう、これは「義」と言おう、これは「礼」と言おうといって細かく分けたのです。しかし、総体的なものとして天の営みの大本にあるものは何かというと、これが「誠」なのです。ですから誠というのは天の道理、天の道なのです。これが天の中心にあるということです。まずここを理解しなければいけません。**「之《これ》を誠《まこと》にするは、人《ひと》の道《みち》なり」**。絶対的存在である天の中心にある誠というものを自分のものとして習得していこうという志を持つのが人の道なのだ、ということです。人間は天から生まれてきたものですが、天の意向に沿って生きていくことは天が一番大切にしているものを自分も大切にするということです。そうして初めて天と同一になるわけです。天が一番大切にしているものは誠ですから、「天がいつも見ているから天に恥じることのない姿を見せよう」と徹底的に追求することが人の道なのだということです。

「誠《まこと》なる者《もの》は、勉《つと》めずして中《あた》り、思《おも》はずして得《え》、従容《しょうよう》として道《みち》に中《あた》る」。誠が身に付いた人間は、誠を気にして生きなくても、どうすれば誠になるのかなどと思わなくても、あくせくしなくても自然と道にかなう。さらにしつこく言うと、天に恥じない生き方、天に恥じない行為、天に恥じない食べ方、天に恥じない話し方というように、すべて天に恥じないということを前提にして自分の行動から自分のあり方を洗い出して生きている人は別に誠、誠と言わなくても道にかなっているということです。誠が身に付いた人間はどうなるかを知れば、どういうふうに誠を身に付けたらいいのかがわかります。

人間が生きる環境、この部屋にしろ、この東京あるいは日本にしろ、それから地球にしろ、すべて天の意向に適っているからこうしてできているわけです。だから、その意向にかなうということが誠に生きるということなのです。誠に生きれば、それで天の意向にかなう。天が「よく生きている、立派に生きているよ」と言ってくれるのです。これを人間の生き方の眼目に置いて、誠を大切にして生きることに徹してくださいということなのです。

そういうふうに何十年も誠を重視して生きている人は、どういうことをやろうと天に恥じるところがない人間になります。「**聖人《せいじん》なり**」、つまりそれを聖人というのです。

誠を体得した人間として生きていこうというのが人の道だと言っているわけですから、そのように生きることが人間の目標になります。では「**之《これ》を誠《まこと》にする者《もの》**」、つまり自分自身を誠の塊、誠に生きている人間にしようとする者は何から始めなければいけないのか。その第一が「**善《ぜん》を擇《えら》んで固《かた》く之《これ》を執《と》る者《もの》なり**」ということです。先にも言いましたが、この世には善悪の両方があります。そのときに人間は悪を選んでしまう。これはよくないなと思いながらもやってしまうこともあるでしょう。しかし、これからはそれをやめて、善を中心に生きていこう、善を発揮して善を取り込んで生きていこうというのです。誠を重視して生きるということの第一として「善を擇んで固く之を執る者」となることが重要なのです。

そのためにやらなければならないことを順番に挙げています。

第一に「**博《ひろ》く之《これ》を學《まな》び**」。これは四書五経をしっかり学ぶということでしょう。博学というと、いろんなことを知っている人だと思うかもしれませんが、これは間違いです。誠に生きようと思って誠を追求している人、そのために学んでいる人を博学というのだと言っているわけです。

第二に「**審《つまび》らかに之《これ》を問《と》ひ**」。審かに問うということが重要で、「これはどうだろう」「こういう場合はどうするのだろう」といろんな質問が出てくることが大切なのだということです。「こういう場合はどうなの」という質問をもって四書五経を読み返してみると、すべての答えが見つかります。問えば問うだけ得心できるのです。

第三に「**愼《つつし》んで之《これ》を思《おも》ひ**」。「ああ、そうか」と思うことです。「自分はどうかな、ちゃんと誠が身に付いているかな」と、我が身に返ってしっかり思うというのが、慎んで思うということです。

第四に「**明《あきら》かに之《これ》を辨《べん》じ**」。「これをこうしよう、ああしよう」と判断するということです。判断をして習得するのです。

第五に「**篤《あつ》く之《これ》を行《おこな》ふ**」。丁寧に忠実に善に沿ってしっかり行うということです。

以上の博学・審問・慎思・明辨・篤行の五つが誠を身につけるために必要なことで、率先してやっていくべきことだと言っているわけです。

その覚悟として「**學《まな》ばざる有《あ》れば之《これ》を學《まな》び**」。まだ学んでいないことがあれば学ばなければいけないのだ、と。いつまでかかってもいいのです。一生学びながら頂上はこの世を去るときというぐらい学び続けていく。学び続けていけば自分が向上するということです。

また「**能**《よ》**くせざれば措**《お》**かざるなり**」と。そういうものを暇なときにやろうというのではなく、今学んでくれ、今やってくれということです。禅のほうでは「即今・当処・自己」と言いますが、まさにそういうことです。「今、ここ、自分」で生きるということです。あそこへ行ったらやろう、明日になったらやろう、他の人にやってもらうから、というのはだめだというのが禅の教えです。

この「學ばざる有れば之を學び、能くせざれば措かざるなり」というのも、学ばなければならないことがあるのなら、それをおいておかないで、今すぐ解決できるのなら解決してしまうし、学んでしまう。そういう精神が重要だということです。

それから「**問**《と》**はざる有**《あ》**れば之**《これ》**を問**《と》**ひ**」。まだ問うていないことがあれば問わなければだめだ、と。問うということは古典に問う。四書五経に問うてごらんなさいということです。先に言ったように、四書五経の読み方として問うて読むというのはとても良い読み方です。そうやって読んでください、と。

次の「**知**《し》**らざれば措**《お》**かざるなり**」というのは、よくわからないままで措いておかないでくださいよ、ということです。「**思**《おも》**はざる有**《あ》**れば之**《これ》**を思**《おも》**ひ、得**《え》**ざれば措**《お》**かざるなり**」というのは、今度は自分の身に置き換えて、「自分はこの点はできているけれど、この点はできていないな」と思って、まだできていないことはおいたままにしておかない、ということ。

そして「**辨《べん》ぜざる有《あ》れば之《これ》を辨《べん》じ、明《あきら》かにせざれば措《お》かざるなり**」となって初めて自分のものになるのです。「辨じる」というのは、どこでどういうふうに善を揮うかの判断をしっかりするということです。それが明らかになっていなければ、そのままにしておかないということです。「**行《おこな》はざる有《あ》れば之《これ》を行《おこな》ひ、篤《あつ》くせざれば措《お》かざるなり**」は、やっていないことがあれば行動しろ、ということ。行動を篤くしなくてはいけないと言っています。

その精神たるや、「**人一《ひとひと》たびにして之《これ》を能《よ》くすれば、己之《おのれこれ》を百《ひゃく》たびす。人十《ひとと》たびにして之《これ》を能《よ》くすれば、己之《おのれこれ》を千《せん》たびす**」。これはよく使われる有名なフレーズです。他の人たちが一回でわかったと言うのなら自分は百回やって自分の身に付ける。他人が十回やるというのなら自分は千回やる。人より驚異的に多くやるという精神が大事なのだということを言っているのです。

どんなジャンルでも一流と言われる人は他人の何倍もやった人たちです。人間をつくるには、もっとやってくれなければ困るよと言っているわけです。これは何もスポーツのように、次のオリンピックまでとか、次の大会までに、というような期限は要求されていません。一生かけて少しずつでいいから絶対に休まずに「善を擇んで固く之を執る者」になればいいのです。ここはすごく重要なところです。善というものを見極めてやり続けるということこそが天に恥じない行為なのです。そして、そこに生まれるのが誠です。続けていると、それがわかるときがやってきます。ああ、これが誠かとわかるということを言っているわけです。

したがって**「果《はた》して此《こ》の道《みち》を能《よ》くすれば、愚《ぐ》と雖《いえど》も必《かなら》ず明《めい》、柔《じゅう》と雖《いえど》も必《かなら》ず強《きょう》なり」**と。この道を続けていれば、愚か者と言われているような人間でも非常に頭脳明晰な人間になるし、柔軟であまり定まらないという人間も必ず「強」一本筋が入る。天の根本であり人間の根本を習得できたら、当然のようにそうなるのです。

野球の選手が「なんとしても強打者になってやろう」といって千回バットを振ることと全く同じ方法で、絶対的に天地に恥じない人間になってみせるということをやってくださいというのが天の願いなのです。ここでは、それを非常に具体的に説いてくれたわけです。

●生の喜びを味わう――「唯天下の至誠のみ、能く其の性を盡くすと爲す」

さらに誠の説明に深く入っていきます。

第四段　第二小段

誠《まこと》なるによりて明《あきら》かなる、之《これ》を性《せい》と謂《い》ふ。明《あきら》かなるによりて誠《まこと》なる、之《これ》を教《おしえ》と謂《い》ふ。誠《まこと》なれば則《すなわ》ち明《あきら》かなり。明《あきら》かなれば則《すなわ》ち誠《まこと》なり。
唯天下《ただてんか》の至誠《しせい》のみ、能《よ》く其《そ》の性《せい》を盡《つ》くすと爲《な》す。能《よ》く其《そ》の性《せい》を盡《つ》くせば、則《すなわ》ち能《よ》く人《ひと》の性《せい》を盡《つ》くす。能《よ》く人《ひと》の性《せい》を盡《つ》くせば、則《すなわ》ち能《よ》く物《もの》の性《せい》を盡《つ》くす。能《よ》く物《もの》の性《せい》を盡《つ》くせば、則《すなわ》ち以《もっ》て天地《てんち》の化育《かいく》を賛《たす》く可《べ》し。以《もっ》て天地《てんち》の化育《かいく》を賛《たす》く可《べ》ければ、則《すなわ》ち以《もっ》て天地《てんち》と參《さん》たる可《べ》し。

まず「**誠《まこと》なるによりて明《あきら》かなる**」とは、誠を身につければつけるほど善悪の区別に長けてくるということです。善を率先して実行している身になるので、「これはどっちだろうね」というものがなくなってくるのです。その結果、行動に迷いがなくなってきます。このように、誠が生ずれば生ずるほど善悪に明らかになる。「**之《これ》を性《せい》と謂《い》ふ**」。これを人間の本性というのです。仁・義・礼・智が人間の本性だと朱子は説いていますが、仁・義・礼・智を別の言葉にすれば善悪の見極めがはっきりつくということです。

具体的には、時と場合に応じて仁・義・礼・智を細かく揮える人間になります。ここは仁を揮うべきだ、ここは義を振るうべきだ、ここは礼を振るうべきだ、ここは智を振るうべきだと、臨機応変に仁・義・礼・智を揮える人間になるのです。そして、仁・義・礼・智を揮えば信が返ってくるわけですから、信頼あふれる人間になっていきます。

「明《あきら》かなるによりて誠《まこと》なる、之《これ》を教《おしえ》と謂《い》ふ」。信なる善を見抜いて、それを徹底的に実行していると、そこに誠が生ずることがわかってきます。これこそ人間が学ばなければいけない教えです。さらに言えば、先輩が後輩に教えてあげなければいけないことです。ここでこれだけの強さをもって説いているのは、これが最も大切なことだからです。

「誠《まこと》なれば則《すなわ》ち明《あきら》かなり」。誠を身に付けると、だんだん不明な部分がなくなってくる。いいのか悪いのかよくわからないとか、どうしたらいいのだろうかという迷いがなくなるということです。

「明《あきら》かなれば則《すなわ》ち誠《まこと》なり」。不明な部分がなくなると、反対に誠というものが戻ってくるのです。物事とはそういうものです。なんでも訓練して訓練して、修練して修練していくと、例えば剣道でいえば剣道の根本がよくわかってきます。そしてその根本を徹底的に突き詰めていくと、自分が剣士として何をやらなければいけないのかという一番重要なことがわかってくるのです。こんなふうにキャッチボールをしながら人間が向上していくということになってくるわけです。

「唯天下《ただてんか》の至誠《しせい》のみ、能《よ》く其《そ》の性《せい》を盡《つ》くすと為《な》す」。最も誠の人になって、「人間に生まれてきたのはこのためだったのか」と実感が湧いてきて、本当の喜びを味わえる人生になる。人から「ありがとうございます」と言われる行為は善です。善を行って相手の人が「ありがとう」と喜んで自分に礼を言ってくれると、喜んでいるその人よりもっと喜びが湧いてきます。それが「其の性を盡すと爲す」ということです。つまり、本性を尽くす、仁・義・礼・智を尽くす、善を尽くすというように、天が「こういう人間になってくれればいいなあ」と思っている人間にどんどん近づいていく。より善いほうに近づいていくということです。

こういうと、その辺の金亡者や権力亡者は「人間が立派になれば儲かるのですか」「人間が立派になれば権力が手に入るのですか」と聞いてくると思います。その問いにも、ちゃんとここで答えています。「**能《よ》く其《そ》の性《せい》を盡《つ》くせば、則《すなわ》ち能《よ》く人《ひと》の性《せい》を盡《つ》くす**」と。自分が人間としての本性を尽くし切っていると、それはそっくりそのまま相手の人の本性を開拓してあげることになるというのです。

簡単ではないけれど、なるべく善を尽くそう、善良な行為をしよう、天に恥じる行為はするまいと言って生きていくと、自然と自分の仁・義・礼・智という本性を揮うことになります。そうすると、相手は「この人は信用できる人だ」と思って、心に信が芽生えて、それがこちらに返ってくる。その結果、今度は相手の人が仁・義・礼・智を具えることになるのです。ですから、本性を揮うことは相手の本性を開拓してあげることになるわけです。

その人は「こうやって生きるのはいいだろうな。こういうふうに暮らせばみんなが信用してくれるから悩み事も嫌なこともなくなるだろうな」と思って、自分も本性を発揮しようとするようになります。これは「人の性を盡くす」相手の人の本性を尽くすように生きなさいと指導することになるということです。

これが本当の意味での指導です。本当の意味で、相手に影響を与えることができるのです。これでまず人間の信頼は絶対的に生じます。どんな仕事でも信頼がなければ成就しません。「信なくば立たず」と言っているように、この大本の信が立つわけですから、どんな仕事をやったとしてもそれはうまくいくでしょう。

また「**能《よ》く人《ひと》の性《せい》を盡《つ》くせば、則《すなわ》ち能《よ》く物《もの》の性《せい》を盡《つ》くす**」と。自分の本性を示すことによって他人の本性を開拓すると、どんどん相手が本性を尽くして生きようとするようになります。それができるようになれば、今度は「物の性を盡くす」ことができるというのです。「物の性」とは「万物」のことを言っています。つまり、自分が農業をやっているとすれば、米の本性を発揮させることができるようになる。「あの人の作る米はちょっと味が違うよ」というようになる。リンゴ農家なら「あの人の作るリンゴは並のリンゴじゃないよ」というようになるのです。米の本性を米が発揮し、リンゴの本性をリンゴが発揮しているのです。

すべて自分の本性を尽くすということを自分の生き方にした人が本性を揮えば、自分が相手にしている万物が次から次へとそのものの本性を尽くすようになっていく。だから、農業であれ工業であれ、作っているものの品質が向上するのです。あるいは、歌手が本性を発揮し出すと、心を打つ凄い歌手になります。万物の性を尽くすとそういうことになるのです。

「能《よ》く物《もの》の性《せい》を盡《つ》くせば、則《すなわ》ち以《もっ》て天地《てんち》の化育《かいく》を贊《たす》く可《べ》し」。こうやっている間も、例えば皆さんが家庭農園をやっているとすると、農園で育っているトマトは大きくなっています。これは誰がやってくれたかと言えば、天がやってくれているのです。天はなぜそういうことができるかというと、トマトに対して「本性を発揮しなさい」といって力を加えてくれているからです。

トマト栽培の名人に「トマトというのはどういうものですか」と質問をすると、「トマトらはこういう習性があって、こうするとこうなるんです」とすべて答えてくれます。これは本性を究めた人だから言えることです。プロフェッショナルになる、ベテランになるとはそういうことです。言葉を換えれば、天がやっていた万物を育てるということを助ける人間になってくるということです。「以て天地の化育を贊く」天を助ける人間になるのです。

そうすると**「以《もっ》て天地《てんち》の化育《かいく》を贊《たす》く可《べ》ければ、則《すなわ》ち以《もっ》て天地《てんち》と參《さん》たる可《べ》し」**ということで、天地と融合することになります。ああ、これが天地と融合しているということなのかということがわかるようになります。自分の仕事が本当に実り多く、とてつもない物ができたり、とてつもないいい結果が生まれたりします。そうなると、「ああ、生きていてよかった」と思うでしょう。それは天地と一体化しているからそうなっているのですよ、ということを言っているわけです。

●兆しを察知する――「至誠の道は、以て前知す可し」

その個々の物事が誠によって充実していくと言っているわけですが、それはいったいどうすれば発展していくのか。次にはそんなことが書いてあります。

其《そ》の次《つぎ》は曲《きょく》を致《きわ》め、曲《きょく》ごとに能《よ》く誠《まこと》有《あ》らしむ。誠《まこと》なれば則《すなわ》ち形《あら》はる。形《あら》はるれば則《すなわ》ち著《ちょ》す。著《ちょ》すれば則《すなわ》ち明《あきら》かなり。明《あきら》かなれば則《すなわ》ち動《うご》く。動《うご》けば則《すなわ》ち變《へん》ず。變《へん》ずれば則《すなわ》ち化《か》す。唯天下《ただてんか》の至誠《しせい》のみ能《よ》く化《か》するを爲《な》す。

至誠《しせい》の道《みち》は、以《もっ》て前知《ぜんち》す可《べ》し。國家《こっか》将《まさ》に興《おこ》らんとすれば、必《かなら》ず禎祥《ていしょう》有《あ》り。國家《こっか》将《まさ》に亡《ほろ》びんとすれば、必《かなら》ず妖孽《ようげつ》有《あ》り。蓍龜《しき》に見《あら》はれ、四體《したい》に動《うご》く。禍福《かふく》将《まさ》に至《いた》らんとすれば、善《ぜん》も必《かなら》ず先《さき》に之《これ》を知《し》り、不善《ふぜん》も必《かなら》ず先《さき》に之《これ》を知《し》る。故《ゆえ》に至誠《しせい》は神《かみ》の如《ごと》し。

まず「**其《そ》の次《つぎ》は曲《きょく》を致《きわ》め**」。この「曲」というのは各々の物事を言っています。つまり、その次はそれぞれの物事において誠を究めさせることになると言っているのです。するとどうなるかと言えと、「**曲《きょく》ごとに能《よ》く誠《まこと》有《あ》らしむ**」と。一つひとつの物事が「能く誠」いい結果を生むように天も協力してその方向へ進んでいきます。したがって「**誠《まこと》なれば則《すなわ》ち形《あら》はる**」。そこに誠というものが発生しているのです。これこそ誠だということが発生すればするほど、すべてが善いこととして外に現れてくるというのです。言い換えれば、善を徹底して追い続けて天に恥じない行為を続けていると、その人がやることのすべてに誠が生じてよい結果として出てくるということです。

ここで解説しているように、一つひとつの物事に対してもそれは有効なのだと言っています。したがって、一つひとつの物事に対して善を究めていけばいくほど、その物の本性が発揮されて最も善い状態になっていくわけです。その善なる状態を誠というのです。それは最初、目に見えない状態なのですが、やがて徐々に外に出てきます。つまり、「**形《あら》はるれば則《すなわ》ち著《ちょ》す**」。その物の本質がはっきり見えてくるのです。さらに「**著《ちょ》すれば則《すなわ》ち明《あきら》かなり**」。その物の本質がはっきりしてくればくるほど、その物の特色が明らかに出てくるというわけです。

最初は何か芽が出ているけれど、それが何かよくわからない。そのうちに、「あ、これは松だな」「あ、これは梅だな」というように松や梅の本性が発揮されてくると、松には松に合ったように、梅には梅に合ったように、心を込めて毎日面倒を見てあげる。それによって、どんどん松は松らしく、梅は梅らしく、本質を外側に明らかにするようになるのです。それをもっと徹底して、松や梅の本質を発揮させるように剪定をし、栄養を与え、日に当てて育てていくと、やがて「立派な松や梅ですね」と人が言うようになる。目に見えて立派になっていくということなのです。

次の「**明《あきら》かなれば則《すなわ》ち動《うご》く**」というのは何を言っているのでしょうか。これは、そういう立派なものがこの世に現れると、今度はそれが他のものに対して影響を及ぼすようになるということなのです。「動く」というのは、他のものに働きかけるという意味です。

一人ひとりが善というものを見極めて、それを固く守って善に生きようと決意して天に恥じないように行動をすると誠が生まれ、人間の本性である仁・義・礼・智が揮えるようになってくる。それが他人を喚起して、「こういうふうに生きていけばいいんだ」と影響を及ぼすようになるという話をしました。これは物と物との間でも全く同様なのです。なぜなら、万物は天が生んでいるものだからです。親元は天なのですから、すべて同じことになるわけです。

したがって、「**動《うご》けば則《すなわ》ち變《へん》ず**」で、例えば、本質が明らかになって立派になった松が他の松に働きかけると、隣に植えた松も「なんだか最近立派になってきたね」ということになるし、こちらのトマトが立派になってきたと思ったら、周りのトマトも立派になってくるというような現象が起こるわけです。他に影響を及ぼすようになるのです。そして「**變《へん》ずれば則《すなわ》ち化《か》す**」。旧態依然のあり方を改めて、もっと良くなろうと変化させてくる。これこそがこの世の理想のあり方です。良い影響がどんどん広がっていくような世の中にしてくれというのが天の望みなのです。

あなたが善を追求し、善を究めようといって生きると、あなた自身の本性が発揮されて、そこに誠が生じる。誠が生ずるとそれが多くの人に影響を及ぼして、「私もあなたみたいに生きよう」というようになる。つまり、あなたの周りを明るくし、改善することになってくるのです。そして、あなたに影響された人がまた次の人に影響を及ぼして、その人がさらに次の人に影響するというようになって善い社会を作っていくことになるのです。こうして読んでいくと、人がお互いに殺し合うというようなあり方は全く論外のことだとよくわかります。

だから、「**唯天下《ただてんか》の至誠《しせい》のみ能《よ》く化《か》するを爲《な》す**」。天下の至誠、誠の至りというものは、どんどんいい方向にこの世に変化を加えていくことになるのです。これこそが人間本来の生き方です。それもただの生き方ではなくて、天と共生する生き方です。

そうなると「**至誠《しせい》の道《みち》は、以《もっ》て前知《ぜんち》す可《べ》し**」。誠に至る人はなんでも前もって知ることができると言うのです。例えば「**國家《こっか》將《まさ》に興《おこ》らんとすれば、必《かなら》ず禎祥《ていしょう》有《あ》り**」。国家が興ろうとするときには必ずよい兆しがある。何かいいことがありそうだなと察知できるのです。さらに「**國《こっ》**

家将《かまさ》に亡《ほろ》びんとすれば、必《かなら》ず妖孽《ようげつ》有《あ》り」、国家が滅びようとするときには必ず禍の不幸というものがあって、「あ、これは用心しなければいけないな」とわかるのです。「**蓍亀《しき》に見《あら》はれ、四《し》體《たい》に動《うご》く**」。「蓍亀」とは「卜筮、占い」。権力者の行いをよく見ていると、次に国がどうなるかを占うことができる。あるいは、その会社がどうなるかをすべて見通すことができるようになる。

「**禍福将《かふくまさ》に至《いた》らんとすれば、善《ぜん》も必《かなら》ず先《さき》に之《これ》を知《し》り、不善《ふぜん》も必《かなら》ず先《さき》に之《これ》を知《し》る**」。禍でも福でもそれが今まさに起ころうとするときには、「何かいいことがありそうだな」「何か悪いことが起きそうだな」ということが必ず事前にわかる。善も不善も両方とも事前に知るということができるというのです。事前にわかれば「ここはこうしておかなければだめだ」「ここのところは用心しておこう」というように、事前に不善に対する対応策を講じることもできるわけです。したがって「**至誠《しせい》は神《かみ》の如《ごと》し**」。誠の至りは「神の如し」である、と。「神の如し」というのは、今言ったように事前に察知できるという状態を言っています。

世の中には名人とか達人と言われる人がたくさんいます。そういう人たちは、「これはこうなる」「ここのところは用心が必要だ」と的確に指摘します。ベテランの先輩でもそうでしょう。どうしてわかったのだろうということがよくあります。その仕掛けがここで明らかにされているのです。名人や達人、あるいはベテラン社員といった人たちは、大なり小なり、ここでお話ししてきたことを実践しているのです。ここで言うように生きてきたから、先が読めるようになったのです。

●正しい方向に進んでいく――「誠は自ら成るなり。而して道は自ら道るなり」

第四段　第三小段　第一節

誠《まこと》は自《みずか》ら成《な》るなり。而《しか》して道《みち》は自《みずか》ら道《よ》るなり。

誠《まこと》は物《もの》の終始《しゅうし》あり。誠《まこと》ならざれば物《もの》無《な》し。是《こ》の故《ゆえ》に君子《くんし》は之《これ》を誠《まこと》にするを貴《とうと》しと爲《な》す。

誠《まこと》は自《みずか》ら己《おのれ》を成《な》すのみに非《あら》ざるなり。物《もの》を成《な》す所以《ゆえん》なり。己《おのれ》を成《な》すは仁《じん》なり。物《もの》を成《な》すは知《ち》なり。性《せい》の徳《とく》なり、外内《がいない》を合《がっ》するの道《みち》なり。故《ゆえ》に時《とき》に之《これ》を措《お》きて宜《よろ》しきなり。


「**誠《まこと》は自《みずか》ら成《な》るなり**」。善なるものの行き着く先は完成ですから、誠であるということは自らを完成する方向へ進んでいくということです。「**而《しか》して道《みち》は**」の「道」は「人の道」です。人の道は「**自《みずか》ら道《よ》るなり**」。独自のよい方向というものが自ずと察知できるようになる。こんなに有り難いことはありません。どの方向に進めばいいのかがわからないから迷い、間違った方向へ行ってしまうわけですから。

そして、これは人間ばかりでなく**「誠**《まこと》**は物**《もの》**の終始**《しゅうし》**あり」**と。たとえば事業とかプロジェクト、仕事といったものの始まりと終わりをしっかりした方向へ行かせてくれるというのです。**「誠**《まこと》**ならざれば物無**《ものな》**し」**。誠でなければ物は物として成り立たない。本来の力が発揮できないということです。

「是《こ》**の故**《ゆえ》**に君子**《くんし》**は之**《これ》**を誠**《まこと》**にするを貴**《とうと》**しと為**《な》**す」**。これでもかこれでもかと誠を説いてきましたが、こんなに凄いものなので、ぜひこれを重視して実行していってもらいたいと言っています。**「誠**《まこと》**は自**《みずか》**ら己**《おのれ》**を成**《な》**すのみに非**《あら》**ざるなり」**。誠というのは自分だけを善くするものではないと言っています。では何かというと**「物**《もの》**を成**《な》**す所以**《ゆえん》**なり」**と。他の物あるいは他の人を完成に向かって歩み出させる影響力が持てるということです。皆さんも早くそういう人生に足を踏み入れて、後輩やお子さんに人としての生きる道を教えてあげていただきたいと思います。

「己《おのれ》**を成**《な》**すは仁**《じん》**なり」**。己を成すことは仁の徳である、と。仁の本質は、愛情とか思いやりというよりも、多くの人と関係していることだと言うのです。これは、仁は繋がり合っているという意味です。「ああ、いい友達がいた」「ああ、いい知り合いがいた」というのが仁の本質なのです。

「物《もの》**を成**《な》**すは知**《ち》**なり」**。物がうまくできるのは知の徳である、と。誠に至ると物事はどうすればどうなるかということがわかるからうまくいくわけです。そういう誠の人が登場して、「私がお助けします」というのが「**性《せい》の徳《とく》なり**」。人間が生まれるにあたり「天の命ぜる、之を性と謂ふ」と言って与えてくれた本性を発揮することなのです。それは「**外内《がいない》を合《がっ》するの道《みち》なり**」。自分一人ではなくて、多くの外側にいる人たち、あるいは外側の状況と合致する道を教えてくれているのだ、と。

「**故《ゆえ》に時《とき》に之《これ》を措《お》きて宜《よろ》しきなり**」。どのような時にも「今この善を尽くしきるんだ」と言って本性を発揮させる生き方を常に念頭に置いていると、誠がそこに生じて、誠が天も動かして、相手にも影響を及ぼして、どのようなときにも常に正しいことを得られるのです。

●至誠は強運をもたらす――「見はさずして章はれ、動かずして變じ、爲す無くして成る」

その次に行きましょう。今度はさらに深いところを指導してくれています。

故《ゆえ》に至誠《しせい》は息《や》むこと無《な》し。息《や》まざれば則《すなわ》ち久《ひさ》し。久《ひさ》しければ則《すなわ》ち徴《ちょう》あり。徴《ちょう》あれば則《すなわ》ち悠遠《ゆうえん》なり。悠遠《ゆうえん》なれば則《すなわ》ち博厚《はくこう》なり。博厚《はくこう》なれば則《すなわ》ち高明《こうめい》なり。博厚《はくこう》は物《もの》を載《の》する所以《ゆえん》なり。高明《こうめい》は物《もの》を覆《おお》ふ所以《ゆえん》なり。悠久《ゆうきゅう》は物《もの》を成《な》す所以《ゆえん》なり。博厚《はくこう》は地《ち》に配《はい》し、高明《こうめい》は天《てん》に配《はい》し、悠《ゆう》

■**久《きゅう》は彊《きわ》まり無《な》し。此《か》の如《ごと》き者《もの》は、見《あら》はさずして章《あら》はれ、動《うご》かずして變《へん》じ、為《な》す無《な》くして成《な》る。**

「**故《ゆえ》に至誠《しせい》は息《や》むこと無《な》し**」とは、誠の至りはやむことがないということです。私たちがその気になって「誠で生きることが大切だな」と思えば、それはとどまることなく回転し続ける、影響し続けるものなのだと言っています。力を授けてくれて終わることがないと言っているのです。

「**息《や》まざれば則《すなわ》ち久《ひさ》し**」。これからずっと人生の伴侶として生きていくということです。だから、「久し」永久に力をくれることになります。

「**久《ひさ》しければ則《すなわ》ち徴《ちょう》あり**」。長く続けると、「徴」大きな善なる兆しが出てくる。これからいい人生が開けるかなというような予兆がある、と。

「**徴《ちょう》あれば則《すなわ》ち悠遠《ゆうえん》なり**」。しっかり善を尽くしきって、つまり、仁・義・礼・智をしっかり相手に提供していけば、ずっと遠くの果てまで行ける。人生百年時代にずっとこれを続ければ、人生のずっと遠くの果てまで行けることになります。

「**悠遠《ゆうえん》なれば則《すなわ》ち博厚《はくこう》なり**」。ずっと遠くまで行けば、広く厚くなる。そして「**博厚《はくこう》なれば則《すなわ》ち高明《こうめい》なり**」。広く厚くなれば高く明らかになる。「**博厚《はくこう》は物《もの》を載《の》する所以《ゆえん》なり**」。この「博厚」広く厚くというのは、われわれが暮らしている大地のことを言っています。大地はたくさんのものを上に載せていますが、沈没することはありません。つまり、広く厚いから大地にはいろんなものを載せることができるのだというわけです。それから「**高明《こうめい》は物《もの》を覆《おお》ふ所以《ゆえん》なり**」。高明というのは天のことを言っています。高く明らかなのは天がすべてのものをその下に覆うためだというわけです。

つまり、至誠息むこと無く誠の至りというものと一緒に生きていけば、やがて天地と合一することになるというのです。「**悠久《ゆうきゅう》は物《もの》を成《な》す所以《ゆえん》なり**」。悠久は天地の万物を成功させる所以である、と。それから「**博厚《はくこう》は地《ち》に配《はい》し、高明《こうめい》は天《てん》に配《はい》し、悠久《ゆうきゅう》は疆《きわ》まり無《な》し**」。ここで終わりということがない。それが至誠、誠の至りということなのだということです。「**此《かく》の如《ごと》き者《もの》は、見《あら》はさずして章《あら》はれ、動《うご》かずして變《へん》じ、爲《な》す無《な》くして成《な》る**」。自分が意図してそれを表そうとしなくても自然と表れるし、動かして何かを変えようと思わなくても自然と相手が変わってくれるのです。

私は三十五歳のときに松下幸之助さんに「経営者の条件はなんですか」と聞きました。すると松下さんは「それは運が強いことですよ。運が弱い経営者というのはだめです。運が強くなきゃいけないんです」と言われました。「どうすれば運が強くなるんですか」と聞くと「徳を積めばいいんです。徳を積むしかない」と言われました。

この『中庸』では、徳を積むということを言い換えて、誠に徹して生きてくれ、善に徹して生きてくれと言っているのです。これは全く同じことです。したがって、今ここで表そうとしなくても成果はすっと表れます。自分が厳しい立場に置かれて、「しまった、どうするかな」と思っていたら、パッと相手が変わってくれて助かったというようなことも起きるのです。これは松下さんの言われた「運が強い」ということにほかなりません。

「見はさずして章はれ、動かずして變じ」応変して「爲す無くして成る」自然に助けてくれることになるということです。

●最小単位を重視して生きる――「今夫れ天は、斯たる昭昭の多きなり」

最後に誠のまとめとなるところを読んでみたいと思います。

第四段　第三小段　第二節

天地《てんち》の道《みち》は、壹言《いちげん》にして盡《つ》くす可《べ》きなり。其《そ》の物《もの》たる貳《じ》ならざれば、則《すなわ》ち其《そ》の物《もの》を生《しょう》ずること測《はか》られず。天地《てんち》の道《みち》は、博《はく》なり、厚《こう》なり、高《こう》なり、明《めい》なり、悠《ゆう》なり、久《きゅう》なり。

今《いま》夫《そ》れ天《てん》は、斯《し》たる昭昭《しょうしょう》の多《おお》きなり。其《そ》の窮《きわ》まり無《な》きに及《およ》んでは、日《じつ》・月《げつ》・星辰《せいしん》繫《かか》り、萬《ばん》

物覆《ぶつおお》はる。今夫《いまそ》れ地《ち》は、一撮土《いっさつど》の多《おお》きなり。其《そ》の廣厚《こうこう》なるに及《およ》んでは、華《か》・嶽《がく》を載《の》せて重《おも》しとせず、河《か》・海《かい》を振《おさ》めて洩《も》らさず、萬物《ばんぶつ》載《の》せらる。今夫《いまそ》れ山《やま》は、一巻石《いっけんせき》の多《おお》きなり。其《そ》の廣《こう》大《だい》なるに及《およ》んでは、草木之《さうもくこれ》に生《しょう》じ、禽獣之《きんじゅうこれ》に居《お》り、寶藏興《ほうぞうおこ》る。今夫《いまそ》れ水《みず》は、一勺《いっしゃく》の多《おお》きなり。其《そ》の測《はか》られざるに及《およ》んでは、黿《げん》・鼉《だ》・鮫《こう》・龍《りょう》・魚《ぎょ》・鼈《べつ》生《しょう》じ、貨財殖《かざいしょく》す。

最初の「**天地《てんち》の道《みち》は、壹言《いちげん》にして盡《つ》くす可《べ》きなり**」は、天地の道というのはここで説いた以外に言いようがないと言っているのです。つまり、善というものに徹すると本性が発揮されて、そこに誠というものが生ずる。誠が生じた結果、多くの相手の人とか物とかに変化を及ぼすことさえできてくる。これが天地の道なのですが、それは今ずっと言ってきた以外に説明のしようがないというのです。

「**其《そ》の物《もの》たる貳《じ》ならざれば、則《すなわ》ち其《そ》の物《もの》を生《しょう》ずること測《はか》られず**」。ここまで天の不変の作用というものを説明してきたわけですが、天に恥じぬ行為というのは「貳ならざれば」二つとない、ただ一つ誠しかないから、永遠にやむことがなく、測り知れないほど多くの物を発生成長させることができるのだというのです。人の人生にはいろんなことが起こりますが、そういうものが「其の物を生ずること測られず」ということは、善いことが測り知れず多くなるということです。

「天地《てんち》の道《みち》は、博《はく》なり、厚《こう》なり、高《こう》なり、明《めい》なり、悠《ゆう》なり、久《きゅう》なり」。天地の道は広く厚い、高く明らかであり、遠く長い。

天というものは偉大なものであるというふうにずっと解説をしてきましたが、その内訳をよくよく見れば**「今夫《いまそ》れ天《てん》は、斯《し》たる昭昭《しょうしょう》の多《おお》きなり」**と。天というと凄いものだと思ってしまうけれど、よくよく見れば小さなとるに足りない光がたくさん集まってできているに過ぎない。ここを見逃してはいけませんよ、ということです。皆さんが人生を生きるというのも、小さな一日一日の積み重ねなのだということを言ってくれているのです。

だから**「其《そ》の窮《きわ》まり無《な》きに及《およ》んでは、日《じつ》・月《げつ》・星辰《せいしん》繫《か》かり、萬物覆《ばんぶつおお》はる」**。小さな光がただ無数に集まっているだけのものなのですが、その無限に集まった中で太陽、月、北斗七星といったものがちゃんと整備されていて、万物はそれらに覆われ守られている。一つひとつは僅かな貧弱な光だけれど、それがたくさん集まって巨大な力となってわれわれを守ってくれているということです。物事はそのようになっている。最初から仰ぎ見るような偉大なものなど無いのだということを言っているのです。

「今夫《いまそ》れ地《ち》は、一撮土《いっさつど》の多《おお》きなり」。では地はどうかというと、一つまみの土がたくさん集まっているだけだ、と。地球も一つまみの土が集まっているにすぎないのです。しかし**「其《そ》の廣《こう》厚《こう》なるに及《およ》んでは、華《か》・嶽《がく》を載《の》せて重《おも》しとせず、河《か》・海《かい》を振《おさ》めて洩《も》らさず、萬物《ばんぶつ》載《の》せらる」**。

その広く厚いことにおいては、華山や嶽山のように仰ぎ見るような大きな山をその上に載せている。

「**今夫《いまそ》れ山《やま》は、一巻石《いっけんせき》の多《おお》きなり**」。その山をよく見てみると、なんのことはない、一握りの石がたくさん集まっているにすぎない。この世の中の巨大なものは、最初から巨大なわけではないのです。一握りとか、一つまみとか、そういうことから成り立っている。それをよく自分で知っておかなければならないということです。しかし、「**其《そ》の廣大《こうだい》なるに及《およ》んでは、草木之《そうもくこれ》に生《しょう》じ、禽獣之《きんじゅうこれ》に居《お》り、寶藏興《ほうぞうおこ》る**」。そういうものが広く集まると、そこに多くの草木が生じ、獣も住み、レアメタルのような鉱物も蓄えられることになる、と。

「**今夫《いまそ》れ水《みず》は、一勺《いっしゅく》の多《おお》きなり**」。大河が滔々と流れているけれど、その水だってよく見てみれば一杓一杓汲んだ水が溜まっているにすぎない。しかし「**其《そ》の測《はか》られざるに及んでは、黿《げん》・鼉《だ》・鮫《こう》・龍《りょう》・魚《ぎょ》・鼈生《べっしょう》じ、貨財《かざい》殖《しょく》す**」。それが測れないぐらいの多くの量になると、スッポンや鰐や鮫や竜や魚や亀などが住んで、それがわれわれの食材になり、高級な貝など貨財となるものも嫌になるほど増えていくのだ、と。

しかし、その地球にしても初めは一握りの土からできているにすぎないということです。

これと同じように、われわれの一日も一時《いっとき》から始まっています。時計を見ているとカチカチカチと秒針が時を刻んでいますが、この僅かな時間の積み重ねで一日が成り立ち、私たちの人生が成り立っているのです。なんでも最初は吹けば飛ぶような状態から始まるということです。問題は、それをどう扱うかということです。小さなものが散じないように、拡散しないように蓄積していくことが大事なのです。

先にお話ししたように、松下幸之助さんは「運を強くするには徳を積むしかない」と言いました。積むことが大事だと言っているのです。蓄積するしかないと言っているわけです。つまり、一時一時をしっかり生きる。善だ、誠だ、本性だと言い聞かせて生きる。その積み重ねがよい人生を生み、成功をもたらすのです。「一円をバカにするものは一円に泣く」と言うように、最小の単位をバカにしては何も成し遂げられないということです。

しっかり生きるとは、最小の単位を重視して生きることです。いきなり「俺は巨万の富を築いてやる」なんて言うのはダメな生き方です。巨万の富も内訳を見れば一円の積み重ねなのです。

したがって、先に言ったように、行動も訓練も人が一回やれば自分は百回やる、人が十回やれば千回やるというぐらいの気持ちでやらなければうまくいかないのです。ぜひそうやって生きていただきたいということを言っているのです。

●幸せのお世話係に徹する――「於乎不顯なるかな、文王の徳の純」

詩《し》に曰《いわ》く、惟《こ》れ天《てん》の命《めい》は、於穆《ああぼく》として已《や》まず、と。蓋《けだ》し天《てん》の天《てん》たる所以《ゆえん》を曰《い》ふなり。於乎不《ああひ》顯《けん》なるかな、文王《ぶんおう》の徳《とく》の純《じゅん》、と。蓋《けだ》し文王《ぶんおう》の文《ぶん》たる所以《ゆえん》を曰《い》ふなり。純《じゅん》も亦《また》已《や》まず。

最後に『詩経』にある名句が出てきます。**「詩《し》に曰《いわ》く、惟《こ》れ天《てん》の命《めい》は、於穆《ああぼく》として已《や》まず、と」**。これは文王の偉大さを謳った歌です。「穆」というのは「満ち満ちて仰ぎ見るような」という意味です。文王の善良なる行いは満ち満ちて仰ぎ見るようでやむことがない、というわけです。文王がなぜ成功したかというと、一時一時やり続けたからです。一日に一回とか一週間に一回ではなくて、一時一時が大切なのです。だから、「天の命は、於穆として已まず」文王に対する天の施しは満ち満ちて永遠に絶えることがないというのです。

「蓋《けだ》し天《てん》の天《てん》たる所以《ゆえん》を曰《い》ふなり」。あの文王だって天の言うことを「ああ有り難いことを言ってくださった」と信じて、天の言うように来たのです。

今、われわれは『中庸』に書かれた天命を読んでいるのです。天命をこれだけよく知ったということは、もうこれで生きざるを得ない。これで生きるのがわれわれの道です。皆さんもそうやって生きていただければ、文王のような功績に恵まれることも夢ではないのです。

「於乎《ああ》不顯《ひけん》なるかな、文王《ぶんおう》の徳《とく》の純《じゅん》、と」。文王は「不顯」輝かしいこの天命を受けて新たに国を開いた。理想の国家を開いたわけです。そういう意味では、理想の国家すら一人の人間が「天命に拠って生きなければいけない」と決意することで実現するのです。

しかし、そのときに条件があります。ここでは「文王の徳の純」と言っていますが、「これだけは信じて絶対に外さないで生きていく」と純粋に思わなくてはいけないことがあるのです。それは、天に恥じない善なる行為を徹底して行うことで生まれ持った仁・義・礼・智の四徳を発揮し、誠を生じさせ、それを揮って相手や万物によい影響を及ぼしていくという生き方です。これは計算して、結果を当てにしてやってみようというものではありません。大金持ちになるためにやってみようというものではないのです。「徳の純」ということは、なんとしても多くの人を幸せにしなければならないという純粋な気持ちでなければいけないのです。

これはつまり横井小楠が言う民の幸せのお世話係になることです。それがリーダーの務めなのです。自分の幸せではなく、民の幸せのお世話係に徹することが重要なのです。そう思ってやったから文王はうまくいったわけです。

「蓋《けだ》し文王《ぶんおう》の文《ぶん》たる所以《ゆえん》を曰《い》ふなり」。「文」という字がなぜ王に付いているのか。文とは何かということを言っています。今日の講義はこの「文」という字の解説で終わりたいと思うのですが、「文」という字は刺青から出た言葉なのです。

例えば、アボリジニのように今も原始的な名残りをとどめている民族では、出身地や出身種族を明確にするために顔に刺青をします。パッと見た瞬間に、自分と同じ種族か対立している種族かの判別がつくようになっているわけです。だから、刺青と言うのは最初は〝印〟の役割を果たしていたわけです。その刺青がやがて装飾を目的とするものに変わってきました。日本の桜吹雪の刺青などはまさにそうでしょう。

孔子の時代には、人間を飾るのは刺青ではなくて教養でした。人間が飾るべきものは人格・教養なのだといって、それを「文」と言うようになったのです。文化や文学などに「文」がついているのも人格・教養といったものと結びついているからです。

今日読んできたような、人が生きるうえで最も重要なことを説いた文章の最後に「文」が語られているのは、われわれ人間は人格・教養を第一義にしなくてはいけないということを強調しているのです。人格・教養を磨く学問とは、知識学ではなくて人間学です。したがって、人間学というものを教育のど真ん中に置かなければ、いい子は育たないということを言っているわけです。

今の教育は覚えろ覚えろばかりです。さらにテレビを見れば、よくものを知っている博識と言われる人が出てきます。しかし、先にも説明しましたが、博学というのは広く学んだ人のことを言うのであって、物知りのことを言っているわけではないのです。佐藤一齋は「物知りは芸人なり」と言っています。物をよく知っていて、なんでも聞かれたらパッと答えるというのは芸人風情なのだと。そんなことではなく、人格・教養というものが問われているのだということをずっと言っています。

だから、この最後に「文」に触れることによって人格・教養をなおざりにしないでしっかり身につけてくださいよと言っているのです。最後にある「**純《じゅん》も亦已《またや》まず**」とは、本当に無垢な気持ちで今回説いたところを実行して人生の糧にしてください、ということです。

今日は『中庸』の最大の山場である「九經」ということについて学びました。九つの原理原則をなぜやらなければいけないのかという説明は非常に説得力がありました。その大本になるのは、結局、自分の心のあり方でした。

上司に認めてもらうというのも、いきなり上司に認めてもらおうというのではなくて、そのためには何が必要か、何ができなければだめなのかと丁寧に解説してくれていました。だから、あの「九經」をもって問題の解決策を求めると、非常に鮮やかに答えが得られるのです。

さらに、その次に「誠」ということを学びました。「中庸」、つまり節度をもって中ほどを探求するということも含めて、誠の重要性も人間は疎かにしてはいけないということを学んできました。

この世の根源、この世の重大事をこれだけ懇切丁寧に説いている書物は他にないと思います。数多くの古典を読んできましたが、これほど詳細に、人生の最重要点について説いてくれている書物は思い当たりません。ですから皆さんも、今日一日で終わらないで、再読して、要点を整理していただきたいと思います。そして、ご家族に対して、「今日こういう話を聴いたんだ」とお話しになっていただきたいのです。

「教師が一番の学習なり」という言葉があります。人に教えることはとても難しいことですが、教えることによって自分の足りない部分や足りている部分が明確になります。先にもあったように、学ぶときには何が足りていて何が足りないのかを明確にすることが重要なのです。

第四講　天道の実践とは何か

――「天下の大経を経綸し、天下の大本を立てる」

今回は、『中庸』の真髄を勉強したいという方には欠くべからざるお話をいたします。人生や仕事の根本には天の道理があり、それを常に基本に置くことが大切なのですが、誠の徳を極めたリーダーは日々どのように過ごすべきなのか、天下の大経と大本をうち立てて天地の化育を知るとはどういうことなのかなど、天道の実践について学んでいきます。

私ももう十年ぐらい、中央官庁の俗にいうエリート官僚という人たちに請われて講義をしています。講義のあと、彼らに何か質問はありますかと聞くと、特に最近の人は必ず「悩んでいることが一つある」と言います。それは何かというと、「われわれは小さいときから勉強というものはどうすればどうなる、つまりどうすれば点数が上がるとか、テストに強くなるにはどうするかといったことの要領はよくわかっています。しかし最近よく、『お前、人間ができていない』と言われるのですが、人間をつくるにはどうすればいいのかということがよくわからないのです」と。こういう人が非常に多いのです。

現在の教育の問題点がそこに出ているような気がします。まさに今日『中庸』で学んでいくところは、どうすれば人間ができるのかということを説いています。

ここからは現代人に資するよう、特に自己向上についてという観点から読んでみたいと思います。

●聖人を目指す――「洋洋乎として萬物を發育せしめ、峻くして天に極る」

第五段　第一節

大《だい》なるかな聖人《せいじん》の道《みち》。洋洋乎《ようようこ》として萬物《ばんぶつ》を發育《はついく》せしめ、峻《たか》くして天《てん》に極《いた》る。優優《ゆうゆう》として大《だい》なるかな、禮儀三百《れいぎさんびゃく》、威儀三千《いぎさんぜん》。其《そ》の人《ひと》を待《ま》つて後行《のちおこな》はる。故《ゆえ》に曰《いわ》く、苟《いやし》くも至徳《しとく》ならざれば、至道凝《しどうな》らず、と。

故《ゆえ》に君子《くんし》は、徳性《とくせい》を尊《たっと》んで問學《もんがく》に道《よ》り、廣大《こうだい》を致《いた》して精微《せいび》を盡《つ》くし、高明《こうめい》を極《きわ》めて中庸《ちゅうよう》に道《よ》り、故《ふる》きを溫《たず》ねて新《あたら》しきを知《し》り、敦厚以《とんこうもっ》て禮《れい》を崇《たっと》ぶ。是《こ》の故《ゆえ》に上《かみ》に居《お》りては驕《おご》らず、下《しも》と爲《な》りては倍《そむ》かず。國《くに》に道有《みちあ》れば、其《そ》の言以《げんもっ》て興《おこ》すに足《た》り、國《くに》に道無《みちな》ければ、其《そ》の默以《もくもっ》て容《い》るるに足《た》る。詩《し》に曰《いわ》く、既《すで》に明《めい》にして且《か》つ哲《てつ》、以《もっ》て其《そ》の身《み》を保《たも》つ、と。其《そ》れ此《これ》の謂《いい》か。

人間には「どうすれば向上するのか」「何を目指せばいいのか」というように、いろんな目標があります。朱子は、われわれがまず目指さなければいけないのは君子であると言っています。「あの人は君子だなあ」と言われるぐらいの人間になるということが第一なのです。では、君子になるためにはどうしたらいいのか。これは聖人を学ぶことが一番よい方法です。つまり、人間性を向上させていくと君子になり、自分は君子になったと思えば聖人を目指すということです。朱子学には「聖人学んで至るべし」学べば聖人にもなれるという主張があり、これの反映でありましょう。

それでは、聖人を目指すとはどういうことかと言えば、人間が天に向かってどんどん上がって近づいていくということです。天人相関という考え方についてお話ししましたが、われわれにとって天というのは遠い存在でもあるけれど、とても近い存在でもあるのです。これは儒家の思想ですから「天」と言っていますが、仏教では「仏」、神道では「神」、老荘思想では「道」と言います。これらは宇宙の絶対的な根源なのです。そういうものに近づいて一体化するために、各種の修行があり、またこういう書物もあると受け取っていただけたらいいと思います。

そこで、まず「**大**《だい》**なるかな聖人**《せいじん》**の道**《みち》」とあります。偉大なものだなぁ、聖人の道は。これは聖人が説いている人の道、つまり「人はどうすれば君子になれるのか」という道と読んでもよいと思います。どうすれば人間として向上できるのかがわからないという人が多い中で、ここにはちゃんと君子になる道は用意されているのだということを言っているのです。

それはどういうものかというと「**洋洋乎**《ようようこ》**として萬物**《ばんぶつ》**を發育**《はついく》**せしめ、峻**《たか》**くして天**《てん》**に極**《いた》**る**」と。

聖人が偉大なるものであるということの第一は、あまねく道にあふれて生きとし生けるものを発育させることにあります。「生成化育」という言葉がありますが、生み出して成長させる、特に化育の「化」ということがとても大切なのです。朱子の言い方を借りれば、万物にはすべて本性というものがある。松には松の本性、梅には梅の本性、猫には猫の本性、虎には虎の本性、当然われわれ人間にも人間の本性というものがあって、その本性に返るということが「化」化けるということなのです。

最初庭に芽がちょっと出て「これはなんだろうね」「楽しみだね」と言っているうちに、「あ、これ松だよ」とか「梅だよ」とかわかってくる。そのもののなんたるかがわかるというのが「本性が出てくる」ということなのです。人間も人間以外の万物も、この本性が発揮されて初めてそのものになるわけです。「立派な松だなぁ」「立派な梅だなぁ」「素晴らしい桜が咲き誇っているなぁ」というのは、その本性が出てくるからそうなるのです。

これは人間も全く同じです。せっかく人間に生まれついてきたのですから、人間としての本性が発揮されているのかどうかがとても重要だということです。

「**峻《たか》くして天《てん》に極《いた》る**」というのは、そうやって本性に基づいて成長して立派な松になったり梅になったりさせていくことです。そして高々と天の極みに至っている。人間ならば立派な人間になることですが、それは天に近づいていくことなのだというのです。ここで「天の命ぜる、之を性と謂ふ」という『中庸』の冒頭にある章句がとても大切だということを改めて感じていただかなくてはなりません。「人間は厄介だからやめたほうがいいよ」という天に対して、われわれが「なんとしても人間に生まれたい」とお願いをしたのです。それに対して天が、「そんなに言うならば人間に生まれさせてやろう。でも、人間は大変だからこれを持っていきなさい」と授けてくれたのが「性」というものなのです。ゆえに、朱子はこれを「本性」と言っているわけです。

そういうことなので、人間の本性を発揮するように生きていくというのが人間の順正なる生き方なのです。天が授けてくれたものを活用して生きていくことがとても大切なのだということで「天に極る」とも読めるわけです。

次の「**優優《ゆうゆう》として大《だい》なるかな、禮儀《れいぎ》三百《さんびゃく》、威儀《いぎ》三千《さんぜん》**」の「優優」にはいろんな解釈がありますが、「ゆったりと」「豊かに」というような意味になります。そういうものとして「大なるかな」人間として立派になるということです。それが「禮儀三百、威儀三千」というものである、と。これは『礼記』にある言葉です。『礼記』は大昔、『礼楽記』と「楽」が入っていました。この「楽」が独立して『楽記』と『礼記』となるのですが、そこに人間として一番大切なありさま、大綱が三百あり、それをどういうふうに日常生活で発揮していくかという細目が三千あると書いています。人間として立派になるために、孔子が大綱三百、細目三千を一つひとつ明確にしてくれたのです。これはとても有り難いことです。それを実行実現させているのが聖人です。

「**其《そ》の人《ひと》を待《ま》つて後《のち》行《おこな》はる**」は、「人間として立派になっていこう」と一途な努力を続けている聖人を見て、皆が「ああ、人間の目標としてこれが大切なんだな」と思うようになる。これを一般社会でいえば、例えば、家庭であれば父や母、職場であれば同僚がどんどん立派になるのを見て、自分もああなりたいと思うようになるということです。だから、トップリーダーは皆が見て「ああいう人になりたい」という人にならなくてはいけないのです。社会の上位にいる人間は、国家国民の希望の星、目標になるような人でなくてはいけないし、そういう人が現れて初めてすべてが行われてくるということなのです。

「**故《ゆえ》に曰《いわ》く、苟《いやし》くも至徳《しとく》ならざれば、至道《しどう》凝《な》らず、と**」。道の至りとはそういう自分を立派な人間にしていこうという気持ち、その努力を言っていますが、そういう気持ちになるためには徳の至った立派な人と出会うことがなくてはならないというのです。

われわれはここで『中庸』という書物に出会っているわけです。さらに『中庸』をまとめてくださった朱子という人に巡り会っている。それを通して孔子に出会い、孟子に出会っているのです。そういうものに出会うか出会わないかは、とても重要なことです。

『孟子』に「気高い友」という意味の「尚友」という言葉が出てきます。「尚」という字はいろいろ解釈ができますが、とても重要な字です。『書経』も本来は『尚書』といって「尚」の字を使っていました。この「尚」の字の下に「土」という字をあてがうと「堂」という字になります。ですから立派なお堂というものは基礎がしっかりしているのです。

孟子がこの「尚」という字を「友」につけたのは立派だと思います。孟子は、今現在会える友ばかりが友ではない、古典の中の昔の偉人といった人間を自分の友にするぐらいでなければいけないということを言っています。

私などは最近、吉田松陰君、佐久間象山君、横井小楠君と、大変友達が多くなってまいりました。そういう人たちの影響を受けて、人間は発奮するということなのです。

「**故《ゆえ》に君子《くんし》は、徳性《とくせい》を尊《たっと》んで問學《もんがく》に道《よ》り、廣大《こうだい》を致《いた》して精微《せいび》を盡《つ》くし、高明《こうめい》を極《きわ》めて中庸《ちゅうよう》に道《よ》り、故《ふる》きを溫《たず》ねて新《あたら》しきを知《し》り、敦厚以《とんこうもっ》て禮《れい》を崇《たっと》ぶ**」。ここで言っている君子とは、聖人を模範にして、いつも聖人に近づこうと努力をしている人です。そういう人は、まず「**徳性《とくせい》を尊《たっと》んで**」と言っていますが、この「徳性」とは天がくれた本性のことを言っています。本性というのは生きていくための武器なのです。何度も繰り返しますが、朱子は本性とは仁・義・礼・智の四徳からできていると言いました。したがって、学問をするようにこれを覚えなさい、というのです。わからないことを外側から植え付けるのではなくて、中にあるものに気づきなさいと言っているわけです。仁・義・礼・智は生まれながらにして心の中にあるのだから、それに気づきなさい、と。それに気づくためには、四徳をもっと表に出さなければいけないということです。

仁・義・礼・智をいつも忘れずに思っていれば、仁を発揮する、義を発揮する、礼を発揮する、智を発揮するということになります。すると、どうなるでしょうか。そういう人に会えば、「この人は立派な人だな」「信用できるな」「信頼できるな」と思うでしょう。つまり、仁・義・礼・智をこちらから出すことによって、相手の心の中にポッと浮かぶのが「信」信頼なのです。それがやがて自分のほうに返ってきて仁・義・礼・智・信という五常になります。仁・義・礼・智の四徳を揮うということが五常の前提になっているわけです。これが「徳性を尊んで」ということです。

さらに「**問學《もんがく》に道《よ》り**」ですが、「問學」とは読んで字のごとく学問ですから、こういう古典の書物を読んでいくということを言っています。自分の武器である仁・義・礼・智をなるべく揮っていこうという意識を持って生きることにプラスして古典で学んでいこうというわけです。

次の「**廣大《こうだい》を致《いた》して精微《せいび》を盡《つ》くし**」は、立派な人間は広大な目標を抱いてそれを成し遂げようと四徳を揮う一方で、細かいところまで誠心誠意、真心を込めてやっているということです。われわれはいろんなことを学んでいますが、根本的に身につけるべきことは、人間ならではの思いやりと徳ということに尽きます。この徳とは一つひとつを丁寧に真心込めて行うということです。

次の「**高明《こうめい》を極《きわ》めて中庸《ちゅうよう》に道《よ》り**」の「高明」は「高く明らかな」ということです。聖人像というのは高いところにありますが、こういうふうにならなくてはいけないと細かいところも明らかにして、偏るのではなくて真ん中、つまり中庸を目指していかなくてはいけないのです。

そしてここに「**故《ふる》きを溫《たず》ねて新《あたら》しきを知《し》り**」という私たちには『論語』で有名な章句が出てきます。古い言葉のようですが、朱子ももちろん『論語』を熟読したでしょう。朱子が『論語』を読んで、「ああ、この言葉はいいね。この言葉は覚えておかなくてはいけないな」と思ったのでしょう。これらの言葉を見ると、朱子が『論語』を読んでどんなところに感動したかがよくわかります。

この「故きを溫ねて新しきを知り」ですが、この「溫（温）」という字に非常に大きなポイントがあります。なぜ「たずねる」という言葉に「温」という字が使われているのか。これは漢字の面白さです。「温」という字を中国の古い字書で徹底的に調べてみると、どの字書にも「肉をぐつぐつ煮てスープを作ること」と書いてあります。つまり、ただ古典を読み漁っているだけではなくて、それが自分の血となり肉となるように煮詰めることが大切なのだということを言っているわけです。

「**敦厚以《とんこうもっ》て禮《れい》を崇《たっと》ぶ**」。「敦厚」とは厚い誠の心ですから「敦厚以て」とは「ひたすら自己の向上を願って」ということでしょう。「禮を崇ぶ」というのは、先に出てきた「禮義三百、威儀三千」ということでしょう。『礼記』には、礼儀とは人間関係の規範であると書いてありますし、威儀は人の行動の規範であると書いてあります。つまり、人間関係をどうするべきかという規範が礼儀であり、人間としての行動のありさまが威儀であるということです。そこから礼儀と威儀には、大綱と細目という意味合いもあります。

「是《こ》の故《ゆえ》に上《かみ》に居《お》りては驕《おご》らず、下《しも》と爲《な》りては倍《そむ》かず」。上位にいて、上司の立場にいても傲《ごう》慢《まん》・驕《きょう》慢《まん》にならずに謙虚にしている。また、誰かの部下になったとしても「倍かず」上司に対して背いたりしないで、力添えになれないかと考えるということです。

「國《くに》に道《みち》有《あ》れば、其《そ》の言《げんもっ》以て興《おこ》すに足《た》り」。これは『論語』などを読んでいただければよく出てくる言葉です。国が道理・道義に基づいて筋道が通るような政治をしていれば、自分もそこに参加して積極的に発言をするというのが君子のあり方だということです。しかし、もし国に道理・道義がない状態になっていたら**「其《そ》の默《もくもっ》以て容《い》るるに足《た》る」**。その場合は来るべき日に備えて自己研鑽を重ねておいて、国に道ができたらここぞとばかりに登場することが重要なのだと言うのです。

「詩《し》に曰《いわ》く、既《すで》に明《めい》にして且《か》つ哲《てつ》、以《もっ》て其《そ》の身《み》を保《たも》つ、と。其《そ》れ此《これ》の謂《いい》か」。『詩経』に曰く、と。この「明」と「哲」はよくペアで出てきます。「明」は「道理・道義に明るい」という意味で、「哲」とは「人間通」という意味ですから、要するに人間というものをよく理解しているということです。だから、哲学書とは人間をよく知っている人が「人間とはこういうものだ」ということを書いたものなのです。

「以《もっ》て其《そ》の身《み》を保《たも》つ」。それで自分の身を守るということです。**「其《そ》れ此《これ》の謂《いい》か」**。この『詩経』の言葉は上に言った君子のあり方を言ったものだろう、と。つまり、自分と周りの環境とのバランスを見て行動しなさいと言っているわけです。

●今を基本に考える——「吾周の禮を學ぶ、今之を用ふ。吾は周に従はん、と」

第五段　第二節

子曰《しいわ》く、愚《ぐ》にして自《みずか》ら用《もち》ふるを好《この》み、賤《せん》にして自《みずか》ら専《もっぱ》らにするを好《この》み、今《いま》の世《よ》に生《うま》れて古《いにしえ》の道《みち》に反《かえ》る。此《かく》の如《ごと》き者《もの》は、裁《わざはい》其《そ》の身《み》に及《およ》ぶ者《もの》なり、と。

天子《てんし》に非《あら》ざれば禮《れい》を議《ぎ》せず、度《ど》を制《せい》せず、文《ぶん》を考《つく》らず。今《いま》は天下《てんか》車《くるま》軌《き》を同《おな》じうし、書文《ふみぶん》を同《おな》じくし、行倫《おこないりん》を同《おな》じうす。其《そ》の位《くらい》有《あ》りと雖《いえど》も、苟《いやし》くも其《そ》の徳《とく》無《な》ければ、敢《あえ》て禮樂《れいがく》を作《つく》らず。其《そ》の徳《とく》有《あ》りと雖《いえど》も、苟《いやし》くも其《そ》の位《くらい》無《な》ければ、亦敢《またあえ》て禮樂《れいがく》を作《つく》らず。子曰《しいわ》く、吾夏《われか》の禮《れい》

を説《と》く、杞《き》は徴《ちょう》するに足《た》らざるなり。吾殷《われいん》の禮《れい》を學《まな》ぶ、宋《そう》の存《そん》する有《あ》り。吾周《われしゅう》の禮《れい》を學《まな》ぶ、今之《いまこれ》を用《もち》ふ。吾《われ》は周《しゅう》に従《したが》はん、と。

「子《し》、曰《いわ》く」の「子」は孔子以外におりませんから、「孔子がこう言った」ということです。「**愚《ぐ》にして自《みずか》らを用《もち》ふるを好《この》み**」の「愚」は、この場合、「徳がない」と読むほうがいいと思います。徳がないのにもかかわらず自分の意見をどんどん取り入れさせるということです。「**賤《せん》にして自《みずか》ら専《もっぱ》らにするを好《この》み**」の「賤」は身分が低いということで、ここでは「まだ人の上に立つ前の人間」を指しています。そうであるにもかかわらず独断専行を好む。「**今《いま》の世《よ》に生《うま》れて古《いにしえ》の道《みち》に反《かえ》る**」というのは、せっかく現代に生まれたわけだから、あえてすべてを古代に返す必要はないということです。根本を習うために古典は非常に有用ですが、生活から何から全部が古代になってしまったら大変です。私たちは今の世に生まれているわけですから、今の世の一番いいところもちゃんと取らなければいけないということです。孔子は意外と斬新で先端的な考えを述べています。

「**此《かく》の如《ごと》き者《もの》は、裁《わざわい》其《そ》の身《み》に及《およ》ぶ者《もの》なり、と**」。徳がないにもかかわらず勝手気ままに自分の意見をどんどん取り入れさせたり、身分がそれほど高くないのにもかかわらず独断専行で物事を進めたり、現代風は嫌だと言ってなんでもかんでも昔風にしてしまうということをしていると、やがて禍がやって来る、と。

「天子《てんし》に非《あら》ざれば禮《れい》を議《ぎ》せず、度《ど》を制《せい》せず、文《ぶん》を考《つく》らず」。天子とは国王のことです。一番上の人、会社でいえば社長です。そういうトップでなければ礼を討議しない。つまり、礼についてはトップが決めなくてはいけないということです。会社を例に言えば、社長が全社員に対して「わが社はこうするよ」「今期はこれを大切にしていくよ」と言うのが当然で、部長や課長が社長の言うべきことを先に言い出したらまとまりがつかなくなるということです。組織あるいは社会には、そのすべてに責任を持っている人間がいます。その責任を持っている人が自分の責任をかけて、基準とか法律というものを国民に向かって指示を出すということでなければいけないと言っているわけです。また、あえて変える必要がなければ、つまり現在の風土で皆が「これが良い」というのであれば、そのやり方で行うことが重要なのだと説いています。

この場合の「禮」は、人間のあり方の基本を言っています。それを「天子に非ざれば」国家の長でなければそれを話し合うというようなことはしない。「度を制せず」法・基準・法律を制定するなんてもってのほかだし、「文を考らず」文化や風土あるいは単純に文字と言ってもいいのですが、そういうものを作るようなことはしない。

これはどういうことかというと、**「今《いま》は天下《てんか》車《くるま》軌《き》を同《おな》じうし、書文《ふみぶん》を同《おな》じくし、行《おこない》倫《りん》を同《おな》じうす」**と。国の「車軌」車の幅を同じにする。これは社会の基準が整っているということです。それから「書文」文書の形式、使う文字を同じにする。そして「行倫を同じうす」行いが整えられている。「倫」というのはバラバラになっている書物を整えることだと言いました。人の行動も整えられ統一されている。

トップがすべての指示を出すについて注意をしなければいけないことがあります。それは**「其《そ》の位《くらい》有《あ》りと雖《いえど》も、苟《いやし》くも其《そ》の徳《とく》無《な》ければ、敢《あえ》て禮樂《れいがく》を作《つく》らず」**。位というものはあるけれど徳がなければ、つまり多くの国民の支持を得ていなければ「禮樂」を作らない。先にもお話ししましたが、古代では礼儀というものは礼楽でした。なぜ楽が礼儀と同じ扱いを受けているのかというと、古代人は音楽の持っている調和を社会的機能として重視して採用したからです。例えば合唱というのは、自分の声を聴きながら他人の声を聴きます。その調和をわかっていないと合唱にはなりません。ですから、自分のあり方にも注意する一方で、他者のあり方にも注意して、その間にギャップがないように調整していくのがアンサンブルということです。これは礼儀のとても重要な部分だったので、礼楽というふうに言っているわけです。

しかし、トップに徳がなければそういうものは作らないというのです。

それとは逆に**「其《そ》の徳《とく》有《あ》りと雖《いえど》も、苟《いやし》くも其《そ》の位《くらい》無《な》ければ、亦敢《またあえ》て禮樂《れいがく》を作《つく》らず」**。徳があったとしても組織のすべてをつかさどるような位でなければ礼楽を作らない。つまり、徳と位はイコールになっていなければいけないと言っています。逆から言うと、位がトップであるならば徳もトップになってくださいよということです。

「子曰《しいわ》く、吾夏《われか》の禮《れい》を説《と》く、杞《き》は徴《ちょう》するに足《た》らざるなり」。孔子が言いました。「私はまず夏王朝で言われていた礼というものを説いていた。しかし、よく考えてみれば、その夏の礼は今、杞という小ぶりな国で辛うじて残っているぐらいのものだ」と。したがって、これを全部に当てはめるのはどうかな、と言っているわけです。

「吾殷《われいん》の禮《れい》を學《まな》ぶ、宋《そう》の存《そん》する有《あ》り」。夏の次は殷という国になりましたから、「自分は殷の礼も学んだけれど、これも宋という国で残っているだけだ」と。

「吾周《われしゅう》の禮《れい》を學《まな》ぶ、今之《いまこれ》を用《もち》ふ。吾《われ》は周《しゅう》に従《したが》はん、と」。今は周の時代だから、周の礼を学んでこれを用いている。周の礼にしたがっている、と。つまり、現代の社会を前提にして人間の向上を考えていかなければならないということを言っているのです。

　これは素晴らしい見識だと思います。現代という社会を基本にして、そのうえで人間としてどうあるべきか、どう向上していくべきかを考えてくださいと言っているのです。ここに孔子の見識の高さが感じられます。朱子もそう思ったのでしょう。このあたりには『論語』から引用が非常に多く出てきます。『論語』に「天下道有れば、則ち礼樂征伐、天子より出ず」（季氏第十六）とありますが、その話がここに引用されているわけです。

●「徳」「位」「時」を重視する――「天下に王たるに、三重有り。其れ過寡からんかな」

天下《てんか》に王《おう》たるに、三重《さんじゅう》有《あ》り。其《そ》れ過寡《あやまちすくな》からんかな。上《かみ》なる者《もの》は、善《ぜん》なりと雖《いえど》も徴《ちょう》無《な》し。徴《ちょう》無《な》ければ信《しん》ぜず、信《しん》ぜざれば民従《たみしたが》はず。下《しも》なる者《もの》は、善《ぜん》なりと雖《いえど》も尊《とうと》からず。尊《とうと》からざれば信《しん》ぜず、信《しん》ぜざれば民従《たみしたが》はず。故《ゆえ》に君子《くんし》の道《みち》は、諸《これ》を身《み》に本《もと》づけ、諸《これ》を庶民《しょみん》に徴《ちょう》し、諸《これ》を三王《さんおう》に考《かんが》へて繆《あやま》らず。諸《これ》を天地《てんち》に建《た》てて悖《もと》らず。諸《これ》を鬼神《きじん》に質《ただ》して疑《うたがい》無《な》し。百世《ひゃくせい》以《もっ》て聖人《せいじん》を俟《ま》つて惑《まど》はず。諸《これ》を鬼神《きじん》に質《ただ》して疑《うたがい》無《な》きは、天《てん》を知《し》るなり。百世《ひゃくせい》以《もっ》て聖人《せいじん》を俟《ま》つて惑《まど》はざるは、人《ひと》を知《し》るなり。是《こ》の故《ゆえ》に君子《くんし》は動《うご》いては世々《よよ》天下《てんか》の道《みち》と為《な》り、行《おこな》ひては世々《よよ》天下《てんか》の法《ほう》と為《な》り、言《い》ひては世々《よよ》天下《てんか》の則《のり》と為《な》り、之《これ》に遠《とお》ざかれば則《すなわ》ち望《のぞ》む有《あ》り、之《これ》に近《ちか》づけば則《すなわ》ち厭《あ》かず。詩《し》に曰《いわ》く、彼《かしこ》に在《あ》りて悪《にく》まるること無《な》く、此《ここ》に在《あ》りて射《いと》はるること無《な》し。庶幾《こいねが》はくは夙夜《しゅくや》して、以《もっ》て終誉《しゅうよ》を永《なが》くせん、と。君子《くんし》未《いま》だ此《かく》の如《ごと》くならずして、蚤《つと》に天下《てんか》に誉《ほまれ》有《あ》る者《もの》は有《あ》らざるなり。

素晴らしい文章がずっと続きますが、ここまでのところを振り返ってみると、三つのことが重要だと言っています。

一つ目は、「徳」です。人間には徳がなければいけないということです。徳とは何かと言えば、一つひとつを丁寧に真心込めて行うということです。別の表現をすれば、自己の最善を他者に尽くし切ること。そうやって暮らすと、尽くした相手が「ありがとう」と言ってくれるわけです。

その「ありがとう」という言葉がこちらへ返ってきて、二人の間に感謝の人間関係が形成されます。感謝の人間関係とは、例えば私が病に臥《ふ》せったり仕事がうまくいかないで腐ったりしていると聞けば、「力づけに行ってあげるよ」「何かできることはないかな」というようなことを言っていただける。そういう関係が感謝の人間関係です。

松下幸之助さんは、業務とは徳を揮って、徳を仲立ちとした人間関係を多くつくるためのものだと言っています。私流に言えば、感謝の人間関係づくりのために業務はあるということになります。だからこそ、徳を日常生活や仕事の中で揮っていくべきなのです。

二つ目は、「位」ということです。「位についていれば」「その位になければ」というように、位ということを非常に重視しています。位には責任が生じます。したがって、根本的基準というようなものは、責任を有する人以外は発言してはいけないというのです。位が下の人が勝手に「今日からこういうふうにしよう」というようなことは言ってはいけない。つまり、責任が加味されて発令というものがあるということです。

三つ目は、「時」ということです。孔子は、自分たちが生きているのは現代なのだから、現代をまず重視して、そこに古典を活用するのがいいのだと言いました。原理原則を古典に求めるのはいいけれど、時代はどんどん前に進んで便利になるし、いろんな新しいものが出てきます。そういうものをすべて拒否して、昔ながらの生活を求めるのはよくないというわけです。水道があるのにわざわざ釣瓶《つるべ》井戸で水を汲むようなことは意味がない。もっと現代という時代を大事にするべきだということです。これは言葉を換えれば「時」が重要なのだということです。

この「徳」「位」「時」の三者がいつもバランスをとって調和されていることが重要なのだと言っているのです。それがここの冒頭の文章で一つになって語られています。

「**天下《てんか》に王《おう》たるに、三重《さんじゅう》有《あ》り。其《そ》れ過寡《あやまちすく》からんかな**」。「三重」というのが「徳」と「位」と「時」のことです。王はそれを重視して、この三者を忘れずに自分のあり方としていつもチェックしている。この三者の本質をいつも念頭に置いていれば過ちは少ない、ということです。

「**上《かみ》なる者《もの》は、善《ぜん》なりと雖《いえど》も徴《ちょう》無《な》し。徴《ちょう》無《な》ければ信《しん》ぜず、信《しん》ぜざれば民《たみ》従《したが》はず**」。この「上」とは「上代、昔」です。夏王朝とか殷王朝の時代の礼はいいと聞いているけれど、現実にそこで暮らしたことのある者は誰もいないので、善であることはわかっているけれど「徴無し」証明することはできない。実際に自分が体験してみて非常によかったとは誰も言えないわけです。したがって、証明できない。証明できなければ、信用することができない。信じられないことをやれと言われても、それは人間性が失われる行為ではないかということになり、民は従わない。それが証明できて、自分はそこで暮らして非常によかったからやってみたいというふうになって初めて信用されて、民が従うことになるということです。

これは長たる人が指示を出す場合も全く同じで、そういう手順を忘れないでくださいと暗に言っているわけです。

「下《しも》なる者《もの》は、善《ぜん》なりと雖《いえど》も尊《とうと》からず。尊《とうと》からざれば信《しん》ぜず、信《しん》ぜざれば民従《たみしたが》はず」。「下なる者」現代に近いものは、善いことであっても尊厳が足りない。現代風でチャラチャラしていて根本が見えてこないような風習であったり流行りものであったりして尊厳がない。尊厳がないと皆が信用しない。信じなければ民は従わないということです。

では、どうしたらいいのでしょうか。ここにまた君子の道というものが出てきます。**「故《ゆえ》に君子《くんし》の道《みち》は、諸《これ》を身《み》に本《もと》づけ、諸《これ》を庶民《しょみん》に徴《ちょう》し、諸《これ》を三王《さんおう》に考《かんが》へて繆《あやま》らず」**。まず君子がとるべき方法は何かというと、自分の身においてしっかりとそれを修めるということである、と。「私はそれをここ十年やってみて、このように修得してみたけれど」と言えるように、まず自分で身に修得してみる。自分でやりもしないような、あるいはほんの少しかじったぐらいではダメで、長年やってみて「これはいい」というものを下の多くの人たちに証明する。要するに、自分でやってみて初めて「これはこんないいところがある」と言って証明できるというわけです。

「諸を三王に考へて繆らず」昔の歴史上の夏・殷・周という三つの国の王がなぜそれなりにその時代をつかさどったかと言えば、これを考えて誤らなかったからだ、と。だから、君子はぜひ今言ったことをしっかりしてくださいということです。

続けてまた「**諸《これ》を天地《てんち》に建《た》てて悖《もと》らず、諸《これ》を鬼神《きじん》に質《ただ》して疑《うたがい》無《な》し**」と。「諸を天地に建てて」とは「広大無辺な天地に基づいて考えてみても」ということ。つまり、道理・道義のことです。道理・道義に基づいて考えてみても背くことがない。そういうことをまず考えなければいけない。「諸を鬼神に質して疑無し」と、「鬼神」が出てきます。前にお話ししたように、昔は「鬼」という字が今のゴッドに近い意味で使われていました。だから、鬼神とは神霊あるいは神のこと。そんな神に質して疑いないというのは、天地にうかがい、さらに神にもうかがったけど、それでいいだろうということであったということです。

「**百世《ひゃくせい》以《もっ》て聖人《せいじん》を俟《ま》つて惑《まど》はず**」。多くの代々の時世を以て聖人の行ったことを見てもそれに反しない。「**諸《これ》を鬼神《きじん》に質《ただ》して疑《うたがい》無《な》きは、天《てん》を知《し》るなり**」。神に質しても問題ないということは、天もそういう考えに基づいているのではないか。「**百世《ひゃくせい》以《もっ》て聖人《せいじん》を俟《ま》つて惑《まど》はざるは、人《ひと》**

を知《し》るなり」。これまで時代時代でずっと受け継がれてきた聖人のあり方、聖人が説いていることは、まず人の道とはなんたるかを知ることである、と。

「**是《こ》の故《ゆえ》に君子《くんし》は動《うご》いては世々《よよ》天下《てんか》の道《みち》と為《な》り、行《おこな》ひては世々《よよ》天下《てんか》の法《ほう》と為《な》り、言《い》ひては世々《よよ》天下《てんか》の則《のり》と為《な》り**」。それゆえに君子が行動して時代時代の天下の模範になり、「ああいうふうにやるのはいいね」ということがいつしか法になっていく。また、君子の発言が天下の規則になってくる。

つまり、君子がまず行動を起こす。それを皆が見て、「ああ、ああいうやり方はいいね」と言って受け入れて、天下の道になる。さらに行動をどんどん積み重ねていくと、それが法になるし、発言することが規則になるということです。

「**之《これ》に遠《とお》ざかれば則《すなわ》ち望《のぞ》む有《あ》り。之《これ》に近《ちか》づけば則《すなわ》ち厭《あ》かず**」。君子の遠くいる人にも「この人を見習っていけば間違いのない」という望みを抱かせる。近くにいる人は、そういう君子と親しむ関係になっていく。それが君子のあり方だと言っているわけです。

「**詩《し》に曰《いわ》く、彼《かしこ》に在《あ》りて悪《にく》まるること無《な》く、此《ここ》に在《あ》りて射《いて》はるること無《な》し**」。『詩経』はこう言っている。「彼」あちらにいて憎まれたり嫌われることはなく、「此」近くにいて嫌がられるということもない。「**庶幾《こいねが》はくは夙夜《しゅくや》して、以《もっ》て終誉《しゅうよ》を永《なが》くせん、と**」。「夙」とは「早朝」という意味ですから、早朝から夜に至るまでいつまでも誉れが続きますように、と言うことです。

「君子《くんし》未《いま》だ此《かく》の如《ごと》くならずして、蚤《つと》に天下《てんか》に譽《ほまれ》有《あ》る者《もの》は有《あ》らざるなり」。君子がこういう状態でないにもかかわらず、にわかに天下に誉れのある人はこれまでになかった、と。これは、長い時間をかけて自分が下の人から信用されるかどうかということがとても大切だということを暗に言っています。

それゆえに、ひと時も忘れず、「徳」と「位」と「時」という三点をいつも念頭に置いてしっかりやっていくことが重要なのだということです。

●誰でも聖人になれるチャンスはある――「仲尼は堯・舜を祖述し、文・武を憲章す」

第五段　第三節

仲尼《ちゅうじ》は堯《ぎょう》・舜《しゅん》を祖述《そじゅつ》し、文《ぶん》・武《ぶ》を憲章《けいしょう》す。上《かみ》は天《てん》の時《とき》に律《のっと》り、下《しも》は水土《すいど》に襲《よ》る。辟《たと》へば天地《てんち》は持載《じさい》せざる無《な》く、覆幬《ふとう》せざる無《な》きが如《ごと》し。辟《たと》へば四時《しいじ》の錯行《さくこう》するが如《ごと》く、日月《じつげつ》の代明《だいめい》するが如《ごと》し。萬物《ばんぶつ》竝《なら》び育《いく》して相害《あいそこな》はず、道《みち》竝《なら》び行《おこな》はれて相悖《あいもと》らず。小徳《しょうとく》は川流《せんりゅう》し、大徳《だいとく》は敦化《とんか》す。此《こ》れ天地《てんち》の大《だい》たる所以《ゆえん》なり。

最初の「**仲尼**《ちゅうじ》」は前にも出てきましたが、孔子の本名です。「子」とか「孔子」と言っていたところに「仲尼」という名前が出てくるのは、私で言えば、「先生」と言われていたのが「田口君」と言われるようなものです。どうして、急にそういう呼び方をしたのか。私の結論としては、孔子というと聖人君子として仰ぎ見てしまいますが、『論語』に「吾少《わか》くして賤《いや》し、故に鄙《ひ》事《じ》に多能なり」（子罕第九）とあるように、若いときの自分は仰ぎ見られるような存在ではなかったと告白している文章があります。つまり、われわれと同じ人間だったということを忘れないでくれ、ということを言うために、わざわざ「仲尼」という本名を使っているのではないかと思うのです。

孔子ぐらいになればわれわれのような凡人と違っていて当たり前だというのではなく、孔子もなんとか君子になろうとして聖人の学を学び、自分の本性を自覚して一所懸命発揮して、悪戦苦闘しながら自分を向上させて君子に近づいて行ったわけです。そのようにして君子になった孔子は、多くの弟子たちを指導することになり、ついに聖人という地位にまで到達した。いきなり君子になり聖人になったのではないということをぜひ知ってもらいたいという理由で、「仲尼」と言っているのだと私は思います。

皆さんも、せっかく人間に生まれてきたのだから、なんとしても君子と言われるような人間の領域に達してみようじゃないかと思うことが重要なのではないかと思うのです。私も今までいろんな達人とか、それこそ君子と出会ってきましたが、そのような皆さんは努力の人でした。自分を高めていく努力を怠りませんでした。多くの方々は自分の仕事で自分を高められていました。職業を以って高めていかれたという人ばかりです。

自分の職業を以ってということは、道元禅師が言うように、すべて修行です。すべて修行だとして生きていくということが自分を向上させる第一義だということです。まさに孔子の人生は、その典型例であると思います。

そこで「**仲尼《ちゅうじ》は堯《ぎょう》・舜《しゅん》を祖述《そじゅつ》し、文《ぶん》・武《ぶ》を憲章《けんしょう》す**」です。仲尼は堯とか舜の道を「祖述」受け継ぎ、文王の道、武王の道を「憲章」模範として生きてきた。実際、孔子は、堯はどうであったか、舜はどうだったかと、いたるところで語っています。また、文王と武王についても、こういう素晴らしい人がいたと言っています。ただ漠然と歴史的人物がこう言った、こうやったとかいうのではなくて、自分の手本として身近にぐっと引き付けて読むということをしてきたのが孔子という人です。

「**上《かみ》は天《てん》の時《とき》に律《のっと》り、下《しも》は水土《すいど》に襲《よ》る**」。そうやって生きていくうちに、とうとう高みに昇り、天と合一するような心境にまで至った、と。この「天の時に律り」とは、例えば四季の変化を自分が動かしているかのように非常に身近なものとして感じられるようになってきたというようなことを言っています。「水土に襲る」は、山、川、風土といったものを自分が作ったかのように愛しく見られるような心境に至ってきたということです。

　このように、人間も一念発起すればどんどん天に近づいていくことができるのです。『大學』の巻頭に「至善に止まる」という言葉が出てきます。あの「至善に止まる」を「至善に到達する」と読んではだめだと先人は言っています。もっとすごい善があるのだから、ここで自分は到達したと思って止まるのではなく、常に上を目指せと。ここでよしと思った瞬間に、それは善の至りではなくなるというのです。

　ここも同じで、孔子という人はもっと上、もっと上と言っているうちに、本人も知らぬ間に天のような心境になったと言っているのです。そういう人を模範にして生きていくことに人間として生まれてきた甲斐があるのではないかと言っているわけです。

「**辟《たと》へば天地《てんち》の持載《じさい》せざる無《な》く、覆幬《ふとう》せざる無《な》きが如《ごと》し**」。そういう仲尼の徳というのは、大地がすべてのものを載せ、天がすべてのものを覆っているようなものだ、と。

　さらに「**辟《たと》へば四時《しいじ》の錯行《さくこう》するが如《ごと》く、日月《じつげつ》の代明《だいめい》するが如《ごと》し**」。それは四季が順序よくやってくるようなものであり、日と月が交代でやってくるようなものである。今年は春の次に冬が来ますとか、夏の後に春が来ますということはない。春が来て、春が過ぎれば夏が来て、夏が過ぎていけば秋が来て、秋が深まれば冬となっていく。そういう四季の変化は、誰が差配しているのだろうというぐらい微妙な変化を繰り返していきます。それを何千年と規則正しくやっているわけです。また、今日も時を経れば夕方になって日没になり、お日様がなくなったなと思っていると月が出てくる。つまり、天の天地を照らす行為は、日と月が互いに助け合ってやっている。「私はこれで隠れるから今度は君だよ」といって日が隠れると月が出て、月が「もうこれで私は失礼するよ」といって隠れれば今度は日が昇ってくる。日と月が交代で、いつもこの世を照らしているわけです。そういうものはいったい誰がやっているのだろうかということです。

「**萬物《ばんぶつ》竝《なら》び育《いく》して相害《あいそこな》はず、道《みち》竝《なら》び行《おこな》はれて相悖《あいもと》らず**」。この瞬間にも地球上ではいろんなところで猛烈に数多くのものが芽を吹き、果実がなっています。もの凄い勢いで生成化育が行われています。ところが、そういうものが「相害はず」相手に被害を及ぼすようなことばかりを繰り返しているかというとそうではありません。共存共栄をしています。互いに殺し合っているのは人間ぐらいのものです。そういう意味で「道竝び行はれて相悖らず」道理・道義といったものがちゃんと失われずに守られているということです。

「**小徳《しょうとく》は川流《せんりゅう》し、大徳《だいとく》は敦化《とんか》す**」。小さな徳は川の流れのようにずっと浸透していくし、大きな徳は生成化育して本性を発揮させ、そのものの特性を生かして大きくさせていく。

「**此《こ》れ天地《てんち》の大《だい》たる所以《ゆえん》なり**」。天地というのはいかに偉大にできているか。その天地と並び称されているのが聖人です。聖人もわれわれと同じ人間に生まれました。孔子も特別な人ではありません。やるせない若いときを過ごして、しかしなんとか君子になろうと努力を続け、君子になったら今度は聖人に近づこうとして励んできた人なのです。われわれと同じ人間なのだから、われわれにもチャンスはある。そういうことを思って、このような文章も読んでいっていただきたいと思います。自分はここから何を得るのか、何を学ぶのか、これを学んで自分を向上させていこうというふうにして孔子も君子、聖人になってきたのだということをここでずっと言っているわけです。

自分は聖人君子になんかなれっこないよと思われたらここを読んで、孔子だってなれたんだから諦めることはないというふうに思っていただければいいと思うのです。

●天の働きを助ける存在になる――「天地の化育を知ると爲す」

唯天下《ただてんか》の至聖《しせい》のみ、能《よ》く聰明叡知《そうめいえいち》、以《もっ》て臨有《りんあ》るに足《た》り、寛裕溫柔《かんゆうおんじゅう》、以《もっ》て容有《ようあ》るに足《た》り、發《はっ》強剛毅《きょうごうき》、以《もっ》て執有《しゅうあ》るに足《た》り、齊荘中正《せいそうちゅうせい》、以《もっ》て敬有《けいあ》るに足《た》り、文理密察《ぶんりみっさつ》、以《もっ》て別有《べつあ》るに足《た》ると爲《な》す。溥博淵泉《ふはくえんせん》にして、時《とき》に之《これ》を出《いだ》す。溥博《ふはく》は天《てん》の如《ごと》く、淵泉《えんせん》は淵《ふち》の如《ごと》し。見《あら》はして民《たみ》敬《けい》せざるは莫《な》く、言《い》ひて民信《たみしん》ぜざるは莫《な》く、行《おこな》ひて民說《たみよろこ》ばざるは莫《な》し。是《ここ》を以《もっ》て聲名中國《せいめいちゅうごく》に洋溢《よういつ》し、施《ひ》きて蠻貊《ばんぱく》に及《およ》ぶ。舟車《しゅうしゃ》の至《いた》る所《ところ》、人力《じんりょく》の通《つう》ずる所《ところ》、天《てん》の覆《おお》

ふ所《ところ》、地《ち》の載《の》する所《ところ》、日月《じつげつ》の照《てら》す所《ところ》、霜露《そうろ》の隊《お》つる所《ところ》、凡《およ》そ血氣《けつき》有《あ》る者《もの》、尊親《そんしん》せざる莫《な》し。故《ゆえ》に天《てん》に配《はい》すと曰《い》ふ。
唯天下《ただてんか》の至誠《しせい》のみ、能《よ》く天下《てんか》の大經《たいけい》を經綸《けいりん》し、天下《てんか》の大本《たいほん》を立《た》て、天地《てんち》の化育《かいく》を知《し》ると爲《な》す。夫《そ》れ焉《いづ》くんぞ倚《かたよ》る所有《ところあ》らん。肫肫《じゅんじゅん》として其《そ》れ仁《じん》なり、淵淵《えんえん》として其《そ》れ淵《えん》なり、浩浩《こうこう》として其《そ》れ天《てん》なり。
苟《まこと》に固《もと》より聰明聖知《そうめいせいち》にして、天徳《てんとく》に達《たっ》せる者《もの》にあらざれば、其《そ》れ孰《たれ》か能《よ》く之《これ》を知《し》らん。

最初に「**唯天下《ただてんか》の至聖《しせい》のみ**」とあって、そのあとに「**聰明叡知《そうめいえいち》**」「**寛裕温柔《かんゆうおんじゅう》**」「**發强剛毅《はっきょうごうき》**」「**齊莊中正《せいそうちゅうせい》**」「**文理密察《ぶんりみっさつ》**」と、これだけの言葉が出てきます。これらは聖人の持つ特性です。最初に整理して書かれていますので、順番に見ていきましょう。

まず「**聰明叡知**」ですが、「聰」はよく聴くこと、「明」はよく見ることですから、「聰明」は鋭く見抜くということ。「叡知」は思慮深く気高く大きな知です。至聖といわれるような人物のまず持っている特性として、聡明叡知があります。そういう特性を持っていると「**以《も》て臨《りん》有《あ》るに足《た》り**」。民衆に臨んで万民を正しく治める徳がある、と。

二番目は「**寛裕溫柔**」。「寛裕」は大らかな思いやり、「溫柔」は温かさ。「**以《もっ》て容有《ようあ》るに足《た》り**」。すべてを受け入れる徳があるということです。最初の聡明叡知は物事の是非を判断するために大事な特性であり、二番目の寛裕温柔は人に接するために大事な特性です。

三番目は物事への対処として必要な特性で、「**發強剛毅**」。「發強」とは活発な実行力という意味です。「剛毅」はよく『論語』にも出てくる言葉で、意志が強く決断力があるということ。そういうものを持っていると、「**以《もっ》て執《しゅう》有《あ》るに足《た》り**」。節義を守り抜く徳があるということになります。

四番目は「**齊莊中正**」。これは読んで字の如くで、慎み深く荘重で偏りがないということ。聖人の物事を対処する態度はこうでなくてはいけないということです。そういうものを持っていると、「**以《もっ》て敬《けい》有《あ》るに足《た》り**」。民は尊敬せざるを得なくなる。

それから五番目は「**文理密察**」。「文理」とは筋道が正されて緻密で明白であること。そういうものを持っていると、「**以《もっ》て別《べつ》有《あ》る**」。物事の秩序を誤りなく分別する徳があるということです。

以上の五つを聖人の特性として挙げています。

こうやって整理してもらうと、聖人はどういう特性を持っていて、その特性が発揮されることによってどのような効果があるのかということが非常によくわかります。こういうところにも朱子が思いやりの心をもって『中庸』を再編纂したことが読み取れます。この五つは、立派な人間の持つべき要素としてぜひ覚えておいていただきたいと思います。

「溥博淵泉《ふはくえんせん》にして、時《とき》に之《これ》を出《いだ》す」とは、このような特性を非常に適切に、効果的に、ここぞというときに出すということです。溥博淵泉については、次に**「溥博《ふはく》は天《てん》の如《ごと》く、淵泉《えんせん》は淵《ふち》の如《ごと》し」**と説明されています。「溥博」とは水が広がるように遍《あまね》くという意味で、「淵泉」は深いということですから、「溥博は天の如く、淵泉は淵の如し」とは広く深いということが感じられるような人物になるということだと思います。

「見《あら》はして民敬《たみけい》せざるは莫《な》く」。そういう人間が民の上を取り仕切っていれば、民は敬うことばかりになる。**「言《い》ひて民信《たみしん》ぜざるは莫《な》く」**。そういう人間が発する指示については、信じないなんていうことは全くない。さらに、**「行《おこな》ひて民説《たみよろこ》ばざるは莫《な》し」**。そういう人の行うことについて民が喜ばないことはない、と。

ですから、企業あるいは会社、あるいは官公庁といったところのトップ、それから国で言えば国のトップといったところに位置している人は、自分が本当にこの五つの特性を忘れずに発言をし、行動をしているかということをチェックリストにすればいいと思うのです。

「是《ここ》を以《もっ》て聲名中國《せいめいちゅうごく》に洋溢《よういつ》し、施《ひ》きて蠻貊《ばんばく》に及《およ》ぶ」。「洋溢」とは、先ほどの「洋洋」という言葉と同じように、「広く満ち溢れて」という意味です。したがって、国中に声明が満ち溢れて、「施きて蠻貊に及ぶ」。「蠻貊」は未開の民族ですから、国の中だけではなく、周辺諸国にまでも名声が轟くということです。

「**舟車《しょうしゃ》の至《いた》る所《ところ》**」は舟や車で行けるところ、「**人力《じんりき》の通《つう》ずる所《ところ》**」は自分の力で人間が行けるところ、「**天《てん》の覆《おお》ふ所《ところ》、地《ち》の載《の》する所《ところ》、日月《じつげつ》の照《てら》す所《ところ》、露霜《そうろ》の隊《お》つる所《ところ》**」はこの天地の間にあるすべての場所です。「**凡《およ》そ血氣《けっき》有る者《もの》、尊親《そんしん》せざる莫《な》し**」。生きとし生けるもので聖人を親愛を持って尊敬しない者はいない。

「**故《ゆえ》に天《てん》に配《はい》すと曰《い》ふ**」。これは凄いことを言っています。「天に配す」とは天に及ぶということ。冒頭に申し上げたように、立派な人間になろうというときに、まず君子を目指すべきで、そのためには何を学ぶべきかといえば聖人の学を学ばなくてはいけない。十年、二十年、三十年と学び続けているうちに、だんだん高くに昇っていき自己向上を遂げていく。気づいたときには君子になっている。君子になったらさらにもっと厳しく自分の行動、発言をチェックする。それを続けているうちに聖人の仲間入りをする。つまり、天に合致するのです。それが「天に配す」ということです。人間はそれほど崇高なものなのですよと言っているのです。

　ですから、自分をどのように処するかということが、とても大切なものだということになります。「どうせ人間は」というような考え方を持っていればそれで終わってしまいますが、孔子のように、これでもかこれでもかと自分を引き上げていくことはとても大切だと思います。

　先だって、私はあるロンドンの機関が「人間は何を目指して生きるべきか」というテーマで開いた国際的な会にＺｏｏｍ《ズーム》で招待されました。西洋のほうの人たちの人生論や生き方を聞いていると、大富豪になるとか、自分の思い通りの生活が自分の思い通りの形でできて、欲しいものはすべて手に入ることというような、金銭・物質的な目標を挙げる人が大半でした。そこで私は、日本人は常に高い目標を持って生きてきたし、現在も生きている民族なのだということを徹底的に申し上げました。われわれ日本人は、古来より何を目指して生きているか、どのような心境に至ることを目指して生きてきたのかということをいくつかの例を引いてお話ししたところ、大きな反応がありました。日本人というのはそうなのか、高い精神性があるんだなと言っていました。

今日お話ししたところでは、まさにそのことを説いているのではないでしょうか。聖人君子の心境に至るように生きていくことが重要なのだということが今回の要点です。これを自分の生き方として採用されて人生を歩むということは、日本人が伝統的に人生論として持っている心境に至るということなのです。

心境、境地に至るというところには、究極のところ精神性のみを追求するということになっていくという凄さがあります。物質面ではそれなりに満足のいくレベルに達したとしても、そこで終わらずに、心境、境地を開拓していく。そういうところにわれわれの歴史、伝統的な営みがあるわけです。

「唯《ただ》天下《てんか》の至誠《しせい》のみ」誠の至りだけが、**「能《よ》く天下《てんか》の大經《たいけい》を經綸《けいりん》し」**。「大經」とは、この天地の間に流れている大法則です。そういうものを「經綸」修めていく。どこに修めるかというと自分の心の中に修めていく。「**天下《てんか》の大本《たいほん》を立《た》て**」天下の根本を立てて、「**天地《てんち》の化育《かいく》を知《し》ると爲《な》す**」。天というものは常に弛みなく地に対していろんなものを下ろし続けています。その最たるものが「天地の化育」です。先ほども言いましたが、この瞬間にも世界ではおびただしい数の植物が芽を吹き、動物が生まれ、成長しています。これは誰がやっているのかと言えば、すべて天がやっているわけです。その天を助ける存在になるというのが「天地の化育を知ると爲す」ということです。

私は小学校一、二年生にボランティアで講義をしていますが、そのときに『中庸』の「天の命ぜる、之を性と謂ふ」という箇所を引いて話をします。

人間が「生きとし生けるものに生まれたい」と天にお願いしたときに、天は「気楽なものになったほうがいいんじゃないか。松や梅はどうか」と言った。それに対して「いや、植物より動物がいいんです」と言うと、「それなら猫なんかいいじゃないか」と言われた。それでも「なんとしても人間に生まれたい」と思ったから、今人間として生まれているわけです。

そんなふうにして、せっかく人間に生まれたにもかかわらず、獣に近いような状態だったらどうでしょうか。それなら最初から猛禽《もうきん》に生まれたほうがよかったのです。人間に生まれたからには、目指すべき境地や心境というものがある。『中庸』を読んでいると、それを繰り返し言っていることがよくわかります。子どもたちもとてもよく理解してくれます。「天地の化育を知ると爲す」も、それを言っています。この名言は忘れないでいただきたいと思います。

「**夫《そ》れ焉《いず》くんぞ倚《かたよ》る所《ところ》有《あ》らん**」。天は「何かこれだけ」というように偏るのではなくて、あまねくエネルギーを与えてくれる。「**肫肫《じゅんじゅん》として其《そ》れ仁《じん》なり**」。その誠実極まりない姿は、それを仁と言えばこれほどの仁はない。「**淵淵《じゅんじゅん》として其《そ》れ淵《えん》なり**」。奥深さから言えば隠れたところにもちゃんと必要なものは全部手当てしてくれる。「**浩浩《こうこう》として其《そ》れ天《てん》なり**」。それは広々とした天そのものである。

「**苟《まこと》に固《もと》より聰明聖知《そうめいせいち》にして、天徳《てんとく》に達《たっ》せる者《もの》にあらざれば、其《そ》の孰《たれ》か能《よ》く之《これ》を知《し》らん**」。聡明聖知な人で天の徳に達する者になっていなければ、ぜひ天の徳に達するような者になってください、と。そうすれば今言ったことがよくわかるということです。

第五講　君子の道とは何か

——「君子の道は、闇然として而も日々に章かなり」

●「覚悟」とは「当事者意識」を持つということ

人間にとって「覚悟」ということが本当に大切です。私は三十代、四十代、それから五十代の半ばまで、二十五、六年ほど、企業などの経営アドバイス、俗に言うコンサルティングファームというものを経営していました。千社から千五百社ぐらいの会社のコンサルティングをして、現在はなんとしても続けてほしいという六社にアドバイスをしています。経験的に言うと、組織力が発揮できている会社には要所要所にしっかり覚悟ができたミドルがいて、その人が自分の周辺をしっかり統率しています。逆に言うと、業績が低迷して先行きも暗いなというようなところには覚悟のある人間がいません。したがって、そういう覚悟ができた人間を何人育てることができるかということが組織においては非常に重要なのです。ところが、覚悟ということについて説明しても、なかなか「わかりました」ということにはならないのです。そこに覚悟の特性があるように思います。

この『中庸』と兄弟関係にある典籍といえば、皆さんよくご存知の『大學』ですが、『大學』では明徳・親民・至善の三綱領と格物・致知・誠意・正心・修身・斉家・治国・平天下の八条目が語られています。この八条目の一つである「格物」は、「物にいたる」と「物にただす」というふうに朱子学と陽明学で読み方が違います。ただ言っている内容は同じで、「そのものに肉薄せよ」ということです。ものというのは万物のことですから、自分が相手にするのが人間であれば「その人に肉薄しろ」ということであり、自分が何かを作る材料として木材を扱っているとすれば「木材に肉薄せよ」ということです。

これをどう説明すればよくわかるだろうかといろいろ考えて、私は「当事者意識」という言葉に思い当たりました。いろんな組織を見てきて、この会社はなかなか難しいな、この問題はどうやれば解決するだろうかと寝る間も惜しんで考え抜いたときに、そういう会社は社員の当事者意識が薄いということに気づいたのです。「いや、それは私には関係ないよ」と言っている社員が多いのです。

何か問題が起こっても、「それは総務の問題です」「それは社長の問題でしょう」と言って、われ関せずという人が社員の大方だとすれば、問題は絶対に解決できません。ですから、当事者意識を持つ。すべての問題を自分の問題だと思うことが大事なのです。

格物というのは本来、万物全般、私に関わる問題なのだと思ってほしいわけですが、それでは広すぎるというのならば、自分の会社で起こる問題はすべて私の問題だと社員全員が思ってほしいのです。「それは人事の問題だ」「それは総務の問題だ」と言わないで、「それは私の問題だ。だから放っておけないんだ」と社員がこぞって思う。それが覚悟を決めるということなのです。

そういう覚悟が決まれば、「致知」という人間が持っている天下一品の知恵がどっと湧いてきて解決策が見出せるのです。そして、解決策が見つかれば今度は「正心誠意」で、誠意を込めて全員で実行する。そうすればどんな難問も解決できるのです。

何十年と会社を見ていると、組織は複雑なようでいてシンプルなものだとわかってきます。その最大のポイントが、社員の大方が覚悟を決めて、当事者意識を持って会社で起こる問題を引き受けるということなのです。引き受けた瞬間に、皆で知恵の限りを尽くして解決策を考え、それを全員で真心込めて実行すると解決できない問題はないのです。これは会社のみならず、家庭の問題もしかりです。覚悟は「悟りを覚ゆる」と書きますが、悟るとはそういうことです。

●立派な人は何も憂えないし何も懼れない――「君子は内に省みて疚しからず」

さあ、いよいよ今日で『中庸』を読了することになりますが、第六段第一節から読んでいくことにしましょう。

第六段　第一節

詩《し》に曰《いわ》く、錦《にしき》を衣《き》て絅《けい》を尙《こ》ふ、と。其《そ》の文《ぶん》の著《あら》はるるを惡《い》めばなり。故《ゆえ》に君子《くんし》の道《みち》は、闇然《あんぜん》として而《しか》も日々《ひび》に章《あきら》かなり。小人《しょうじん》の道《みち》は、的然《てきぜん》として而《しか》も日々《ひび》に亡《ほろ》ぶ。君子《くんし》の道《みち》は、淡《あわ》くして厭《いと》はれず、簡《かん》にして文《ぶん》あり、溫《おん》にして理《り》あり。遠《とお》きの近《ちか》きを知《し》り、風《ふう》の自《よ》るを知《し》り、微《び》の顯《けん》なるを知《し》れば、與《とも》に德《とく》に入《い》る可《べ》し。

詩《し》に云《いわ》く、潛《ひそ》み雖伏《またふく》すれども、亦孔《またはなは》だ之《こ》れ昭《あきら》かなり、と。故《ゆえ》に君子《くんし》は內《うち》に省《かえり》みて疚《やま》しからず、志《こころざし》に惡無《あくな》からしむるなり。君子《くんし》の及《およ》ぶ可《べ》からざる所《ところ》の者《もの》は、其《そ》れ唯人《ただひと》の見《み》ざる所《ところ》か。

「詩《し》に曰《いわ》く」『詩経』にこう言っているところがある、と。「詩に曰く」あるいは「書に曰く」というように四書には『詩経』や『書経』からたくさんの言葉が引用されています。したがって、四書を読み込んでいくといつの間にか五経を読んでいることになっています。こういうところをしっかり読んでおくと、今度は『詩経』や『書経』を読んだときに、「ああ、あそこにあったな」というように四書との関連性を見つけることもできるようになります。

その『詩経』に「**錦《にしき》を衣《き》て絅《けい》を尙《こ》ふ**」という章句がある、と。「錦」というのは「錦織」のことです。五色の糸で織り出した極彩色の美しい文様の生地を仕立てて、羽織などにしていました。しかし、それだけだとあまりにもけばけばしいので、ちょっと抑えたほうがいいのではないかというので「絅」という薄い衣をまとったのです。これにはいろんな説がありますが、錦を着たら必ず薄い衣を羽織って、けばけばしくならないように配慮することが必要だというとだったようです。

これは衣服のことを言っているようで、実は人間の内面と外面について言っています。外面を気にして整えることは礼儀上しっかりしなければいけませんが、それは過度に着飾るというものであってはいけない。本当の素晴らしさは外面ではなく、内面の美しさから来るものだからです。したがって、美しい人というのは男性も女性も見かけではなくて、しばらく付き合っていると、じんわりと漂ってくるような美しさがある。つまり内面というものがいかに人間にとって大切なのかということを言っているわけです。

「**其《そ》の文《ぶん》の著《あらわ》るるを悪《い》めばなり**」。この「文」は錦の綾です。錦の綾が外にどぎつく現れてきれいだろうと言っているようなものを嫌うから、そういう極彩色の派手めなものを着たときは、それを薄める意味で衣を羽織って薄めていくということです。

江戸時代も裏地に凝っていました。外側を見ると実に地味なのですが、何かのときに裏地が見えるとそれは豪奢に飾っている。そういうものが人間としての奥ゆかしさというものなのだというのです。内にある美というものが人間にとっては大切なのだということです。

こうした内面の強化というものが人間にとっては非常に重要で、次の一節はまさにそれを言っています。

「**故《ゆえ》に君子《くんし》の道《みち》は、闇《あん》然として而《しか》も日々《ひび》に章《あきらか》かなり。小人《しょうじん》の道《みち》は、的然《てきぜん》として而《しか》も日々《ひび》に亡《ほろ》ぶ**」。前回、一般の人が目指すべきは君子であると言いました。君子を目指す人が学ばなければいけないのが、君子の上に位置している聖人です。聖人のあり方、あるいは聖人が説いていることを学ぶ。そうするとどんどん君子へ近づいていくことになります。ただし、近づいてもそれで終わりではなくて、その上に聖人がいるわけですから、そこへ向かってさらに自分を鍛えていく、自分を磨いていくということがなければいけないのです。したがって、人間が己を磨くということに終わりはありません。生きている限り、ちょっとずつでいいから自分を磨いていくことになるということです。

そういう話をすると、よく誰か手本になる人を示してくれと言われます。内面の重要性を説くのなら、それを端的に表した人間を挙げてほしいというのです。これは簡単なことで、なんといっても西郷南洲です。私は西郷南洲に惚れ込んで、三十歳から三十七歳ぐらいまでの間に西郷南洲の足跡を追って、沖永良部に行ったりもしました。

どうして若い自分がそれほど西郷南洲に惚れ込んだかというと、西郷南洲と付き合ったたくさんの人が「西郷南洲と一日付き合うと一日の愛が生じる。三日会えば三日の愛が生じる。一週間付き合えば一週間の愛が生じる。付き合えば付き合うほど忘れられない人間になる。こういう人とずっと一緒にいたいなと思うようになってくる」と言っているのです。そういう話が西郷南洲の思い出話の中にふんだんに出てくるのを読んで、人間は磨くとこんなふうになるのかと関心を持つようになったのです。

高名な政治家の犬養毅《いぬかいつよし》、木堂も言っていることですが、錦江湾に月照和尚と飛び込んだ頃の西郷南洲にはまだ追いつけるし、その前の西郷にはもっと追いつけるけれど、徳之島から沖永良部に流されて帰ってきた頃はもう人間とは言えない、天の使いというような人間になって帰ってきた、と。人間というのは計り知れないもので、磨けば磨くほど魅力的になって、その人から離れ難くなるということです。人間であれば誰でもそういう可能性を持っているということを証明してくれたのが西郷南洲なのです。

ここにも「**故《ゆえ》に君子《くんし》の道《みち》は、闇然《あんぜん》として而《しか》も日々《ひび》に章《あきら》かなり**」とあります。君子というのは人目を引かないようにしていながら、一日一日と経っていくと、その人がことさら発言するわけでもないし、訓戒を垂れるわけではないけれど、何か漂ってくるものがある。余りあるような人間性、人間はこうではなければいけないというようなものが伝わってくる、と。

これは東洋リーダーシップの極致です。「放勲欽明　文思安安」という堯という人を表した言葉があります。これは要するに、自分の業績や功績は自ら語るものではないと言っているわけです。本当に心底から覚悟を決めて、日々戦いの中を潜り抜けて、今ここにようやく落ち着いた心境でいる人間は、何も言わなくても体から放たれるものがある。私も何人かそういう方にお目にかかったことがありますが、その場を去り難い、ずっと一緒にいて暮らしたいというぐらいの魅力満点な人がいるのです。決して人目を引くわけではないけれど、付き合えば付き合うほど魅力を感じて惚れ込んでしまう。男が男に惚れると言ったりしますが、そういうものなのです。

では、立派ではない人間はどうなるのかというと、**「小人《しょうじん》の道《みち》は、的然《てきぜん》として而《しか》も日々《ひび》に亡《ほろ》ぶ」**とあります。「的然」というのは、「一見輝くばかりの」という意味ですから、会った瞬間、凄い才子が来たなとか口八丁手八丁で凄いなと思うけれど、最初がピークで付き合えば付き合うほど魅力に乏しくなってくるというわけです。

こういう書物を何回も繰り返し読んでいただくと、人間を磨くとはどういうことかがわかってきます。道元禅師が言うように、人間は生きていることが修行なのだと思って、空気を吸うのも食事をするのもすべて修行だと思って生きていただきたい。私は曹洞宗の師家に、ただ生きているのと修行として生きているのとではどこがどう違うのですかと聞いたことがあります。そうすると、それは簡単なことだと言われました。つまり、一つひとつを丁寧に真心込めて行うということを念頭に置いて、例えば水を飲むのにも、これを汲んで用意してくださった方にありがとうと言って飲むというようにする。そういう一つひとつを丁寧に真心込めてやっているだけでいいんですよ、と教わりました。

まさにそれが徳を積むということです。丁寧に生きるということによって徳を積んでいく。すると本人は無意識にやっていることが、他者から見れば全部徳に感じられるようになってくるわけです。それが君子というものです。

小人のほうはそうではなくて、いかによく見せるかばかりを考えていますから、パッと会った瞬間は、これは大した人物なのではないかなと思うけれど、付き合えば付き合うほどどんどん評価が落ちていく。これは実に侘《わび》しいというか、嫌なことです。「日々に亡ぶ」というのは凄い言い方ですが、実際にそういうものなのです。

西郷南洲も最初から魅力満点の人ではなかったということがたくさん文章に残されています。最初はぼーっとした、この人はどうなのかなというような人だったそうです。中途からは体が大きいから、「あの乱暴者に会ったら避けたほうがいい」と恐れられていた。奄美大島に流されていた頃は、乱暴者が一人来て手こずったというように書いてあります。

しかし、何かに目覚めた瞬間に「これはいかん。自分を磨かなきゃいかん」と思ったのでしょう。そこから変わっていく。それがこの章句の要点だろうと思います。

「**君子《くんし》の道《みち》は、淡《あわ》くして厭《いと》はれず、簡《かん》にして文《ぶん》あり、溫《おん》にして理《り》あり**」。この「厭はれず」というのは「あきない」ということ。付き合っていてあきない。ずっと付き合っていたいと思う。

自分から「それじゃ失礼します」と言い難い。向こうが「もうそろそろお開きとしようか」と言うまでみんな帰らない。そういう人物が君子なのです。

「簡にして文あり」ということは、なんでも簡単明瞭で飾るところもないから素地が表れている。「質朴」という私が好きな言葉がありますが、質が朴訥《ぼくとつ》であって、しかし「文」何か黒光りがするようなものがある。これも何度か申し上げましたが、「文」というのは今の言葉で言えば「教養」と言っていいと思います。いろんな勉学に励んできたようなものが感じられるということです。

さらに「温にして理あり」。これは温和で温かいということです。温かい人は、行き過ぎるとぐずぐずと締まりがない人になってしまうのですがそうはならない。「理」というのは筋目がピリっとしていて「今日はこれで終わりだよ」「これはここまでだよ」というものがはっきりしている。いつまでもずるずる引きずるようなことがない。そういう人なのだと。

この「簡にして文あり、温にして理」という言い方ですが、儒家の思想が主張する目指すべき性格として、相矛盾するものを二つ並べるということがよくあります。例えば「大胆にして細心」というように。矛盾するものを一つにしています。理屈で言えば理に合わないということになりますが、それは両方とも内在できるものなのだということです。時に応じて大胆不敵なところが出るけれど、いつも大胆なだけではなくて、非常に細心な注意深いところもちゃんと持っているというような具合です。儒家の書物を開いていただきますと、こういうことがたくさん書いてありますから、それを参照していただくといいと思います。

「遠《とお》きの近《ちか》きを知《し》り、風《ふう》の自《よ》るを知《し》り、微《び》の顕《けん》なるを知《し》れば、與《とも》に徳《とく》に入《い》る可《べ》し」。「遠きの近きを知り」というのは、遠方というのもただ遠くにあるのではなくて、近いところがあるから遠方があるのだということです。簡単に言えば、遠くに見えるけれど、近いところから一歩一歩丁寧に歩いていけば、遠方に見えていたところがいつの間にか目の前にあるというふうになるということを言っているのです。西郷南洲のような人物にはとうてい及びがつかないと思っているかもしれないけれど、西郷南洲に近づこうという気持ちで毎日少しずつでも努力を重ねていれば、いつしか隣に並んでいる自分を発見することができるかもしれないし、それを自覚できるかもしれないと言っているわけです。

「風の自るを知り」というのは、風格というものも自分自身がしっかり身に付けていこうと思うところから始まるのだ、ということです。「微の顕なるを知れば」は、徳というのは微妙なものだから自分では一所懸命尽くしたつもりでも周りにはあまり気づいてもらえない。しかし、それを繰り返しているうちに、やがて徳の持ち主であることが周りの人にもわかってくる。そうなると、その人のやることなすことすべてが徳に満ちているなというように見られるようになる。だから、最初はささやかだけれど、そのうちにはっきりしてくるということです。「顕」

とは「はっきり」ということです。「**與《とも》に徳《とく》に入《い》る可《べ》し**」。そういうふうにして特に入っていくことができる、というわけです。

要するに、徳というようなものも、今は遠く見えたとしても、やればやるほど近づいていって、ついには自分のものになると言っているのです。

「**詩《し》に云《いわ》く、潜《ひそ》み雖伏《またふく》すれども、亦孔《またはなは》だ之《こ》れ昭《あきら》かなり、と**」。自分では隠れていてあまりはっきり自覚ができない。つまり、自分は徳のあふれた人間だとは本人が思うようにはなかなかならない。しかし、そんなことは置いておいて、一つひとつ丁寧に真心を込めて生活をしていくと、いつの間にか「あなたは徳がある人だなぁ」と言われるようになる、ということです。「亦孔だ之れ昭かなり」。いつの間にか明らかになってくる、というのが人間の凄さです。

「**故《ゆえ》に君子《くんし》は内《うち》に省《かえり》みて疚《やま》しからず**」。この言葉にピンと来た方も多かろうと思いますが、『論語』に有名な言葉があります。司馬牛という弟子が「先生、立派な人物とはどういう人なのでしょうか」と君子について問いました。すると孔子は、「それは憂えも懼れもない人だ」と答えました。憂えというのは心配事、懼れというのは自分がいままでしてきたことの一つが明らかになってしまうと困るなというような懼れです。君子にはそういうものがない、ただそれだけだと孔子は言っているわけです。だから、とても簡単なことだよと言っているわけです。それに対して司馬牛は「そのぐらいのもので君子になれるのですか」と言います。そこで孔子が言ったのが「内を省みて疚《やま》しからざれば、夫れ何をか憂え何をか懼れん」という言葉です。内省して疚しいことがなければ憂えることも懼れることもない。したがって、疚しいことだけは絶対にやらないようにする。これだけを守れば、それだけで君子になれるということなのです。

欲のおもむくままに振る舞い、自分でブレーキをかけることができずに、ついうっかり疚しいことをしてしまうと、それが気になってしまう。今風に言えば、週刊誌に出てしまうのではないかとおどおどしてしまう。それは非常にもったいない。ですから私は、これから役員として頑張りますという人には必ずこの言葉を書いて、ぜひ疚しいことだけはやってくれるなということをお話しするのです。

これぐらいならいいだろうと思ってしたことによって君子の道から後退してしまうというのは、コストが高すぎます。だから、特に若い人には必ず言っておかなければいけないと思います。朱子は、そういう重要な章句をここに移し替えて採用してくれているわけです。

「**志《こころざし》に悪無《あくな》からしむるなり**」。人間は、こういう人間になろうとか天命に従って使命を果たそうという志を持つことが大事なのです。志には大きな志から小さな志まであっていいわけで、自分の周りの人間を幸せにしようというのもとても大切な志です。天下国家を掲げるだけが志ではないということです。「一隅を照らす」という志も素晴らしい志です。なぜなら、皆がそう思ったら全国が明るくなるからです。そういう志に傷をつけないようにするというのが「志に悪無からしむるなり」ということです。志に私利私欲のようなもの、ちょっとでも疚しいものが入ってしまうと、うまく進んでいかないということです。

「君子《くんし》の及《およ》ぶ可《べ》からざる所《ところ》の者《もの》は、其《そ》れ唯人《ただひと》の見《み》ざる所《ところ》か」。君子といっても最初から君子だったわけではありません。凡人だった人が一所懸命自分を鍛えて君子になったのです。そういう君子になった人を凡人から見て、「自分にはなかなか及ぶことができない」というようなことはどこに表れるかというと、それは外から見えないところである、と。つまり、君子は隠れているところが優れているということです。

それは見えないからなかなか認めてもらえないところなのですが、十年、二十年とそれを心がけてやっていれば、やがて自分ではよくわからないけれど周りの人が慕ってきてくれるような人間になってくるわけです。ここも素晴らしいことが書いてあります。

●君子の存在感――「君子は動かずして而も敬せられ、言はずして而も信ぜらる」

第二節に入りましょう。

第六段　第二節

詩《し》に云《いわ》く、爾《なんじ》の室《しつ》に在《あ》るを相《み》るに、尚《こいねが》はくは屋漏《おくろう》に愧《は》ぢざれ、と。故《ゆえ》に君子《くんし》は動《うご》かずして而《しか》も敬《けい》せられ、言《い》はずして而《しか》も信《しん》ぜらる。

詩《し》に曰《いわ》く、奏假《そうか》すること言無《げんな》きも、時《こ》れ争《いさかい》有《あ》ること靡《な》し、と。是《こ》の故《ゆえ》に君子《くんし》は賞《しょう》せずして而《しか》も民勸《たみよろこ》び、怒《いか》らずして而《しか》も民鈇鉞《たみふえつ》より威《おそ》る。

詩《し》に曰《いわ》く、不顯《ひけん》なるかな惟《こ》れ徳《とく》、百辟《ひゃくへき》其《そ》れ之《これ》に刑《のっと》る、と。是《こ》の故《ゆえ》に君子《くんし》は篤恭《とくきょう》にして而《しか》も天下平《てんかたいら》かなり。


「詩《し》に云《いわ》く」『詩経』にこのようにある。**「爾《なんじ》の室《しつ》に在《あ》るを相《み》るに、尚《こいねが》はくは屋漏《おくろう》に愧《は》ぢざれ、と」**。これも重要なことを言っています。あなたが部屋に一人でいるときにぜひ心がけていただかなければいけないことがある、というわけです。「屋漏」というのは西北の隅のことで、これは神棚が置かれている場所。神様の出入りの方角が西北なので、神棚は西北の隅に置くということになっています。そこに自分が一人でいても恥じないようにしてほしい、と。神様はいつも見ているよ、お天道様はいつも見ているよ、という日本の教育と同じことを言っているわけです。

「愧ぢざれ」とは、直接的に言葉としては出てきませんが、これは「慎独」つまり独りのときを慎むということを言っています。「慎独」の内訳は『大學』の中に非常に細かく出ていますが、要するに「小人閑居して不善を爲す」ということを言っているわけです。立派でない人は一人のときにいろんな醜いことをするものなのだ、と。したがって、人間を立派にしようとするのなら、一人のときにどう自分を制御するかにかかっている。人間を立派にしようとすればするほど、独りのときを慎むことが重要なのだということです。それを江戸の幼年教育では、子供が父親、祖父、周りにいる町内の長老などの所へ行って素読をするときに厳しく言われたのです。

独りのときにそれなりに醜くないようにというのは、人がパッと入ってきたときに、いちいち居住まいを正して「そんなことはしていませんよ」と言うようなことがないようにということです。別にネクタイをして正座していなければいけないということではありません。要するに人に見せられないようなことはするなということです。そういうことをしていると、いつしか内面が汚れてきてしまうというわけです。

人間には肺肝を通すように内臓を見通してしまうぐらいの眼力がある人はたくさんいますから、上辺で紳士淑女のように振る舞っていてもいつかボロが出てしまいます。だから、根本的に自分をよくしようと思ったら、独りのときを慎む鍛錬をすることが大事なのです。

「**故**《ゆえ》**に君子**《くんし》**は動**《うご》**かずして而**《しか》**も敬**《けい》**せられ、言**《い》**はずして而**《しか》**も信**《しん》**ぜらる**」と。江戸時代には慎独・立腰・克己という三つの自己鍛錬法があるという話をしましたが、こういったことをしっかり身につけると、座っているだけでも尊敬されて、何も言わなくても多くの言動を発したのと同じぐらいの効果を及ぼすことができるというのです。その人から発せられるものがあって、「あ、これはいいことなんだな」「これはだめなんだな」ということが周りの人に自然と伝わっていくわけです。

私は日本を代表する経営者の方々とずいぶん長い間お付き合いさせていただきました。例えば、土光敏夫さんには随分お世話になったのですが、土光さんという人は社員の会議があるというと音も立てずに会議室に入ってきて、一番後ろの目立たないところに座って黙って話を聞いておられました。しかし、あとで社員の方に聞いてみると、なんとなく気になって後ろを見ると土光さんが座っているというわけです。

そして、土光さんが座っているというだけで、全員が一所懸命を込めて話すし、土光さんが「うーん」と言って首を縦に振ると、こういうことが重要なのだなとわかる。土光さんはそのまま何も言わずに出て行かれることが多かったそうですが、非常に緻密な会議になるのだというお話を聞きました。盛田昭夫さんもそうですし、挙げれば切りがないのですが、そういう人たちは皆、何も言わなくても百万語を費やしたのと同じくらいの指導力があったのです。

「詩《し》に曰《いわ》く、奏《そう》假《か》すること言《げん》無《な》きも、時《こ》れ、争《いさかい》有《あ》ること靡《な》し、と」。「奏假」というのは神からの指導、訓戒。神からの言葉というのは当然ありませんが、「争有ること靡し」争うものはない、と。神の言葉のように感じられたことは素直に聞くことが重要である、ということです。人間は天が「自分の代わりを務めてくれ」と地に下したものなのですから、そもそも英知に富んだ動物なのです。

したがって、「ああ、神がこう言っているな。天がこう言っているな」と自分が思ったことは間違いないので、それを信じて実行することが重要だということです。

「是《こ》の故《ゆえ》に君《くん》子《し》は賞《しょう》せずして而《しか》も民《たみ》勧《よろこ》び」。いちいち賞金をあげるようなことをしなくても、この人に喜んでもらえばそれで充分ですという人がいるということなのです。名経営者がトップにいる集団もそうですし、相撲部屋でも名力士と謳われた名横綱が親方のところもそうです。あの社長に褒めてもらいたい、あの親方に褒めてもらいたい。それだけで充分だと言って、みんなが一所懸命頑張る。「ああ、いいじゃないか」という一言で一日が楽しくなる。そういうものなのです。

「怒《いか》らずして而《しか》も民《たみ》鈇《ふ》鉞《えつ》」。「鈇鉞」とは大きな鉞と斧です。これは打ち首、死罪を表しています。だから、君子がいれば死罪なんて言わなくても、民は規則を守るようになるということを言っています。人間というのは全人格的人間力というものを持っています。そういうものをフルに活用すれば、自分の思い通りに組織は動くのです。それを前提に考えてくれということです。

「詩《し》に曰《いわ》く、不顕《ひけん》なるかな惟《こ》れ徳《とく》」。徳というのは簡単に輝いてみんなが見ることのできるものではないので、何度も揮わなくてはいけない、ということです。**「百辟《ひゃくへき》其《そ》れ之《これ》に刑《のっと》る、と」**。多くの諸侯、つまり多くの部下がいちいち刑罰を定めなくても、期待に応えたいといって生きている。**「是《こ》の故《ゆえ》に君子《くんし》は篤恭《とくきょう》にして而《しか》も天下《てんか》平《たいら》かなり」**。だから、君子が己を篤く恭しくすればするほど天下が治まっていくのだ、と。

これが本当の徳治政治のあり方です。こういうものを目指していかなければいけないのです。

●徳を揮うことは誰にでもできる――「徳の輶きこと毛の如し」

さあ、いよいよ『中庸』本文の最後、第三節を読んでいきます。

第六段　第三節

■詩《し》に曰《いわ》く、予《よ》は明徳《めいとく》に懐《よ》る。聲《こえ》と色《いろ》とを大《だい》にせず、と。子曰《しいわ》く、聲色《せいしょく》の以《もっ》て民《たみ》を化《か》するに

於《お》けるや、末《すえ》なり、と。詩《し》に曰《いわ》く、徳《とく》の輶《かろ》きこと毛《け》の如《ごと》し、と。毛《け》は猶《な》ほ倫《りん》有《あ》り。上天《じょうてん》の載《さい》は、聲《こえ》も無《な》く臭《におい》も無《な》し、と。至《いた》れり。

見事な文章です。「**詩《し》に曰《いわ》く**」とあるように、ここも『詩経』からの引用です。「**詩《し》に曰《いわ》く、予《よ》は明徳《めいとく》に懐《よ》る。聲《こえ》と色《いろ》とを大《だい》にせず、と**」。『詩経』にこういう言葉がある。「予」というのは「天」のことで、これは「上帝」とも言うし「天帝」とも言います。天は明徳のみを頼りにする。だから、ぜひ人間として明徳を揮ってくれというのが天の何よりの要望であるということです。「聲と色とを大にせず」というのは、声や表情を抑えるということ。何か命令しても部下が聞かないとだんだん声が大きくなってしまいますが、命令に従わせるのに大きな声を頼りにしてはいけないというわけです。「色」は顔色のことで、ここでは怒り心頭の怖い顔をすること。そういう声とか顔の表情で勝負をしてはいけない。それを早くやめて明徳で抑えていくというのが理想だよということです。

しかし、そんなことは簡単にはできません。十年、二十年、三十年と続ける必要があります。しかし、それができた暁には理想的な治世がやってくるというのです。「**子曰《しいわ》く、聲色《せいしょく》の以《もっ》て民《たみ》を化《か》するに於《お》けるや、末《すえ》なり、と**」。声の大きさとか怖い顔をするというような表面的なことで国民を左右する政治というのは本末転倒だと言っています。

「**詩《し》に曰《いわ》く、徳《とく》の輶《かろ》きこと毛《け》の如《ごと》し、と**」。徳というものは見えないものですが、それを揮おうと思えば誰にでもできるのです。それは学ばなければだめだとか、免許がないとだめとか、資格が必要だとかそういうものではありません。その気になって、ただひたすら一つひとつを丁寧に真心込めて毎日繰り返すだけでいいのです。したがって、「輶きこと毛の如し」とても軽くて羽毛のようにふわっとしているものだ、と。

「**毛《け》は猶《な》ほ倫《りん》有《あ》り**」。しかし、そのときの軽さの中には「倫」がある。「倫」とは前回もお話ししましたが、「合」という字の上の部分と「冊」という字からできています。だから、ばらばらの紙を整えるという意味があります。要するに、人間を整えていくということです。倫理というのはそもそもそういう意味です。人間としてあるべき姿に整えて、理想に近づけていくということです。

「**上天《じょうてん》の載《さい》は、聲《こえ》も無《な》く臭《におい》も無《な》し、と**」。天の仕業には声もないし臭いもしない。天が怒鳴り散らしたりすることはないし、いい匂いがするとか悪い臭いがするということもない。天は何も表示しないけれど、言葉に出して表現すればここでお話ししてきた通りである、ということです。こんなにも天がわれわれにメッセージを送ってくれているのだから、ぜひ天の天意を自分のものとして理解して、それで守り、少しでも実行していってほしいと言っているのです。

「**至れり**」。それで充分だ、他に何もいらない、それだけをやってくださいということです。この「至れり」で終わるのは見事です。

以上、『中庸』全巻を読了いたしました。言うは易し行うは難しで『中庸』を全部完璧に読了しましたという人はいるようでいません。ですから、皆さんは素晴らしい経験をしたことになります。大変おめでとうございました。

●『中庸』の成り立ち――「子思子、道學の其の傳を失はんことを憂へて作れるなり」

ここからは『中庸章句序』というものを読みたいと思います。『大學』にも『大學章句』というものがありますが、章句を読むといろんな発見があります。つまり、本文を補って余りあるぐらいの配慮がこの章句に込められているのです。特に「章句序」は朱子の肉声を感じられる文章になっています。朱子がどういう人なのかということもなんとなく伝わってきます。

それではまず文章から読んでいきたいのですが、皆さんに知っていただきたいのは、『中庸』の本文と朱子の文章の若干のニュアンスの違いです。そういうものを感じ取っていただくと、朱子という人がとてもよく理解できるようになります。

中庸章句序

中庸《ちゅうよう》は何《なん》の爲《ため》に作《つく》れるや。子思子《ししし》、道學《どうがく》の其《そ》の傳《でん》を失《うしな》はんこと憂《うれ》へて作《つく》れるなり。蓋《けだ》し上古《じょうこ》の聖神《せいしん》、天《てん》に繼《つ》いで極《きょく》を立《た》てしより、道統《どうとう》の傳《でん》は自《よ》つ來《きた》る有《あ》り。其《そ》の經《けい》に見《み》ゆる（もの）は、則《すなわ》ち允《まこと》に厥《そ》の中《ちゅう》を執《と》れとは、堯《ぎょう》の舜《しゅん》に授《さず》くる所以《ゆえん》なり。人心《じんしん》は惟《こ》れ危《あやう》く、道心《どうしん》は惟《こ》れ微《び》なり。惟《こ》れ精《せい》に惟《こ》れ一《いつ》にして、允《まこと》に厥《そ》の中《ちゅう》を執《と》れとは、舜《しゅん》の禹《う》に授《さず》くる所以《ゆえん》なり。堯《ぎょう》の一言《いちげん》は、至《いた》れり、盡《つ》くせり。而《しか》して舜《しゅん》の復之《またこれ》を益《ま》すに三言《さんげん》を以《もっ》てする者《もの》は、則《すなわ》ち堯《ぎょう》の一言《いちげん》は、必《かなら》ず是《かく》の如《ごと》くにして而《しか》る後《のち》庶幾《しょき》す可《べ》きを明《あきら》かにする所以《ゆえん》なり。

まず「**中庸《ちゅうよう》は何《なん》の爲《ため》に作《つく》れるや**」。『中庸』はなんのために作ったか、と。『中庸』は最初、孔子の孫の子思が作りました。『礼記』の中にある「中庸」という編から引っ張ってきて独立させたわけです。それを孟子が非常に大切に思い、さらに孔子の高弟である曾子がとても大切に思いました。曾子は孔子が亡くなったあと、孔子と同じように自分の学び舎を作りました。この曾子の学び舎にも三千名ぐらいの弟子がいたとされています。そこで曾子は『中庸』あるいは『大學』という『礼記』から独立させたものを特別に尊重して教授しました。

そのため、曾子の系統に連なって『中庸』が語り継がれてきたのですが、秦の時代になると始皇帝が焚書坑儒《ふんしょこうじゅ》を行いました。秦の始皇帝は法家の思想を国造りの基本にしましたから、一番厄介な儒家は廃すと言って、儒家にまつわる書物はすべて燃やしてしまったわけです。それだけでなく、儒者は全員穴埋めにしました。それほど敵視されて、儒教の書物はすべて失われてしまったのですが、孔子の一家などは自分の家の壁の中に書物を隠して壁に塗り込んで、失われるのを防ぎました。それぞれの儒家がそうやって助けてきたものが漢の時代になると復活してきました。特に後漢は儒家の思想を国是としたため、儒教は返り咲きました。しかし、後漢から今度は三国志の時代に移っていくにつれて世の中が混乱し、これらの書物も散逸することになりました。

そして、九〇〇年代半ばぐらいから宋の時代が始まります。北宋から南宋になっていくわけですが、その南宋に一一〇〇年代に生まれたのが朱子（一一三〇〜一二〇〇）です。朱子は散逸してバラバラになっていた四書を集め、語句の矛盾などを全部見直して注釈書を作りました。そのときにこの『中庸』も再編集したわけです。ですから、この『中庸』の半分ぐらいには朱子の考えが入り込んでいると言っていいと思います。朱子学が『中庸』『大學』を特に大切にしているのは、そういう理由があります。

そこでまず『中庸』はなんのために作ったのかということです。これは『中庸』という本の原点はどこにあるのか、根本はどこにあるのかということをよく知ってほしいという朱子の思いから発した言葉と言っていいでしょう。

「子思子《ししし》、道學《どうがく》の其《そ》の傳《でん》を失《うしな》はんことを憂《うれ》へて作《つく》れるなり」。子思子というのは子思先生ということです。あえて「道學」と言っているところが朱子らしいと思います。というのは、宋になってからまとめられた儒家の思想を主に「道學」と言っているからです。そういう意味では、「道學」とは朱子自身の「私の学」、朱子学と言ってもいいのです。私の学、朱子学は当然、孔子、孟子から流れてきているものです。そういうふうに伝わってきたものを失ってはいけない。こんな貴重なことが書いてあるのに後学の方々が読めないということがあってはならないと子思先生が思って、この『中庸』をまとめてくれたのである、と。だから感謝して読んでくれと言わんばかりに書いてあるわけです。

「蓋《けだ》し上古《じょうこ》の聖神《せいしん》、天《てん》に繼《つ》いで極《きょく》を立《た》てしより、道統《どうとう》の傳《でん》は自《よ》つて來《きた》る有《あ》り」。つまり大昔の聖人、あるいは聖人と言われた堯とか舜という国王たちは天の道を受け継いで人間が最も守らなければいけないこと、大切にしなければいけないことを確立してくれた。道学の伝統の淵源《えんげん》はそこにあるのですよ、と。

「其《そ》の經《けい》に見《み》ゆる（もの）は、則《すなわ》ち允《まこと》に厥《そ》の中《ちゅう》を執《と》れとは、堯《ぎょう》の舜《しゅん》に授《さず》くる所以《ゆえん》なり」。「經」

経典、要するに四書五経に「見ゆる（もの）は、則ち允に厥の中を執れとは」とあります。これは『書経』などを読むと度々出てくる重要な言葉ですが、これは堯が舜に授けたものである、と言っています。

堯が自分の次に国を継いでくれる人間を探して、この人がいいと言って選定したのが虞舜という名もない青年でした。虞舜は過酷な家庭の中をよく取り仕切って自分をつくってきた人で、「あそこに虞舜という孝行息子がいる」という評判を聞きつけたある人が「候補として虞舜はいかがでしょうか」と堯に具申したのです。すると堯は「私も名前は知っている」と言いました。このあらましは『書経』に詳細に書かれていますが、堯が舜にトップのバトンを渡すときに「これだけは忘れてくれるな」と言ったのが、「允に厥の中を執れ」という言葉です。これは「治世の根本は偏りがあってはいけないのだ」ということを言っています。人間には偏りというのがたくさんありますが、トップに立つ人間が決しておかしてはいけない偏りは好き嫌いです。A君は好きだけれどB君は嫌いというようなことで判断するのは断じて良くないということです。

それから堯は、国の中で一番目をかけてあげなければいけない人間は誰なのかということを決めていました。これは「孤寡不穀」であると。「孤」は孤児、「寡」は連れ合いを亡くしたご夫婦の片方、「不穀」とは自分で働いて暮らせない人です。これらの人は一番に助けてあげなければいけない。政治の務めはこれらの人を助けてあげることだと言いました。それをしないで全く違う観点から力を注いでいくというのは政治の偏りであり、国が亡びるのも治世がうまく行かないのも、全部偏りがあるからだというのです。

会社の経営者でも、何よりも自分を律していかなければいけないのは「偏らない」ということです。予算の配分から人事から、すべてにおいて偏ってはいけないのです。

そう言われた舜は、次に自分が禹に禅譲するときにこんなふうに言いました。**「人心《じんしん》は惟《これ》危《あやう》く、道心《どうしん》は惟《こ》れ微《び》なり。惟《こ》れ精《せい》に惟《こ》れ一《いっ》にして、允《まこと》に厥《そ》の中《ちゅう》を執《と》れ」**と。「允に厥の中を執れ」は堯が言ったのと同じですが、その前に「人心は惟れ危く、道心は惟れ微なり。惟れ精に惟れ一にして」という堯が言わなかった言葉が加わっています。**「舜《しゅん》の禹《う》に授《さず》くる所以《ゆえん》なり」**、それを禹に授けたわけです。

「堯《ぎょう》の一言《いちげん》は至《いた》れり、盡《つ》くせり」。堯が言った「允にその中を執れ」という一言だけで十分だ、「至れり、盡くせり」だと。

「而《しか》して舜《しゅん》の復之《またこれ》を益《ま》すに三言《さんげん》を以《もっ》てする者《もの》は、則《すなわ》ち堯《ぎょう》の一言《いちげん》は、必《かなら》ず是《かく》の如《ごと》くにして而《しか》る後《のち》庶幾《しょき》す可《べ》きを明《あきら》かにする所以《ゆえん》なり」。「至れり、盡くせり」という言葉に対して、なぜ舜は三つもの言葉を足したのかというと、あまりにも堯の一言が重要だから、必ずこの一言が守られ、忘れられることなく重視されていかなければならない。だから、これらが必ず行われるように三言を加えたのだというのです。

●欲望をコントロールする——「一とは則ち其の本心の正を守つて離さざるなり」

その三言を加えたことについての解説が次に丁寧に書かれています。

蓋《けだ》し嘗《こころ》みに之《これ》を論《ろん》ぜん。心《こころ》の虚靈《きょれい》なる知覺《ちかく》は、一《いっ》のみ。而《しか》るに以《もっ》て人心《じんしん》・道心《どうしん》の異《ことなり》有《あ》りと爲《な》す者《もの》は、則《すなわ》ち其《そ》の或《あるい》は形氣《けいき》の私《わたくし》に生《しょう》じ、或《あるい》は性命《せいめい》の正《せい》に原《もと》づくを以《もっ》てして、知覺《ちかく》を爲《な》す所以《ゆえん》の者同《ものおな》じからず。是《ここ》を以《もっ》て或《あるい》は危殆《きたい》にして安《やす》からず、或《あるい》は微妙《びみょう》にして見難《みがた》きのみ。然《しか》れども人《ひと》は是《こ》の形《かたち》有《あ》らざるは莫《な》し、故《ゆえ》に上智《じょうち》と雖《いえど》も、人心《じんしん》無《な》き能《あた》はず。亦是《またこ》の性《せい》有《あ》らざる莫《な》し、故《ゆえ》に下愚《かぐ》と雖《いえど》も、道心《どうしん》無《な》き能《あた》はず。二者《にしゃ》、方寸《ほうすん》の間《かん》に雜《まじ》はりて、之《これ》を治《おさ》むる所以《ゆえん》を知《し》らざれば、則《すなわ》ち危《あやう》き者《もの》は愈ゝ危《いよいよあやう》く、微《び》なる者《もの》は愈々微《いよいよび》にして、天理《てんり》の公《こう》、卒《つい》に以《もっ》て夫《か》の人《じん》欲《よく》の私《わたくし》に勝《か》つ無《な》し。精《せい》とは則《すなわ》ち夫《か》の二者《にしゃ》の間《かん》を察《さっ》して雜《まじ》へざるなり。一《いっ》とは則《すなわ》ち其《そ》の本心《ほんしん》の正《せい》を守《まも》つて離《はな》さざるなり。斯《ここ》に從事《じゅうじ》して、少《いささ》かも間斷《かんだん》無《な》く、必《かなら》ず道心《どうしん》をして常《つね》に一身《いっしん》の主《しゅ》と爲《な》りて、人心《じんしん》をして毎《つね》に命《めい》を聽《き》かしむれば、則《すなは》ち危《あやう》き者《もの》も安く、微《び》なる者《もの》も著《あら》はれて、動靜云爲《どうせいいんい》、自《おのずか》ら過不及《かふきゅう》の差《たがい》無《な》し。

まず「**蓋《けだ》し嘗《こころ》みに之《これ》を論《ろん》ぜん**」。とりあえず説明をしようじゃないか、ということです。「**心《こころ》の虚靈《きょれい》なる知覺《ちかく》は、一《いつ》のみ**」。心が二つあるということはない。心というものは一つなのだよ、と。その一つの心は「虚霊なる知覚」空っぽで霊妙な知覚の働きをする。そういうものが本来の心というものなのだ、と。心がいっぱいというのは、自分がいろんなことを思っていっぱいにしているのだというわけです。

この「心は一つ」ということを前提に説明をするということになっていきます。

「**而《しか》るに以《もっ》て人心《じんしん》・道心《どうしん》の異《ことなり》有《あ》りと爲《な》す者《もの》は、則《すなわ》ち其《そ》の或《あるい》は形氣《けいき》の私《わたくし》に生《しょう》じ、或《あるい》は性命《せいめい》の正《せい》に原《もと》づくを以《もっ》てして、知覺《ちかく》を爲《な》す所以《ゆえん》の者《もの》同《おな》じからず**」。しかし、一つだと言っているにもかかわらず、朱子は人心と道心、つまり人の心と道理・道義に基づいた心、道心があって、それは「**異《ことなり》有《あ》りと爲《な》す**」、つまり違うものとして二つあると言っています。これはどういうことかというと、「**形氣《けいき》の私《わたくし》に生《しょう》じ**」。形の原理である気によって人間の身体はできているのだ、と。気が一体化して体はできていて、死ぬと気が散じるので形はできない。その気から私心とか私利私欲、あるいは人心と言ったものが生まれてくるというわけです。

一方、『中庸』でずっと言ってきたように、「天の命ぜる、之を性と謂ふ」ということで、厄介な人間に生まれるときに天が「これを持って行きなさい」と言ってわれわれに与えてくれた本性というものがある。この本性は、ここに「或いは性命の正に原づくを以てして」と書かれているもので、これこそが道心なのです。つまり、天はわれわれに道心を持たせてくれたわけです。もっと具体的に言えば、仁・義・礼・智の四徳を持たせてくれたわけです。これを本性というのだと朱子は言ったのです。

そういう道心だけがあって形がなければ問題ないのですが、人間は形がなければこの世で生活できませんから、どうしても私という形を作らなければならなかった。そのときに、私心、私利私欲、人心といったものを持ってしまうわけです。しかし同時に、天が渡してくれた道心も持っているというのが人間なのですよと言っているわけです。

だから「**知覚《ちかく》を為《な》す所以《ゆえん》の者同《ものおな》じからず**」。知覚の部分、何を感じるかという点で言えば、同じではない。二通りの心が二通りの異なったものを感ずる。道心というのは先の「虚靈」というものが非常に強く表れたものですが、人心は腹が減れば何か食べたいとか、金を見ればたくさんほしいという私心や私利私欲を持ってしまうのです。

「**是《こ》を以《もっ》て或《あるい》は危殆《きたい》にして安《やす》からず、或《あるい》は微妙《びみょう》にして見難《みがた》きのみ**」。だから危険で安心することはできない。つまり、「是を以て或は危殆にして安からず」というのは人心のことを言っていて、それは常に危うい心なのだと言うわけです。自分を欲望のほうへ連れ去ってしまう、そういう危うく安心できないものなのだ、と。一方、「或は微妙にして見難きのみ」は道心のことを言っています。道心は天が授けてくれたものだからとてもいいものなのですが、とても微妙だから忘れがちになってしまう。「見難きのみ」とは、見えにくいということです。

「**然《しか》れども人《ひと》は是《こ》の形《かたち》有《あ》らざるは莫《な》し**」。しかし形がなければいけないから、どうしても二つの心を持ってしまうことになる。

「**故《ゆえ》に上智《じょうち》と雖《いえど》も、人心《じんしん》無《な》きに能《あた》はず**」。ものすごく頭のいい、すべてがよくわかった人といえども、私は人心はいらないから道心だけにしてくれませんかということにはならないのです。どんなに優秀で、それこそ生まれながらにして君子に近い人でも、人心というものをいらないというわけにはいかない。そういう立派な人でも私利私欲というものは持たざるを得ないのだということです。

「**亦《また》是《こ》の性《せい》有《あ》らざる莫《な》し、故《ゆえ》に下愚《かぐ》と雖《いえど》も、道心《どうしん》無《な》き能《あた》はず**」。その一方で、本性というものがない人はいません。したがって「私は道心なんかいらない、人心だけで欲望のままに生きたいんだ」という愚かな人といえども、ちゃんと道心は与えられているのです。

だから、どんな人間でも人心と道心の両方を持っていることをよく知ってくださいということです。

「**二者《にしゃ》、方寸《ほうすん》の間《かん》に雑《まじ》はりて、之《これ》を治《おさ》むる所以《ゆえん》を知《し》らざれば、則《すなわ》ち危《あやう》き者は愈々危《いよいよあやう》く、微《び》なる者《もの》は愈々微《いよいよび》にして、天理《てんり》の公《こう》、卒《つい》に以《もっ》て夫《か》の人欲《じんよく》の私《わたくし》に勝《か》つ無《な》し**」。この二つの心は狭い心の中に折り重なるようにして存在している。別々に遠いところにあるならばやり方もあるけれど、そうではない。どこにあるんですかと言われても、ここにあると言えないぐらい狭いところに混じり合っているのです。

　したがって、この二つの心を自分の思い通りにコントロールする方法を知らなければ、危うい人は人心のほうに引っ張られて行くのでますます危うくなってしまうし、道心がそこで出てくれなければいけないといっても、これは微かなものなのでますます微かになってしまって、天に基づく公正さというのもここには応用できない。どうしても人心という人欲のほうが強くて、自分を全部引っ張って行ってしまうことになる、ということなのです。

「精《せい》とは則《すなわ》ち夫《か》の二者《にしゃ》の間《かん》を察《さっ》して雑《まじ》へざるなり。一《いつ》とは則《すなわ》ち其《そ》の本心《ほんしん》の正《せい》を守《まも》つて離《はな》さざるなり」。先ほどの堯の一言に舜が加えた三つの言葉を見ていただきたいのですが、そこに何が加わったのかというと、まず「人心は惟れ危く」という言葉があります。つまり、舜は禹に「人心というものは自分を危うく、人間を危険にしてしまうものなんだよ。だから人心は要注意だよ」ということを付け加えたのです。それから二つ目に「道心、惟れ微なり」と言いました。「道心は微かなものだから、微かなものとして扱ってほしい」と言ったのです。そして三つ目に「惟れ精に、惟れ一にして」と続きます。ここに「精」が出てきます。

　精とは何かをお話しする前に、余談ですがお話しすると、内憂外患の幕末の日本を救ったのは平均年齢三十歳の下級武士たちでした。彼らはほとんどが佐藤一斎の直弟子か孫弟子か、またその弟子でした。彼らには大した武器も何もなかったのですが、人間としての力がありました。人間力で勝ったのです。その勝てる人間を教育したのが佐藤一斎でした。したがって、佐藤一斎なかりせば、絶対的に維新は成し遂げられなかったと言えると思います。

佐藤一斎の「一斎」という号は最初「いいさい」と読みました。それは「惟れ精に惟れ一にして」からとったものです。しかし、「いいさい」では言いにくいというので、「いっさい」と言うようになったのです。万巻の書を読んでいた佐藤一斎が、「これこそが大切なのだ」と焦点を当てたのが「惟れ精に惟れ一にして」という文章なのだということを忘れないでいただきたいと思います。

さて、話を戻します。**「精《せい》とは則《すなわ》ち夫《か》の二者《にしゃ》の間《かん》を察《さっ》して雑《まじ》へざるなり」**。これは人心と道心を混ぜてはいけないということです。いつもしっかりと分けておかなければいけないよ、と。今、自分の道心はどういう状態か、自分の人心はどういう状態か、これをいつもちゃんと見られるようにしておきなさいと言っているわけです。

「一《いっ》とは則《すなわ》ち其《そ》の本心《ほんしん》の正《せい》を守《まも》つて離《はな》さざるなり」。これは「惟れ精に惟れ一にして」の「一」です。「一とは則ち其の本心の正を守つて離さざるなり」絶対に一つ、これだけは忘れてはいけない、これだけはしっかり握っていなければいけないってものがある、と。「一」とは即ちその「本心の正」道心の根本であるというわけです。つまり、仁・義・礼・智の四徳は絶対に離してはいけないのだということです。片方では人欲が出て、欲望が起こってくるけれど、そういうときも「いや待ってくれよ」と言って本心の正を守って離さない。自分の道心の要点を忘れないことが大事だと言っているのです。

「斯《ここ》に従事《じゅうじ》して、少《いささ》かも間斷《かんだん》無《な》く、必《かなら》ず道心《どうしん》をして常《つね》に一身《いっしん》の主《しゅ》と爲《な》りて、人心《じんしん》をして毎《つね》に命《めい》を聽《き》かしむれば、則《すなわ》ち危《あやう》き者《もの》も安《やす》く、微《び》なる者《もの》も著《あらわ》はれて、動靜云爲《どうせいうんい》、自《おのずか》ら過不及《かふきゅう》の差《たがい》無《な》し」。「斯に従事して」というのは「集中しろ」ということ。ここまで読んだ皆さんは道心と人心の区分がついていると思います。だから、自分の道心、自分の人心をしっかり見て、今はどちらの心が勝っているのか、どちらが自分にとって大切なのかをちゃんと判断することのできる人間になっています。「従事して」とはそういうことを言っています。それに集中して、ということです。ちょっとでも手を離せば絶対に人心のほうが道心を上回ってしまいますから、少しの間も絶え間なく、常に道心を常に自分の主人として、危険なほうに自分を引っ張って行ってしまう人心に自分の命令を聞かせる。要するに人心に対して、「人心は引っ込んでいろ」というふうに命じるわけです。そうすれば、人心もことのほか容易にコントロールできるようになって、道心は微かであると言われているけれど、自分は道心のほうが強いのだと言えるようになる。

そうなると「動静云爲」立居振る舞いも変わってくるし、「自ら過不及の差無し」自ずからそれはやり過ぎじゃないかと欲望をストップして引き締めることができるようになる。道心をグッと出して、人心を抑えることができるようになると言っています。

こんな大切なことをこれだけ易しく指導している書を私は見たことがありません。したがってなんとしても、ここのことはまず小学生に教えなければいけないと思うのです。小学生ぐらいのときに毎日のように今の話を聞いていれば、自分の心には道心と人心があってどうしても人心が勝ってしまうんだなと理解するようになります。すると、誰かをいじめてやろうと思ったときに、「あ、これは人心だ」とストップして、自分の中から道心を引き出してコントロールできるようになるわけです。これ以上の教育はありません。

ですから、ぜひ『中庸』を学んだ皆さんには教える側に座っていただいて、多くの方に『中庸』はこういうことを説いている、これだけは忘れないでほしい、と教えていただきたいのです。それが皆様の役割だと思っていただきたいと思います。

私が小学校一年生、二年生に『中庸』の最初の「天の命ぜる、之を性と謂ふ」について講義するときに必ず言うことがあります。それを申し上げておきたいと思います。

私が子供たちにことのほか言っているのは、「人間には欲望というものがあるんだよ」ということです。「お腹が減ったら何か食べたいというのは食欲という欲だ」と言って欲望がどういうものかを話します。次に「でも、食欲がなきゃ困るよね。だから儒家の思想は欲望を認めているんだよ」と言います。欲は全部禁止と言ってしまったら、意欲もなくなってしまいます。意欲というい欲を皆が持っていけるように欲望を認めているわけです。それだからこそ厄介なのです。

欲望というものは、自動車で言えばアクセルみたいなものです。「アクセルだけの車に乗りたい人？」と聞くと子供たちは皆、「怖～い」と言います。「何が必要かな？」と聞くと、「ブレーキ」と答えます。「そう、ブレーキがないといけないよね。人間にも欲望というアクセルを止めるブレーキがあるんだよ。それを理性と言うんだ。『天の命ぜる、之を性と謂ふ』という性、この理性というものが授かっているんだよ」と話すのです。理性は、精神・意識・霊魂というものでできています。したがって、理性を磨くとは精神と意識を磨くということなのです。

このうちの精神と意識を磨くにはどうしたらいいでしょうか。それは古典を読むことによって磨くことができるのです。今われわれが読んでいる古典は、古いものは三千年ぐらい前にできたものです。それが、親から子へ、親から子へと代々引き継がれてきたのです。そこに大切なことが書かれていると思った親が「これは子供に受け渡したい」と思ったから引き継がれてきたのです。そういう古典だからこそ理性を磨くことができるのです。

では、霊魂・魂はどうやって磨けばいいでしょうか。それは美しいものに接すること、美しい音楽を聴くこと、美しい風景を見ることで磨くことができます。中でも一番は美しい心です。美しい心に接するということが何よりも重要です。

私はそんな話を子供たちにしています。すると、小学校一、二年生でも「昨日、美しい絵を見てきました。魂を磨いてきました」と言うようになったりします。そういう子供にこそ、重要なことをしっかりと教えたいのです。

●孔子から曾子へ、曾子から子思へ

ここには堯から舜に、舜から禹へと伝えてきた流れがどういうふうになってくるかということが書かれています。

夫《そ》れ堯《ぎょう》・舜《しゅん》・禹《う》は、天下《てんか》の大聖《たいせい》なり。天下《てんか》を以《もっ》て相傳《あいつた》ふるは、天下《てんか》の大事《だいじ》なり。天下《てんか》の大聖《たいせい》を以《もっ》て、天下《てんか》の大事《だいじ》を行《おこな》ひ、而《しか》も其《そ》の授受《じゅじゅ》の際《さい》に、丁寧《ていねい》に告《つ》げ戒《いまし》むることは、此《かく》の如《ごと》きに過《す》ぎざれば、則《すなわ》ち天下《てんか》の理《り》は、豈《あ》に以《もっ》て此《これ》に加《くわ》ふる有《あ》らんや。

是《これ》より以來《いらい》、聖聖《せいせいあいう》相承く。成湯《せいとう》・文《ぶん》・武《ぶ》の君《きみ》たる、皐陶《こうよう》・伊《い》・傅《ふ》・周《しゅう》・召《しょう》の臣《しん》たる若《ごと》きは、

既《すで》に皆此《みなこれ》を以《もっ》て夫《か》の道統《どうとう》の傳《でん》に接《せっ》す。吾《わ》が夫子《ふうし》の若《ごと》きは、則《すなわ》ち其《そ》の位《くらい》を得《え》ずと雖《いえど》も、往聖《おうせい》を繼《つ》ぎ來學《らいがく》を開《ひら》く所以《ゆえん》の、其《そ》の功《こう》は反《かえ》つて堯《ぎょう》・舜《しゅん》より賢《まさ》る者《もの》有《あ》り。然《しか》れども是《こ》の時《とき》に當《あ》りて、見《み》て之《これ》を知《し》る者《もの》〔のうち〕、惟顏氏《ただがんし》・曾氏《そうし》の傳《でん》のみ其《そ》の宗《そう》を得《え》たり。曾氏《そうし》の再《ふたた》び傳《つた》ふるに及《およ》んで、復夫子《またふうし》の孫子思《そんしし》を得《え》たり。則《すなわ》ち聖《せい》を去《さ》ること遠《とお》くして異端《いたん》起《おこ》る。

「夫《そ》れ堯《ぎょう》・舜《しゅん》・禹《う》は、天下《てんか》の大聖《たいせい》なり。天下《てんか》を以《もっ》て相傳《あいつた》ふるは、天下《てんか》の大事《だいじ》なり」。堯・舜・禹は天下の大聖人というべき人たちです。天下というのは国家を受け渡していくということです。国家にとっての大事、最も重要なことは国家の受け渡しである、と。

「天下《てんか》の大聖《たいせい》を以《もっ》て、天下《てんか》の大事《だいじ》を行《おこな》ひ、而《しか》も其《そ》の授受《じゅじゅ》の際《さい》に、丁寧《ていねい》に告《つ》げ戒《いまし》むることは、此《やく》の如《ごと》きに過《す》ぎざれば、則《すなわ》ち天下《てんか》の理《り》は、豈《あ》に以《もっ》て此《これ》に加《くわ》ふる有《あ》らんや」。それを聖人の中の聖人という人たちが行うのです。しかも、その受け渡しの際に「丁寧に告げ戒むる」ことは「中を執れ」ということだけなのです。これこそ天下の道理中の道理なので、これ以上何かを加えたらいいというようなものではない。要するに、「中を執れ」ということを伝えることが国家の受け渡しにとって最も大切なことなのだと言っているわけです。

「是《これ》より以來《いらい》、聖聖相承《せいせいあいう》く。成湯《せいとう》・文《ぶん》・武《ぶ》の君《きみ》たる、皐陶《こうよう》・伊《い》・傅《ふ》・周《しゅう》・召《しょう》の臣《しん》たる若《ごと》きは、

既《すで》に皆此《みなこれ》を以《もっ》て夫《か》の道統《どうとう》の傳《でん》に接《せっ》す」。「是より以來、聖聖相承く」ですから、この「中を執れ」という言葉はずっと歴史を歩んできたということです。殷王朝をつくった湯、周王朝をつくった文・武という王たち、それから舜の補佐役であった皐陶・伊尹《いいん》・傅説《ふえつ》、周の文・武のサポートをした周公と召公といった人たちはこの「中を執れ」という文言を大切にしてずっと受け渡してきた、と。

「**吾《わ》が夫子《ふうし》の若《ごと》きは、則《すなわ》ち其《そ》の位《くらい》を得《え》ずと雖《いえど》も、往聖《おうせい》を繼《つ》ぎ來學《らいがく》を開《ひら》く所以《ゆえん》の、其《そ》の功《こう》は反《かえ》つて堯《ぎょう》・舜《しゅん》より賢《まさ》る者《もの》有《あ》り**」。「吾が夫子の若きは」というのは孔子のことです。孔子は今挙げた人たちと違って何も位がなかったけれども、過去の聖人の言葉あるいは学問を継いで、それで未来に向かって伝えていくという啓発を行いました。その功業は堯・舜に勝るものがある、と。

何も位のない孔子がいろんな書物をつくって伝えてくれたというのは、一言で言えば「中を執れ」ということの意味をわかり易く伝えてくれたということです。そういうことをやったのは孔子以外にないという意味で、「其の功は反つて堯・舜より賢る者」なのだと言っているのです。

「**然《しか》れども是《こ》の時《とき》に當《あた》りて、見《み》て之《これ》を知《し》る者《もの》〔のうち〕、惟顔氏《ただがんし》・曾氏《そうし》の傳《でん》のみ其《そ》の宗《そう》を得《え》たり**」。しかし、孔子がそれだけの努力を費やしたにもかかわらず、孔子の主意をよくわかっている人間は顔回と曾子の二人だけで、この二人に伝わったものだけが正統であった、と。顔回は孔子よりも早くに亡くなりますから、結局、曾子に伝わったということになります。「曾氏《そうし》の再《ふたた》び傳《つた》ふるに及《およ》んで、而《しか》うして復夫子《またふうし》の孫子思《そんしし》を得《え》たり」。曾子から今度は孔子の孫である子思に伝わった。「則《すなわ》ち聖《せい》を去《さ》ること遠《とお》くして異端起《いたんおこ》る」。聖人の伝えてきたことを儒家の典籍としてずっと伝えてきたのですが、聖人の世は遠く過ぎ去って異端が起こった、と。「異端」と言うのは諸子百家のことです。諸子百家は儒家の人から見れば異端であったということです。

> 子思《しし》、夫《か》の愈々久《いよいよひさ》しうして愈々《いよいよ》其《そ》の眞《しん》を失《うしな》はんことを懼《おそ》る。是《ここ》に於《おい》て堯舜《ぎょうしゅん》以來相傳《いらいあいつた》ふるの意《い》を推本《すいほん》し、質《ただ》すに平日聞《へいじつき》ける所《ところ》の父師《ふし》の言《げん》を以《もっ》てし、更互《こうご》に演繹《えんえき》して、此《こ》の書《しょ》を作爲《さくい》し、以《もっ》て後《のち》の學者《がくしゃ》に詔《つ》ぐ。蓋《けだ》し其《そ》の之《これ》を憂《うれ》ふるや深《ふか》し、故《ゆえ》に其《そ》の之《これ》を言《い》ふや切《せつ》なり。其《そ》の之《これ》を慮《おもんばか》るや遠《とお》し、故《ゆえ》に其《そ》の之《これ》を説《と》くや詳《つまびら》かなり。其《そ》の、天《てん》の命《めい》ぜる・性《せい》に率《したが》ふ、と曰《い》ふは、則《すなわ》ち道心《どうしん》の謂《いい》なり。其《そ》の、善《ぜん》を擇《えら》びて固《かた》く執《と》る、と曰《い》ふは、則《すなわ》ち精一《せいいつ》の謂《いい》なり。其《そ》の、君《くん》子《し》は時中《じちゅう》す、と曰《い》ふは、則《すなわ》ち中《ちゅう》を執《と》るの謂《いい》なり。世《よ》の相後《あいおく》るること千有餘年《せんゆうよねん》にして、而《しか》も其《そ》の言《げん》の異《こと》ならざること、符節《ふせつ》を合《あ》はすが如《ごと》し。前聖《ぜんせい》の書《しょ》を歴選《れきせん》するに、綱維《こうい》を提挈《ていけい》し、蘊《うん》奥《おう》を開示《かいじ》する所以《ゆえん》、未《いま》だ是《かく》の若《ごと》く之《こ》れ明《あきら》かにして且《か》つ盡《つ》くせる者《もの》は有《あ》らざるなり。

「**子思《しし》、夫《か》の愈々久《いよいよひさ》しうして愈々《いよいよ》其《そ》の眞《しん》を失《うしな》はんことを懼《おそ》る**」。孔子の孫の子思は、君子になろうという人がたくさん出てきて聖人の教えを尊いものとした世の中がいよいよ遠くなってきて、その教えの真実、つまり「中を執れ」ということが失われることを恐れました。そこで「**是《ここ》に於《おい》て堯舜《ぎょうしゅん》以來《いらい》相傳《あいつた》ふるの意《い》を推本《すいほん》し**」、つまり堯舜からずっと伝えられてきた「中を執れ」ということの本意を推し量って、さらに「**質《ただ》すに平日《へいじつ》聞《き》ける所《ところ》の父師《ふし》の言《げん》を以《もっ》てし**」普段の日常生活の中で祖父である孔子や父である鯉が教えてくれたいろんな言葉を「**更互《こうご》に演繹《えんえき》して**」おじいさんは確かこういうことを言っていたな、お父さんはこういうことを言っていたな、ここはこういうふうに言葉を継いだほうがいいのではないかな、といろんな検討をして「**此《こ》の書《しょ》を作爲《さくい》し**」この『中庸』という書を作って「**以《もっ》て後《のち》の學者《がくしゃ》に詔《つ》ぐ**」後世の学ぶ者たちに伝えたのです。しっかりとした本にしておけば、聖人の教えの根本中の根本がずっと後世まで続いて失われることはないだろうと考えたわけです。

「**蓋《けだ》し其《そ》の之《これ》を憂《うれ》ふるや深《ふか》し**」。子思はこれが途切れてしまうことを非常に憂えました。立派な人間になる方法論とか、立派な人間とはどういう人を言うのかといったことがちゃんと伝わらないということになったらどのような社会になってしまうのかと憂えたわけです。「**故《ゆえ》に其《そ》の之《これ》を言《い》ふや切《せつ》なり**」。だから、このことを切実に言わないわけにはいかなかった、と。このあたりは文章も切実になっています。

儒教の教えは日本にも伝わって、江戸時代の末期には、武士ばかりではなくて農工商の人も四書ぐらいは読んだものです。そこまではずっと伝わってきていたのです。しかし、明治になると諸学が入ってきて、子思が懼れたような状態になってしまいました。それで昭和二十年に終戦を迎えて敗戦国家になり、この教えは今や途絶えんとしています。

そう考えれば、子思が「憂ふるや深し」「言ふや切なり」と言った心持ちが理解できます。このことをわれわれはよく理解して、子思の志を後世の人に受け渡さなくてはいけないと思うのです。そういう仕事がわれわれに託されているということをぜひ感じ取っていただきたいのです。

だから、朱子もこういう文章をわざわざ書いて『中庸』に添えたのです。この部分は『中庸』を学んだわれわれに「これからどうするか」ということが問われていると言ってもいいと思います。

「**其《そ》の之《これ》を慮《おもんぱか》るや遠《とお》し、故《ゆえ》に其《そ》の之《これ》を説《と》くや詳《つまびら》かなり**」。思いがとても深く大きいので、詳細を伝えなければならないと、とても事細かく言葉を添えて『中庸』という書物はできています、ということです。

「**其《そ》の、天《てん》の命《めい》ぜる・性《せい》に率《したが》ふ、と曰《い》ふは、則《すなわ》ち道心《どうしん》の謂《いい》なり**」。まず第一に「天の命ぜる・性に率ふ」というのは「天の命ぜる、之を性と謂ふ」という『中庸』の冒頭にある章句のことですが、この章句は道心というものの偉大さ・大切さ、そういうものを人間が生まれるにあたって天から授かったということを言っているのですよ、と朱子が解説してくれています。

それから「**其《そ》の、善《ぜん》を擇《えら》びて固《かた》く執《と》る、と曰《い》ふは、則《すなわ》ち精一《せいいつ》の謂《しい》なり**」。これは舜から禹に受け渡すときに舜が加えた言葉の中の「精一」のことを言っているのだ、と。

さらに「**其《そ》の、君子《くんし》は時中《じちゅう》す、と曰《い》ふは、則《すなわ》ち中《ちょう》を執《と》るの謂《いい》なり**」。この「君子は時中す」という言葉は「中を執れ」ということを言っているのです、と。

つまり、『中庸』の重要な中心を成す文言は、すべて堯から舜に、舜から禹に、国家の受け渡しにおいて一番重要なこととして伝えられたことが基本になっているのです。そういうことが最も大切にしていることが書かれたものだということを忘れないでくださいと朱子は言っているわけです。

「**世《よ》の相後《あいおく》るること千有餘年《せんゆうよねん》にして、而《しか》も其《そ》の言《げん》の異《こと》ならざること、符節《ふせつ》を合《あ》はすが如《ごと》し**」。

朱子がこうやってもう一回しっかり書物としてまとめようとしたときに、すでに千年も経っているのに、その重要な言葉は全く異なっていない。割符を合わせてみたらピタッと合ったというぐらいに、古代もそれから現代も、つまり朱子の時代においても、大切なことはここに書いてあることだけなのだと朱子は改めて発見したのです。

「**前聖《ぜんせい》の書《しょ》を歴選《れきせん》するに、綱維《こうい》を提挈《ていけい》し、蘊奥《うんおう》を開示《かいじ》する所以《ゆえん》、未《いま》だ是《かく》の若《ごと》く之《こ》れ明《あきら》かにして**

且《か》つ盡《ことごと》くせる者《もの》は有《あ》らざるなり」。古代の聖人の発言をまとめた書物を一つひとつ選んで考えてみても、道の大綱を掲げてしっかり明確にそれを書いて、最も重要な道の奥義を皆さんに知らしめることについては、これだけ明らかに尽くして書いてあるものは他にはない。今はいろんな書物がありますが、古代から順番に国家を受け渡す際に最も重要な「これだけは大切にしなさい」と言った文言がそのまましっかりと書いてある書物は『中庸』より他にないということです。だから、有り難い書物だと思ってくださいということを言っているわけです。

これは『中庸』を読むときの心構えのようなことを言っているわけです。

●異端を排除して『中庸』を再興した程兄弟

是《これ》よりして又再傳《またさいでん》して、以《もっ》て孟氏《もうし》を得《え》たり。能《よ》く是《こ》の書《しょ》を推明《すいめい》し、以《もっ》て先聖《せんせい》の統《とう》を承《う》くるを爲《な》す。

其《そ》の沒《ぼっ》するに及《およ》んで遂《つい》に其《そ》の傳《でん》を失《うしな》ふ。則《すなわ》ち吾《わ》が道《みち》の寄《よ》る所《ところ》は、言語《げんご》・文字《もんじ》の間《あいだ》に越《こ》えずして、異端《いたん》の說《せつ》は、日《ひ》に新《あらた》に月《つき》に盛《さか》んにして、以《もっ》て老《ろう》・佛《ぶつ》の徒《と》出《い》づるに至《いた》り、則《すなわ》ち彌々《いよいよ》理《り》に近《ちか》き〔がごとくにして〕而《しか》も大《おお》いに眞《しん》を亂《みだ》る。

然《しか》り而《しか》して尚《な》ほ幸《さいわい》に此《こ》の書《しょ》之《こ》れ泯《ほろ》びず。故《ゆえ》に程夫子兄弟《ていふうしけいてい》なる者《もの》出《い》でて、考《かんが》ふる所《ところ》有《あ》りて、

以《もっ》て夫《か》の千載夫傳《せんざいふでん》の緒《ちょ》を續《つ》ぐことを得《え》、據《よ》る所《ところ》有《あ》りて、以《もっ》て夫《か》の二家《にか》の是《ぜ》に似《に》たるの非《ひ》を斥《しりぞ》くることを得《え》たり。蓋《けだ》し子思《しし》の功《こう》は是《ここ》に於《おい》て大《だい》なりと為《な》す。而《しか》して程夫子《ていふうし》微《な》かりせば、則《すなわ》ち亦《また》能《よ》く其《そ》の語《ご》に因《よ》つて其《そ》の心《こころ》を得《う》る莫《な》きなり。

「**是《これ》よりして又再傳《またさいでん》して、以《もっ》て孟氏《もうし》を得《え》たり**」。これによって再び伝わることができたというときに出てきたのが孟子である、と。孟子は子思の孫弟子です。その子思の弟子、つまり孟子の師がなんという人なのかは残念ながら伝わっていません。しかし、子思の孫弟子ですから、孟子は子思の代表的な書物である『中庸』を師から当然受け渡されてきただろうということです。そうやって孟子が出てきたわけです。

そこで「**能《よ》く是《こ》の書《しょ》を推明《すいめい》し、以《もっ》て先聖《せんせい》の統《とう》を承《う》くるを為《な》す**」。孟子が「これはここにあるべきか」「この文言はここにあったほうがいいか」「これはこう表現したほうがいいのではないか」と究明して、昔の聖人の伝統を受け継いだ。つまり、孟子が知力を注いで『中庸』をもう一回しっかりした書物にしてくれたということです。

このように、ここで途絶えるかという危ういときにいろんな人が出てきて、『中庸』をしっかりしたものに整えて、後学の書として受け渡したわけです。そうやって途絶えそうになるとまた復活するということをずっと繰り返してきたのです。

「其《そ》の沒《ぼっ》するに及《およ》んで遂《つい》に其《そ》の傳《でん》を失《うしな》ふ」。しかし孟子が亡くなってから時が経てば経つほど原文が失われることになった。孟子は孔子の百年後ぐらいに生まれた人です。そして孟子が亡くなってから朱子が出るまでには千年間ぐらいの時間が経過しています。

私はいろんな古典を読むことが仕事ですので、引用されている言葉がどういう原文から出てきたのかを明らかにするという作業を必ずします。引用された文章の原文を読むために国会図書館に行って探すのですが、ほとんどがなくなっています。つまり、今われわれが読んでいる古典の文章は、原文を読んだ聖人が「この本のここが素晴らしいからこれをここに入れよう」というようにして数々の引用をしているわけですが、その原文のほうは全くなくなっているということなのです。

『中庸』は二千年から二千五百年前のものですし、文献によっては三千年、四千年前のものもあります。それは人間が大事にしてずっと受け渡してきたから残っているわけです。「他の書はなくなってもいいけれど、これはなくなってはいけない」と思った親が子供に「これを読んだよ」と伝え、それを読んだ子供が「これは素晴らしい」と思って自分の子供にも伝える。そのようにして順繰りに伝わってきたものです。

『中庸』もそうやって伝わってきたわけですが、残念ながら孟子が亡くなって朱子が出るまでの千年あまりの間に、その伝聞が失われてしまったのです。だから『中庸』という書物はあるけれど、まとまった形で読むことはできなくなっていたわけです。

「則《すなわ》ち吾《わ》が道《みち》の寄《よ》る所《ところ》は、言語《げんご》・文字《もんじ》の間《あいだ》に越《こ》えずして」。聖人の説く道、つまり「道心があって人心があって」とずっと言っていることも、言語・文字としては見ることはできるけれど、いったいその心とはなんなのか、なぜこういう言葉が使われているのかという真意が読み取れない。ただ文字として読むことしかできなかったのです。

「異端《いたん》の説《せつ》は、日《ひ》に新《あらた》に月《つき》に盛《さか》んにして」。その間に「異端」の説が盛んになってきた。儒家の思想から異端といえば、まず老荘思想、道教・道家の思想があります。それから仏教があります。そういうものがどんどん増えてきました。中国の思想史を顧みると、この千年の間というのは儒教が埋没している時期なのです。儒教よりも道教、老荘思想のほうがぐっと出てきますし、それ以上に当時の人たちに盛況に迎えられたのが仏教であり、禅でした。そういうものが出てきたから、苦労して儒教の万巻の書を検討して再編成するという根気のいる仕事をしようという人も出てこなかったのです。

「以《もっ》て老《ろう》・佛《ぶつ》の徒《と》出《い》づるに至《いた》り、則《すなわ》ち彌々《いよいよ》理《り》に近《ちか》き〔がごとくにして〕而《しか》も大《おお》いに眞《しん》を亂《みだ》る」。老荘思想や仏教を信じる人がたくさん出てきてくると、道理を説いているのは仏教であるとか老荘思想であるとか、その他のいろんな異端の論理あるいは思想のほうがむしろ真理を突いているのではないかというふうに皆が思うようになった。それによって、孟子まで続いてきた儒家の一番重要な思想が全く途絶えてしまった。かくして真実を乱すことになってしまった、と。しかし「**然《しか》り而《しか》して尚《な》ほ幸《さいわい》に此《こ》の書之《しょこ》れ泯《ほろ》びず**」。この書はなんとか生き残ってくれた。紛失しなかった、散逸しなかったのです。

印刷は中国においては随分早くから始まっていました。それ以前は竹簡・木簡といって、竹や木に文字を彫ったものを蔓《つる》で綴じて巻き物にしていました。書物を一巻二巻と数えるのは、この時代の名残りです。蔓で綴じていると何十年か経てばボロボロになってきますし、特に中国は黄河や長江がしばしば氾濫しましたから、洪水でバラバラになってしまうこともあったでしょう。

そうやってバラバラになって並んでいた順番がわからなくなったものを集めて、一つひとつチェックして、「これが先だ」「これがここに入る」というように再編集していったわけです。古典を読んでみると、ときどき錯簡というものがあります。錯簡《さっかん》とは、本来ここになかったのではないかというものが挟まっていることを言います。『論語』などにも相当錯簡が見受けられます。そういうものを乗り越えてしっかり整理をしていくのは大変なことですが、幸いにも『中庸』は書として残っていた。これはとても有り難いことだったのです。

したがって「**故《ゆえ》に程夫子兄弟《ていふうしけいてい》なる者出《ものい》でて、考《かんが》ふる所有《ところあ》りて、以《もっ》て夫《か》の千載不傳《せんざいふでん》の緒《ちょ》を續《つ》ぐことを得《え》、據《よ》る所有《ところあ》りて、以《もっ》て夫《か》の二家《にか》の是《ぜ》に似《に》たるの非《ひ》を斥《しりぞ》くることを得《え》たり**」。「程夫子兄弟」とは程明道と程伊川の兄弟です。程明道がお兄さんで、程伊川が弟、一歳違いの兄弟です。程兄弟は朱子の先生でした。この二人が徹底的に頑張って『大學』も『中庸』も再興してくれたのです。「後世の人のためにこれは守らなければいけない。自分たちが生きている間にもう一度しっかりした書物にしないといけない」と言って『中庸』と『大學』を編纂し直したのです。

「考ふる所」考究して、孟子以来千年も絶えていた『中庸』の教えの再興を始めた。老荘、仏教の二家が天下を制覇していたため、どうしてもその影響を受けそうになるところを厳密に「これは老荘の言葉じゃないのか、これは仏教の言葉じゃないのか」と検討してそれらを削除し、真に『中庸』の言葉だけにして編纂していったということです。

「**蓋《けだ》し子思《しし》の功《こう》は是《ここ》に於《おい》て大《だい》なりと爲《な》す**」。子思がこういう書物を作ってくれておいたからわれわれはできるのだ。それは「子思の功」、つまり子思の功績だと言っています。

「**而《しこう》して程夫子《ほどふうし》微《かす》かりせば、則《すなわ》ち亦《また》能《よ》く其《そ》の語《ご》に因《よ》つて其《そ》の心《こころ》を得《う》る莫《な》きなり**」。程子兄弟が出てきてくださらなかったら散逸したままで、昔そういう書物があったらしいということで終わっていたことでしょう、と

●『中庸』の完全復活の裏にあった朱子の奮闘

惜《お》しいかな其《そ》の說《せつ》を爲《な》す所以《ゆえん》の者《もの》は傳《つた》はらず。而《しか》して凡《およ》そ石氏《せきし》の輯錄《しゅうろく》する所《ところ》も、僅《わずか》に其《そ》の門人《もんじん》の記《き》する所《ところ》に出《い》づ。是《ここ》を以《もっ》て大義《たいぎ》は明《あきら》かなりと雖《いえど》も、微言《びげん》は未《いま》だ析《せき》ならず。其《そ》の門人《もんじん》の自《みずか》ら說《せつ》を爲《な》す所《ところ》に至《いた》りては、則《すなわ》ち頗《すこぶ》る詳盡《しょうじん》にして發明《はつめい》する所多《ところおお》しと雖《いえど》も、然《しか》れども其《そ》の師《し》說《せつ》に倍《そむ》きて、老《ろう》・佛《ぶつ》に淫《いん》する者《もの》も亦之有《またこれあ》り。熹《き》、蚤歳《そうさい》より卽《すなわ》ち嘗《かつ》て受《う》けて讀《よ》みて、竊《ひそか》に之《これ》を疑《うたが》ふ。沈潛《ちんせん》して反覆《はんぷく》すること、蓋《けだ》し亦年有《またとしあ》り。一旦恍然《いったんこうぜん》として以《もっ》て其《そ》の要領《ようりょう》を得《う》る者有《ものあ》るに似《に》たり。然《しか》る後乃《のちすなわ》ち敢《あえ》て衆說《しゅうせつ》を會《かい》して其《そ》の中《ちゅう》を折《さだ》め、既《すで》に爲《ため》に章句一篇《しょうくいっぺん》を定著《ていちょ》し、以《もっ》て後《のち》の君子《くんし》を俟《ま》つ。而《しか》して一二《いちに》の同志《どうし》、復石氏《またせきし》の書《しょ》を取《と》りて、其《そ》の繁亂《はんらん》を刪《けず》り、名《な》づくるに輯略《しゅうりゃく》を以《もっ》てし、且《か》つ嘗《かつ》て論辯《ろんべん》して取舎《しゅしゃ》する所《ところ》の意《い》を記《き》して、別《べつ》に或問《わくもん》を爲《つく》りて、以《もっ》て其《そ》の後《あと》に附《ふ》す。然《しか》る後此《のちこ》の書《しょ》の旨《むね》、支分節解《しぶんせっかい》し、脈絡貫通《みゃくらくかんつう》し、詳略相因《しょうりゃくあいよ》り、巨細畢《きょさいことごと》く擧《あ》がる。而《しか》して凡《およ》そ諸說《しょせつ》の同異得失《どういとくしつ》も、亦以《またもっ》て曲《つまびら》かに暢《の》び旁《あまね》く通《つう》じて、各々其《おのおのそ》の趣《むね》を極《きわ》むるを得《え》ん。道統《どうとう》の傳《でん》に於《おい》ては、敢《あえ》て妄議《もうぎ》せずと雖《いえど》も、然《しか》れども初學《しょがく》の士《し》或《あるい》は取《と》る有《あ》らば、則《すなわ》ち亦遠《またとお》きに行《ゆ》き高《たか》きに升《のぼ》るの一助《いちじょ》たるに庶《ちか》からんと爾《しか》云《い》ふ。淳熙己酉《じゅんききゆう》の春三月《はるさんがつ》の戊申《ぼしん》、新安《しんあん》の朱熹序《しゅきじょ》す。

「惜《お》しいかな其《そ》の說《せつ》を爲《な》す所以《ゆえん》の者《もの》は傳《つた》はらず」。残念なことに、本文の言葉は辛うじて残っても、その言葉がなぜそこに使われているのか、なぜその言葉でなければいけないのかという『中庸』の解釈を程兄弟はこと細かく残してくれなかったから、それは伝わっていない。**「而《しか》して凡《およ》そ石氏《せきし》の輯録《しゅうろく》する所《ところ》も、僅《わずか》に其《そ》の門人《もんじん》の記《しる》する所《ところ》に出《い》づ」**。石氏（石𡼏《せきとん》）が集録した二程子の説というものと、「ここのところはこういうふうにしたほうがいい」と程兄弟が言った言葉を門人がメモしたものを頼りにしたものであった。**「是《ここ》を以《もっ》て大義《たいぎ》は明《あきら》かなりと雖《いえど》も、微言《びげん》は未《いま》だ析《せき》ならず」**。これによって大筋の重要な文言はとても明確になり、また何を重視するかということも明らかになったけれども、細かい微妙な言葉の解釈はまだ明らかにならなかった、と。

「其《そ》の門人《もんじん》の自《みずか》ら説《せつ》を為《な》す所《ところ》に至《いた》りては、則《すなわ》ち頗《すこぶ》る詳尽《しょうじん》にして發明《はつめい》する所多《ところおお》しと雖《いえど》も」。程先生の門人たちは「このとき先生はこう言われた」と言うけれど、それは門人が勝手に言っていることなのではないのか。それが本当に先生の言葉を聞き取ったものなのかを明確にしないと正しいものにはならない。

門人の説をいくら解釈しても意味はないので、程先生がどう解釈したかを知りたいわけです。そうしないと再編集するときに間違いが多く起こってしまうわけです。したがって、門人の説なのか程先生の説なのかをちゃんと区分する必要があるのです。

「然《しか》れども其《そ》の師説《しせつ》に倍《そむ》きて」。程先生の説というのは、最初に『中庸』をまとめた子思の説ですが、それに背いているようではまとめた意味がないということです。**「老《ろう》・佛《ぶつ》に淫《いん》する者《もの》も亦《また》之《こ》れ有《あ》り」**。さらに今は老荘思想や仏教が猛威を揮っているので、そちらから来た言葉とか、そちらの解釈も紛れ込んでいるのかもしれない。

協力してくれる人がたくさんいるのはありがたいことだけれど、中には老荘思想や仏教を無二の思想として考えている人が混じっているかもしれない。そういう人が、老荘や仏教の言葉を加えてしまうかもしれない。これでは困るわけです。

「熹《き》、蚤歳《そうさい》より卽《すなわ》ち嘗《かつ》て受《う》けて讀《よ》みて、竊《ひそ》かに之《これ》を疑《うたが》ふ」。「熹」というのは「朱熹」。朱子の本名です。つまり、私は若いときから人に教えられてこの書を読んできて、これは老荘の言葉ではないか、これは仏教の言葉ではないのかと密かに疑っていた。**「沈潜《ちんせん》して反覆《はんぷく》すること、蓋《けだ》し亦年有《またとしあ》り」**。そういう疑わしいところをピックアップして、ここの主旨はこうあるべきではないのか、こういう言葉が当てはまるべきではないのかといったことを繰り返し検討して、深いところにある主旨をちゃんと表す言葉を選択して疑わしいところを正していく作業を随分長い間やってきたのだ、と。

そうしているうちに**「一旦恍然《いったんこうぜん》として以《もっ》て其《そ》の要領《ようりょう》を得《う》る者有《ものあ》るに似《に》たり」**。あるとき突然、「そうか、これはこういうふうにしたほうがいい。これが子思先生の本分に違いない」とわかってくるときがあった。一つひとつを正しい言葉に変えていく中で、悟るに似たようなところがあったというわけです。

「**然《しか》る後《のち》乃《すなわ》ち敢《あえ》て衆説《しゅうせつ》を會《かい》して其《そ》の中《ちゅう》を折《さだ》め**」。そこで多くの学者の説を集めて、あるいは多くの儒家の学者に集まってもらって、「ここは正しい」「いや、ここはもう少し正したほうがいいのではないか」と議論をして中庸を定めて、「**既《すで》に爲《ため》に章句《しょうく》一篇《いっぺん》を定著《ていちょ》し、以《もっ》て後《のち》の君子《くんし》を俟《ま》つ**」。もう既にできている本（『中庸章句序』）も、もう一回、章句一つひとつを正して、もうこれ以上はできないというものにして、あとは後世の人に判断を委ねることにした。

「**而《しか》して一二《いちに》の同志《どうし》、復石氏《またせきし》の書《しょ》を取《と》りて、其《そ》の繁乱《はんらん》を刪《けず》り、名《な》づくるに輯略《しゅうりゃく》を以《もっ》てし、且《か》つ嘗《かつ》て論辨《ろんべん》して取舍《しゅしゃ》する所《ところ》の意《い》を記《き》して、別《べつ》に或問《わくもん》を爲《つく》りて、以《もっ》て其《そ》の後《のち》に附《ふ》す**」。朱子の同志が石氏の編纂した書をもとにして『中庸輯略』という解説本を作った。さらに、諸先輩の説を皆で論争して、「これは採ろう」「これは捨てよう」と取捨して『中庸或問』というものを作った。

『中庸或問』は朱子の書です。『中庸』はこういうふうに読む、ここはこうやって読んだほうがいいといったことが書いてある本です。「或問」とは想定問答集のことで、ここはなぜこういうことが書いてあるのか、なぜここはこういう言葉でなければいけないのかといった問いがあって、それに対して、こういう理由でこうなっているという答えが書いてあります。要するに、『中庸章句』『中庸輯略』『中庸或問』といった『中庸』の解釈本が朱子の時代に三つ出てきたのですが、ここではそのことを言っているわけです。「以て其の後に附す」というのは、『或問』を『輯略』の後に付けて出版したということです。

「**然《しか》る後《のち》此《こ》の書《しょ》の旨《むね》、支分節解《しぶんせつかい》し、脈絡貫通《みゃくらくかんつう》し、詳細相因《しょうさいあいよ》り、巨細畢《きょさいことごと》く擧《あ》がる**」。その後、この『中庸』という書物の主旨、思想はすべての章句が一貫してつながりを持ち、詳細なところと簡略なところが助け合って、大事と小事がことごとくはっきり挙げられた。

「**而《しか》して凡《およ》そ諸説《しょせつ》の同異得失《どういとくしつ》も、亦以《またもっ》て曲《つまび》かに暢《の》び旁《あまね》く通《つう》じて、各々其《おのおのそ》の趣《むね》を極《きわ》むるを得《え》ん**」。ここのところはこういう説もあるし、こういう説もあるという諸説の同異や得失も、解説の書を付けておくことではっきりさせて、その主旨を極めることができるようになった。

「**道統《どうとう》の傳《でん》に於《おい》ては、敢《あえ》て妄議《もうぎ》せずと雖《いえど》も、然《しか》れども初學《しょがく》の士《し》或《あるい》は取《と》る有《あ》らば、則《すなわ》ち亦遠《またとお》きに行《ゆ》き高《たか》きに升《のぼ》るの一助《いちじょ》たるに庶《ちか》からんと**」。ずっと伝わってきた道の伝統をみだりに議論することははばかれるけれども、この「章句序」という解説文も、初めて『中庸』を読む人にとっては重要なところがあるだろう。遠くに行くのでも近いところから一歩一歩進んで行けばやがて行き着くことができるように、この難しい書物も一字一字丁寧に真心を込めて読んでいけばやがて判然としてくる。そのようにして皆さんが『中庸』を読むための助けになることを願ってこの「章句序」を記しておきます、と言っています。

この朱子の記した「章句序」があるからこそ、どういう経緯を経て『中庸』という書物がまとまったのかということがわかるのです。さらに言えば、中庸の「中」というのがどこから来たのか、つまり国家の受け渡しをするときの聖言としてあるのが「中」であり、「中を執れ」というところから『中庸』という書物ができたということもしっかり伝えてくれているわけです。

「**淳熙《じゅんき》己酉《ききゅう》の春《はる》三月《さんがつ》の戊申《ぼしん》**」。「淳熙己酉」は一一八九年のことです。「三月の戊申」の日ということです。「**新安《しんあん》の朱熹《しゅき》**」。「新安」は朱子の出身地です。新安から出てきた朱熹がこういうことを申し上げます、というふうに言っているわけです。

以上、『中庸章句序』を読んできました。『中庸』の本文をしっかり読み、おまけに『中庸章句序』もしっかり読まれた方はあまりいないと思います。ぜひこの体験を大切にされて、自分のものにしていただきたいと思います。そのためには、『中庸』という本がどういうものかをよく知ったうえで、もう一回、二回、三回と読んでいただきたいのです。『中庸』の要点は「中を執れ」という一点にあります。「中を執れ」というのは、道心と人心をよく見て制御しなさいということです。それを念頭に置いて、改めて頭から丁寧に読んでみていただきたいと思います。

そして、今度は皆さんがご家庭で、あるいは職場で、あるいは地域で、中庸教室なるものを開いて講義をしていただくようになることを願っております。

あとがき

現代のような混迷する社会、戦争の危機が常に迫り、異常気象による天災の危機も同時に襲うことすらある、更にコロナのような死に至る感染症の危機も加わるような時代を、私たちはどのように暮らしたらよいのでしょうか。

幸いに私たちには、正当な暮しとはどのような自分になることか。自分の心をどのように保持すれば良いのかについて、こんなに丁寧にこと細かく指導を得られる教典があるのです。どのような環境であれ、究極は自分次第、自分の心次第と先達は説いていることを知れば、この指導書の有難さは、何ものにも代え難いことは容易に理解されるところなのです。そうした有意義を、皆さんと共有出来ることも、最上の幸せ、極上の悦びといえます。末長くこの名著と共に歩み続けられることを願うばかりであります。

このような機会を与えて下さった致知出版社の藤尾秀昭社長、柳澤まり子副社長、そして編集の任に当られた小森俊司氏には心からなる感謝を申し上げるものであります。

令和五年十一月　　田口佳史

『中庸』全文

第一段

第一節

天《てん》の命《めい》ぜる、之《これ》を性《せい》と謂《い》ふ。性《せい》に率《したが》ふ、之《これ》を道《みち》と謂《い》ふ。道《みち》を脩《おさ》むる、之《これ》を教《おしえ》と謂《い》ふ。

道《みち》なる者《もの》は、須臾《しゅゆ》も離《はな》る可《べ》からざるなり。離《はな》る可《べ》きは道《みち》に非《あら》ざるなり。是《こ》の故《ゆえ》に君子《くんし》は其《そ》の睹《み》えざる所《ところ》に戒愼《かいしん》し、其《そ》の聞《きこ》えざる所《ところ》に恐懼《きょうく》す。隱《かく》れたるより見《あら》はるるは莫《な》く、微《かす》かなるより顯《あきら》かなるは莫《な》し。故《ゆえ》に君子《くんし》は其《そ》の獨《どく》を愼《つつし》むなり。

第二節

喜怒哀樂《きどあいらく》の未《いま》だ發《はっ》せざる、之《これ》を中《ちゅう》と謂《い》ふ。發《はっ》して皆節《みなせつ》に中《あた》る、之《これ》を和《か》と謂《い》ふ。中《ちゅう》なる者《もの》は、天下《てんか》の大本《たいほん》なり。和《か》なる者《もの》は、天下《てんか》の達道《たつどう》なり。中和《ちゅうか》を致《いた》して、天地《てんち》位《くらい》し、萬物育《ばんぶついく》す。

第二段

第一節

仲尼曰《ちゅうじいわ》く、君子《くんし》は中庸《ちゅうよう》す。小人《しょうじん》は中庸《ちゅうよう》に反《はん》す。君子《くんし》の中庸《ちゅうよう》や、君子《くんし》にして時《とき》じく中《あた》る。小人《しょうじん》の中庸《ちゅうよう》や、小人《しょうじん》にして忌憚《きたん》する無《な》きなり、と。

子曰《しいわ》く、中庸《ちゅうよう》は其《そ》れ至《いた》れるかな。民能《たみよ》く久《ひさ》しくすること鮮《すくな》し、と。

子曰《しいわ》く、道《みち》の行《おこな》はれざるや、我之《われこれ》を知《し》れり。知者《ちしゃ》は之《これ》に過《す》ぎ、愚者《ぐしゃ》は及《およ》ばざるなり。道《みち》の明《あきら》かならざるや、我之《われこれ》を知《し》れり。賢者《けんじゃ》は之《これ》に過《す》ぎ、不肖者《ふしょうしゃ》は及《およ》ばざるなり。人飲食《ひといんしょく》せざる莫《な》きも、能《よ》く味《あじわい》を知《し》ること鮮《すくな》きなり、と。

子曰《しいわ》く、道《みち》は其《そ》れ行《おこな》はれざるかな、と。

第二節

子曰《しいわ》く、舜《しゅん》は其《そ》れ大知《たいち》なるかな。舜《しゅん》は好《この》んで問《と》ひて、好《この》んで邇言《じげん》を察《さっ》し、惡《あく》を隱《おさ》へて善《ぜん》を揚《あ》ぐ。其《そ》の兩端《りょうたん》を執《と》つて、其《そ》の中《ちゅう》を民《たみ》に用《もち》ふ。其《そ》れ斯《ここ》を以《もっ》て舜《しゅん》と爲《な》すか、と。

子曰《しいわ》く、人皆予《ひとみなわれ》を知《ち》なりと曰《い》ふ。驅《か》りて諸《これ》を罟《こ》・擭《かく》・陷阱《かんせい》の中《うち》に納《い》るるに、而《しか》も之《これ》を知《し》りて辟《さ》くる莫《な》きなり。人《ひと》は皆予《みなわれ》を知《ち》なりと曰《い》ふ。中庸《ちゅうよう》を擇《えら》び、而《しか》も期月《きげつ》も守《まも》ること能《あた》はざるなり、と。

子曰《しいわ》く、囘《かい》の人《ひと》と爲《な》りや、中庸《ちゅうよう》を擇《えら》び、一善《いちぜん》を得《う》れば、則《すなわ》ち拳拳服膺《けんけんふくよう》して、之《これ》を失《うしな》はず、と。

子曰《しいわ》く、天下國家《てんかこくか》をも均《おさ》む可《べ》きなり。爵祿《しゃくろく》をも辭《じ》す可《べ》きなり。白刃《はくじん》をも踏《ふ》む可《べ》きなり。中庸《ちゅうよう》は能《よく》くす可《べ》からざるなり、と。

子路强《しろきょう》を問《と》ふ。子曰《しいわ》く、南方《なんぽう》の强《きょう》か、北方《ほっぽう》の强《きょう》か、抑々而《そもそもなんじ》の强《きょう》か。寬柔《かんじゅう》以《もっ》て教《おし》へ、無道《むどう》に報《ほう》ぜざるは、南方《なんぽう》の强《きょう》なり。君子之《くんしこれ》に居《よ》る。金革《きんかく》を衽《にん》とし、死《し》するも厭《いと》はざるは、北方《ほっぽう》の強《きょう》なり。而《なんじ》の強者之《きょうしゃこれ》に居《よ》る。故《ゆえ》に君子《くんし》は和《か》して流《りゅう》せず、強《きょう》なるかな矯《きょう》たり。中立《ちゅうりつ》して倚《かたよ》らず、強《きょう》なるかな矯《きょう》たり。國《くに》に道有《みちあ》るも、塞《さい》を變《へん》ぜず、強《きょう》なるかな矯《きょう》たり。國《くに》に道無《みちな》きも、死《し》に至《いた》るまで變《へん》ぜず、強《きょう》なるかな矯《きょう》たり、と。

子曰《しいわ》く、隱《かく》れたるを素《もと》め怪《あや》しきを行《おこな》ふは、後世述《こうせいの》ぶる有《あ》らんも、吾《われ》は之《これ》を爲《な》さず。君子《くんし》は道《みち》に遵《したが》ひて行《おこな》ふ。半塗《はんと》にして廢《はい》するも、吾《われ》は已《や》む能《あた》はず。君子《くんし》は中庸《ちゅうよう》に依《よ》る。世《よ》を遯《のが》れて知《し》られざるも悔《うら》みざるは、唯聖者《ただせいじゃ》のみ之《これ》を能《よ》くす、と。

第三節

君子《くんし》の道《みち》は、費《ひ》にして隱《いん》なり。夫婦《ふうふ》の愚《ぐ》も、以《もっ》て與《あずか》り知《し》る可《べ》し。其《そ》の至《いた》れるに及《およ》んでは、聖人《せいじん》と雖《いえど》も亦《また》知《し》らざる所有《ところあ》り。夫婦《ふうふ》の不肖《ふしょう》も、以《もっ》て能《よ》く行《おこな》ふ可《べ》し。其《そ》の至《いた》れるに及《およ》んでは、聖人《せいじん》と雖《いへど》も亦能《またよ》くせざる所有《ところあ》り。

天地《てんち》の大《だい》なるも、人猶《ひとな》ほ憾《うら》むる所有《ところあ》り。故《ゆえ》に君子大《くんしだい》を語《かた》れば、天下《てんか》も能《よ》く載《の》する莫《な》し。小《しょう》を語《かた》れば、天下《てんか》も能《よ》く破《やぶ》る莫《な》し。詩《し》に云《いわ》く、鳶《とび》は飛《と》んで天《てん》に戻《いた》り、魚《うお》は淵《ふち》に躍《おど》る、と。其《そ》の上下《しょうか》に察《あきら》かなるを言《い》ふなり。

君子《くんし》の道《みち》は、端《たん》を夫婦《ふうふ》に造《はじ》め、其《そ》の至《いた》れるに及《およ》んでは、天地《てんち》より察《あきら》かなり。

第三段

第一小段

第一節

子曰《いわ》く、道《みち》は人《ひと》に遠《とお》からず、と。人《ひと》の道《みち》と為《な》して人《ひと》に遠《とお》ければ、以《もっ》て道《みち》と為《な》す可《べ》からず。詩《し》に云《いわ》く、柯《か》を伐《き》り柯《か》を伐《き》る、其《そ》の則遠《のりとお》からず、と。柯《か》を執《と》りて以《もっ》て柯《か》を伐《き》り、睨《げい》して之《これ》を視《み》るも、猶《な》ほ以《もっ》て遠《とお》しと為《な》す。故《ゆえ》に君子《くんし》は人《ひと》を以《もっ》て人《ひと》を治《おさ》め、改《あらた》むれば而《すなわ》ち止《や》む。

第二節

忠恕道《ちゅうじょみち》を違《さ》ること遠《とお》からず。諸《これ》を己《おのれ》に施《ほどこ》して願《ねが》はざれば、亦《また》人《ひと》に施《ほどこ》す勿《な》かれ。

君子《くんし》の道四《みちし》。丘《きゅう》未《いま》だ一《いつ》をも能《よ》くせず。子《こ》に求《もと》むる所以《ところもっ》て父《ちち》に事《つか》ふるは、未《いま》だ能《よ》くせざるなり。臣《しん》に求《もと》むる所以《ところもっ》て君《きみ》に事《つか》ふるは、未《いま》だ能《よ》くせざるなり。弟《おとうと》に求《もと》むる所以《ところもっ》て兄《あに》に事《つか》ふるは、未《いま》だ能《よ》くせざるなり。朋友《ほうゆう》に求《もと》むる所先《ところま》づ之《これ》を施《ほどこ》すは、未《いま》だ能《よ》くせざるなり。

庸徳《ようとく》をば之《こ》れ行《おこな》ひ、庸言《ようげん》をば之《こ》れを謹《つつし》み、足《た》らざる所有《ところあ》れば、敢《あえ》て勉《つと》めずんばあらず、餘有《あまりあ》れば敢《あえ》て盡《つ》くさず。言《げん》は行《こう》を顧《かえり》み、行《こう》は言《げん》を顧《かえり》みる。君子《くんし》胡《なん》ぞ慥《ぞう》慥爾《ぞうじ》たらざらん。

第三節

君子《くんし》は其《そ》の位《くらい》に素《そ》して行《おこな》ひ、其《そ》の外《ほか》を願《ねが》はず。富貴《ふうき》に素《そ》しては、富貴《ふうき》に行《おこな》ひ、貧《ひん》賤《せん》に素《そ》しては、貧賤《ひんせん》に行《おこな》ふ。夷狄《いてき》に素《そ》しては、夷狄《いてき》に行《おこな》ひ、患難《かんなん》に素《そ》しては、患《かん》難《なん》に行《おこな》ふ。君子《くんし》は入《い》るとして自得《じとく》せざること無《な》し。

上位《じょうい》に在《あ》つては、下《しも》を陵《しの》がず、下位《かい》に在《あ》つては、上《かみ》を援《ひ》かず。己《おのれ》を正《ただ》しくして人《ひと》に求《もと》めざれば、則《すなわ》ち怨《うらみ》無《な》し。上天《かみてん》を怨《うら》みず、下人《しもひと》を尤《とが》めず。故《ゆえ》に君子《くんし》は易《い》に居《お》りて以《もっ》て命《めい》を俟《ま》つ。小人《しょうじん》は険《けん》に行《ゆ》きて以《もっ》て幸《こう》を徼《もと》む。

子曰《しいわ》く、射《しゃ》は君子《くんし》に似《に》たること有《あ》り。諸《これ》を正鵠《せいこく》に失《しっ》すれば、諸《これ》を其《そ》の身《み》に反求《はんきゅう》す、と。

第二小段

第一節

君子《くんし》の道《みち》は、辟《たと》へば遠《とお》きに行《ゆ》くに、必《かなら》ず邇《ちか》きよりするが如《ごと》く、辟《たと》へば高《たか》きに登《のぼ》るに、必《かなら》ず卑《ひく》きよりするが如《ごと》し。

詩《し》に曰《いわ》く、妻子《さいし》好合《こうごう》すること、瑟琴《しつきん》を鼓《うちなら》すが如《ごと》し。兄弟《けいてい》も既《すで》に翕《あ》ひ、和樂《からく》して且《か》つ耽《たの》しむ。爾《なんじ》の室家《しつか》に宜《よろ》しく、爾《なんじ》の妻帑《さいど》を樂《たの》しましめんことを、と。

子曰《しいわ》く、父母《ふぼ》には其《そ》れ順《じゅん》ならんかな、と。

子曰《しいわ》く、鬼神《きじん》の徳《とく》たる、其《そ》れ盛《さか》んなるかな。之《これ》を視《み》れども見《み》えず、之《これ》を聴《き》けども聞《き》こえず、物《もの》に體《たい》して遺《のこ》す可《ところ》あらず。天下《てんか》の人《ひと》をして、齊明《さいめい》し盛服《せいふく》して、以《もっ》て祭祀《さいし》を承《あ》げしむ。洋洋乎《ようようこ》として、其《そ》の上《かみ》に在《あ》るが如《ごと》く、其《そ》の左右《さゆう》に在《あ》るが如《ごと》し。詩《し》に曰《いわ》く、神《かみ》の格《いた》る、度《はか》る可《べ》からず、矧《いわ》んや射《いと》ふ可《べ》けんや、と。夫《そ》れ微《び》の顯《けん》なる、誠《まこと》の揜《おお》ふ可《べ》からざる、此《かく》の如《ごと》きかな。

第二節

子曰《しいわ》く、舜《しゅん》は其《そ》れ大孝《たいこう》なるかな。德《とく》は聖人《せいじん》たり、尊《そん》は天子《てんし》たりて、四海《しかい》の内《うち》を富《ふ》有《ゆう》す。宗廟《そうびょう》に之《これ》を饗《きょう》し、子孫《しそん》之《これ》を保《たも》つ、と。故《ゆえ》に大德《たいとく》は必《かなら》ず其《そ》の位《くらい》を得《え》、必《かなら》ず其《そ》の祿《ろく》を得《え》、必《かなら》ず其《そ》の名《な》を得《え》、必《かなら》ず其《そ》の壽《じゅ》を得《う》。故《ゆえ》に天《てん》の物《もの》を生《しょう》ずる、必《かなら》ず其《そ》の材《ざい》に因《よ》つて篤《あつ》くす。故《ゆえ》に栽《た》つ者《もの》は之《これ》を培《つちか》ひ、傾《かたむ》く者《もの》は之《これ》を覆《くつがえ》す。詩《し》に曰《いわ》く、嘉樂《からく》なるかな君子《くんし》、憲憲《けんけん》たる令德《れいとく》は、民《たみ》に宜《よろ》しく人《ひと》に宜《よろ》しく、祿《ろく》を天《てん》より受《う》く。保佑《ほたす》けて之《これ》を命《めい》じ、天《てん》より之《これ》を申《かさ》ぬ、と。故《ゆえ》に大德《たいとく》ある者《もの》は必《かなら》ず命《めい》を受《う》く。

子曰《しいわ》く、憂《うれい》無《な》き者《もの》は、其《そ》れ唯《た》だ文王《ぶんおう》か。王季《おうき》を以《もっ》て父《ちち》と爲《な》し、武王《ぶおう》を以《もっ》て子《こ》と爲《な》す。父之《ちちこれ》を作《つく》り、子之《ここれ》を述《の》ぶ、と。武王《ぶおう》は大王《たいおう》・王季《おうき》・文王《ぶんおう》の緒《ちょ》を纘《つ》ぎ、壹《ひと》たび戎衣《じゅうい》して天下《てんか》を有《たも》てり。身《み》天下《てんか》の顯名《けんめい》を失《うしな》はず、尊《とうと》きこと天子《てんし》と爲《な》りて、四海《しかい》の内《うち》を富有《ふゆう》す。宗廟《そうびょう》に之《これ》を饗《きょう》し、子孫《しそん》之《これ》を保《たも》つ。

武王《ぶおう》、末《まつ》に命《めい》を受《う》け、周公《しゅうこう》、文《ぶん》・武《ぶ》の徳《とく》を成《な》し、大王《たいおう》・王季《おうき》を追王《ついおう》し、上先公《かみせんこう》を祀《まつ》るに天子《てんし》の禮《れい》を以《もっ》てせり。斯《こ》の禮《れい》や、諸侯《しょこう》・大夫及《たいふおよ》び士《し》・庶人《しょじん》に達《たっ》す。父《ちち》大夫《たいふ》たり、子士《こし》たれば、葬《ほうむ》るには大夫《たいふ》を以《もっ》てし、祭《まつ》るには士《し》を以《もっ》てす。父士《ちちし》たり、子大夫《こたいふ》たれば、葬《ほうむ》るには士《し》を以《もっ》てし、祭《まつ》るには大夫《たいふ》を以《もっ》てす、期《き》の喪《も》は、大夫《たいふ》に達《たっ》し、三年《さんねん》の喪《も》は、天子《てんし》に達《たっ》す。父母《ふぼ》の喪《も》は、貴賤《きせん》と無《な》く一《いつ》なり。

子曰《しいわ》く、武王《ぶおう》・周公《しゅうこう》は、其《そ》れ達孝《たっこう》なるかな、と。

夫《そ》れ孝《こう》とは、善《よ》く人《ひと》の志《こころざし》を繼《つ》ぎ、善《よ》く人《ひと》の事《こと》を述《の》ぶる者《もの》なり。春秋《しゅんじゅう》に其《そ》の祖《そ》廟《びょう》を脩《おさ》め、其《そ》の宗器《そうき》を陳《つら》ね、其《そ》の裳衣《しょうい》を設《もう》け、其《そ》の時食《じしょく》を薦《すす》む。宗廟《そうびょう》の禮《れい》は、昭穆《しょうぼく》を序《じょ》する所以《ゆえん》なり。爵《しゃく》を序《じょ》するは、貴賤《きせん》を辨《べん》ずる所以《ゆえん》なり。事《こと》を序《じょ》するは、賢《けん》を辨《べん》ずる所以《ゆえん》なり。旅酬《りょしゅう》に、下《しも》の上《かみ》の爲《ため》にするは、賤《せん》に逮《およ》ぼす所以《ゆえん》なり。燕《えん》毛《もう》は、齒《よわい》を序《じょ》する所以《ゆえん》なり。其《そ》の位《くらい》を踐《ふ》み、其《そ》の禮《れい》を行《おこな》ひ、其《そ》の樂《がく》を奏《そう》し、其《そ》の尊《とうと》ぶ所《ところ》を敬《けい》し、其《そ》の親《した》しむ所《ところ》を愛《あい》し、死《し》に事《つか》ふること生《せい》に事《つか》ふる如《ごと》く、亡《ぼう》に事《つか》ふること存《そん》に事《つか》ふる如《ごと》きは、孝《こう》の至《いたり》なり。

郊社《こうしゃ》の禮《れい》は、上帝《じょうてい》に事《つか》ふる所以《ゆえん》なり。宗廟《そうびょう》の禮《れい》は、其《そ》の先《せん》を祀《まつ》る所以《ゆえん》なり。郊《こう》社《しゃ》の禮《れい》、禘嘗《ていしょう》の義《ぎ》に明《あきら》かなれば、國《くに》を治《おさ》むること其《そ》れ諸《これ》を掌《たなごころ》に示《お》くが如《ごと》きか。

第三節

哀公《あいこう》、政《せい》を問《と》ふ。子《し》曰《いわ》く、文《ぶん》・武《ぶ》の政《せい》は、布《し》いて方策《ほうさく》に在《あ》り。其《そ》の人《ひと》存《そん》すれば、則《すなわ》ち其《そ》の政舉《せいあ》がり、其《そ》の人《ひと》亡《な》ければ、則《すなわ》ち其《そ》の政《せい》息《や》む、と。人道《じんどう》は政《せい》を敏《つと》め、地道《ちどう》は樹《じゅ》を敏《つと》む。夫《そ》れ政《せい》なる者《もの》は、蒲盧《ほろ》なり。故《ゆえ》に政《せい》を爲《おさ》むるは人《ひと》に在《あ》り。人《ひと》を取《と》るには身《み》を以《もっ》てし、身《み》を脩《おさ》むるには道《みち》を以《もっ》てし、道《みち》を脩《おさ》むるには仁《じん》を以《もっ》てす。仁《じん》は人《ひと》なり。親《しん》を親《した》しむを大《だい》なりと爲《な》す。義《ぎ》は宜《ぎ》なり。賢《けん》を尊《たっと》ぶを大《だい》なりと爲《な》す。親《しん》を親《した》しむの殺《さい》、賢《けん》を尊《たっと》ぶの等《とう》は、禮《れい》の生《しょう》ずる所《ところ》なり。

……

故《ゆえ》に君子《くんし》は以《もっ》て身《み》を脩《おさ》めざる可《べ》からず。身《み》を脩《おさ》めんと思《おも》はば、以《もっ》て親《おや》に事《つか》へざる可《べ》からず。親《おや》に事《つか》へんと思《おも》はば、以《もっ》て人《ひと》を知《し》らざる可《べ》からず。人《ひと》を知《し》らんと思《おも》はば、以《もっ》て天《てん》を知《し》らざる可《べ》からず。

第三小段

第一節

天下《てんか》の達道《たつどう》は五《ご》。之《これ》を行《おこな》ふ所以《ゆえん》の者《もの》は三《さん》。曰《いわ》く、君臣《くんしん》なり、父子《ふし》なり。夫婦《ふうふ》なり、昆弟《こんてい》なり、朋友《ほうゆう》の交《まじ》はりなり。五者《ごしゃ》は天下《てんか》の達道《たつどう》なり。知《ち》・仁《じん》・勇《ゆう》の三者《さんしゃ》は、天下《てんか》の達徳《たつとく》なり。之《これ》を行《おこな》ふ所以《ゆえん》の者《もの》は、一《いつ》なり。

或《あるい》は生《うま》れながらにして之《これ》を知《し》り、或《あるい》は學《まな》んで之《これ》を知《し》り、或《あるい》は困《くる》しんで之《これ》を知《し》る。其《そ》の之《これ》を知《し》るに及《およ》んでは、一《いつ》なり。或《あるい》は安《やす》んじて之《これ》を行《おこな》ひ、或《あるい》は利《り》して之《これ》を行《おこな》ひ、或《あるい》は勉強《べんきょう》して之《これ》を行《おこな》ふ。其《そ》の功《こう》を成《な》すに及《およ》んでは、一《いつ》なり。

子曰《しいわ》く、學《がく》を好《この》むは知《ち》に近《ちか》く、力《つと》めて行《おこな》ふは仁《じん》に近《ちか》く、恥《はじ》を知《し》るは勇《ゆう》に近《ちか》し、と。

斯《こ》の三者《さんしゃ》を知《し》れば、則《すなわ》ち身《み》を脩《おさ》むる所以《ゆえん》を知《し》る。身《み》を脩《おさ》むる所以《ゆえん》を知《し》れば、則《すなわ》ち人《ひと》を治《おさ》むる所以《ゆえん》を知《し》る。

人を治《おさ》むる所以《ゆえん》を知《し》れば、則《すなわ》ち天下《てんか》・國家《こっか》を治《おさ》むる所以《ゆえん》を知《し》る。

第二節

凡《およ》そ天下《てんか》・國家《こっか》を爲《おさ》むるに、九經《きゅうけい》有《あ》り。曰《いわ》く、身《み》を脩《おさ》むるなり。賢《けん》を尊《たっと》ぶなり。親《しん》を親《した》しむなり。大臣《だいじん》を敬《けい》するなり。羣臣《ぐんしん》を體《たい》するなり。庶民《しょみん》を子《いつく》しむなり。百工《ひゃっこう》を來《ねぎら》ふなり。遠人《えんじん》を柔《なつ》くるなり。諸侯《しょこう》を懷《やす》んずるなり。

身《み》を脩《おさ》むれば、則《すなわ》ち道立《みちた》つ。賢《けん》を尊《たっと》べば、則《すなわ》ち惑《まど》はず。親《しん》を親《した》しめば、則《すなわ》ち諸《しょ》父《ふ》・昆弟《こんてい》怨《うら》みず。大臣《だいじん》を敬《けい》すれば、則《すなわ》ち眩《げん》せず。羣臣《ぐんしん》を體《たい》すれば、則《すなわ》ち士《し》の報禮《ほうれい》重《おも》し。庶民《しょみん》を子《いつく》しめば、則《すなわ》ち百姓《ひゃくしょう》勸《つと》む。百工《ひゃくこう》を來《ねぎら》へば、則《すなわ》ち財用《ざいよう》足《た》る。遠人《えんじん》を柔《なつ》くれば、則《すなは》ち四方《しほう》之《これ》に歸《き》す。諸侯《しょこう》を懷《やす》んずれば、則《すなわ》ち天下《てんか》之《これ》を畏《おそ》る。齊明《さいめい》し盛服《せいふく》して、禮《れい》に非《あら》ざれば動《うご》かざるは、身《み》を脩《おさ》むる所以《ゆえん》なり。讒《ざん》を去《さ》り色《いろ》を遠《とお》ざけ、貨《か》を賤《いや》しみて徳《とく》を貴《たっと》ぶは、賢《けん》を勸《すす》むる所以《ゆえん》なり。其《そ》の位《くらい》を尊《たっと》くし其《そ》の祿《ろく》を重《おも》くし、其《そ》の好惡《こうお》を同《おな》じくするは、親親《しんしん》を勸《すす》むる所以《ゆえん》なり。官《かん》は盛《さか》んに任使《にんし》するは、大臣《だいじん》を勸《すす》むる所以《ゆえん》なり。忠信《ちゅうしん》もて祿《ろく》を重《おも》んずるは、士《し》を勸《すす》むる所以《ゆえん》なり。時《とき》に使《つか》ひ薄《うす》く斂《おさ》むるは、百姓《ひゃくせい》を勸《すす》むる所以《ゆえん》なり。日《ひ》に省《かえり》み月《つき》に試《こころ》み、既稟事《きりんこと》に稱《かな》ふは、百工《ひゃくこう》を勸《すす》むる所以《ゆえん》なり。往《ゆ》くを送《おく》り來《きた》るを迎《むか》へ、善《ぜん》を嘉《よみ》して不能《ふのう》を矜《あわ》れむは、遠人《えんじん》を柔《なつ》くる所以《ゆえん》なり。絶世《ぜっせい》を繼《つ》ぎ、廢國《はいこく》を擧《おこ》し、亂《らん》を治《おさ》め危《あやう》きを持《たす》け、朝聘時《ちょうへいとき》を以《もっ》てせしめ、往《ゆ》くを厚《あつ》くして來《きた》るを薄《うす》くするは、諸侯《しょこう》を懷《やす》んずる所以《ゆえん》なり。

凡《およ》そ天下《てんか》・國家《こっか》を爲《おさ》むるに、九經《きゅうけい》有《あ》り。之《これ》を行《おこな》ふ所以《ゆえん》の者《もの》は一《いつ》なり。

第三節

凡《およそ》事《こと》は、豫《あらかじ》めすれば則《すなわ》ち立《た》ち、豫《あらかじ》めせざれば則《すなわ》ち廢《はい》す。言前《げんまえ》に定《さだ》まれば、則《すなわ》ち跲《つまず》かず。事前《ことまえ》に定《さだ》まれば、則《すなわ》ち困《くる》しまず。行《ゆ》くこと前《まえ》に定《さだ》まれば、則《すなわ》ち疚《や》まず。道前《みちまえ》に定《さだ》まれば、則《すなわ》ち窮《きわ》まらず。

下位《かい》に在《あ》り、上《かみ》に獲《え》られざれば、民《たみ》得《え》て治《おさ》む可《べ》からず。上《かみ》に獲《え》らるるに道有《みちあ》り。朋友《ほうゆう》に信《しん》ぜられざれば、上《かみ》に獲《え》られず。朋友《ほうゆう》に信《しん》ぜらるるに道有《みちあ》り。親《おや》に順《じゅん》ならざれば、朋友《ほうゆう》に信《しん》ぜられず。親《おや》に順《じゅん》なるに道有《みちあ》り。諸《これ》を身《み》に反《はん》して誠《まこと》ならざれば、親《おや》に順《じゅん》ならず。身《み》を誠《まこと》にするに道《みち》有《あ》り。善《ぜん》に明《あきら》かならざれば、身《み》に誠《まこと》ならず。

第四段

第一小段

誠《まこと》は、天《てん》の道《みち》なり。之《これ》を誠《まこと》にするは、人《ひと》の道《みち》なり。誠《まこと》なる者《もの》は、勉《つと》めずして中《あた》り、思《おも》はずして得《え》、従容《しょうよう》として道《みち》に中《あた》る。聖人《せいじん》なり。之《これ》を誠《まこと》にする者《もの》は、善《ぜん》を擇《えら》んで固《かた》く之《これ》を執《と》る者《もの》なり。

博《ひろ》く之《これ》を學《まな》び、審《つまび》らかに之《これ》を問《と》ひ、愼《つつし》んで之《これ》を思《おも》ひ、明《あきら》かに之《これ》を辨《べん》じ、篤《あつ》く之《これ》を行《おこな》ふ。學《まな》ばざる有《あ》れば之《これ》を學《まな》び、能《よ》くせざれば措《お》かざるなり。問《と》はざる有《あ》れば之《これ》を問《と》ひ、知《し》らざれば措《お》かざるなり。思《おも》はざる有《あ》れば之《これ》を思《おも》ひ、得《え》ざれば措《お》かざるなり。辨《べん》ぜざる有《あ》れば之《これ》を辨《べん》じ、明《あきら》かにせざれば措《お》かざるなり。行《おこな》はざる有《あ》れば之《これ》を行《おこな》ひ、篤《あつ》くせざれば措《お》かざるなり。人一《ひとひと》たびにして之《これ》を能《よ》くすれば、己《おのれ》之《これ》を百《ひゃく》たびす。人十《ひとと》たびにして之《これ》を能《よ》くすれば、己之《おのれこれ》を千《せん》たびす。果《はた》して此《こ》の道《みち》を能《よ》くすれば、愚《ぐ》と雖《いえど》も必《かなら》ず明《めい》、柔《じゅう》と雖《いえど》も必《かなら》ず强《きょう》なり。

第二小段

誠《まこと》なるによりて明《あきら》かなる、之《これ》を性《せい》と謂《い》ふ。明《あきら》かなるによりて誠《まこと》なる、之《これ》を教《おしえ》と謂《い》ふ。誠《まこと》なれば則《すなわ》ち明《あきら》かなり。明《あきら》かなれば則《すなわ》ち誠《まこと》なり。

唯天下《ただてんか》の至誠《しせい》のみ、能《よ》く其《そ》の性《せい》を盡《つ》くすと爲《な》す。能《よ》く其《そ》の性《せい》を盡《つ》くせば、則《すなわ》ち能《よ》く人《ひと》の性《せい》を盡《つ》くす。能《よ》く人《ひと》の性《せい》を盡《つ》くせば、則《すなわ》ち能《よ》く物《もの》の性《せい》を盡《つ》くす。能《よ》く物《もの》の性《せい》を盡《つ》くせば、則《すなわ》ち以《もっ》て天地《てんち》の化育《かいく》を贊《たす》く可《べ》し。以《もっ》て天地《てんち》の化育《かいく》を贊《たす》く可《べ》ければ、則《すなわ》ち以《もっ》て天地《てんち》と參《さん》たる可《べ》し。

其《そ》の次《つぎ》は曲《きょく》を致《きわ》め、曲《きょく》ごとに能《よ》く誠《まこと》有《あ》らしむ。誠《まこと》なれば則《すなわ》ち形《あら》はる。形《あら》はるれば則《すなわ》ち著《ちょ》す。著《ちょ》すれば則《すなわ》ち明《あきら》かなり。明《あきら》かなれば則《すなわ》ち動《うご》く。動《うご》けば則《すなわ》ち變《へん》ず。變《へん》ずれば則《すなわ》ち化《か》す。唯天下《ただてんか》の至誠《しせい》のみ能《よ》く化《か》するを爲《な》す。

至誠《しせい》の道《みち》は、以《もっ》て前知《ぜんち》す可《べ》し。國家《こっか》將《まさ》に興《おこ》らんとすれば、必《かなら》ず禎祥《ていしょう》有《あ》り。國家《こっか》將《まさ》に亡《ほろ》びんとすれば、必《かなら》ず妖孽《ようげつ》有《あ》り。蓍龜《しき》に見《あら》はれ、四體《したい》に動《うご》く。禍福《かふく》將《まさ》に至《いた》らんとすれば、善《ぜん》も必《かなら》ず先《さき》に之《これ》を知《し》り、不善《ふぜん》も必《かなら》ず先《さき》に之《これ》を知《し》る。故《ゆえ》に至誠《しせい》は神《かみ》の如《ごと》し。

第三小段

第一節

誠《まこと》は自《みずか》ら成《な》るなり。而《しか》して道《みち》は自《みずか》ら道《よ》るなり。

誠《まこと》は物《もの》の終始《しゅうし》あり。誠《まこと》ならざれば物《もの》無《な》し。是《こ》の故《ゆえ》に君子《くんし》は之《これ》を誠《まこと》にするを貴《とうと》しと爲《な》す。
誠《まこと》は自《みずか》ら己《おのれ》を成《な》すのみに非《あら》ざるなり。物《もの》を成《な》す所以《ゆえん》なり。己《おのれ》を成《な》すは仁《じん》なり。物《もの》を成《な》すは知《ち》なり。性《せい》の徳《とく》なり、外内《がいない》を合《がっ》するの道《みち》なり。故《ゆえ》に時《とき》に之《これ》を措《お》きて宜《よろ》しきなり。

故《ゆえ》に至誠《しせい》は息《や》むこと無《な》し。息《や》まざれば則《すなわ》ち久《ひさ》し。久《ひさ》しければ則《すなわ》ち徴《ちょう》あり。徴《ちょう》あれば則《すなわ》ち悠遠《ゆうえん》なり。悠遠《ゆうえん》なれば則《すなわ》ち博厚《はくこう》なり。博厚《はくこう》なれば則《すなわ》ち高明《こうめい》なり。博厚《はくこう》は物《もの》を載《の》する所以《ゆえん》なり。高明《こうめい》は物《もの》を覆《おお》ふ所以《ゆえん》なり。悠久《ゆうきゅう》は物《もの》を成《な》す所以《ゆえん》なり。博厚《はくこう》は地《ち》に配《はい》し、高明《こうめい》は天《てん》に配《はい》し、悠久《ゆうきゅう》は疆《きわ》まり無《な》し。此《かく》の如《ごと》き者《もの》は、見《あら》はさずして章《あら》はれ、動《うご》かずして變《へん》じ、爲《な》す無《な》くして成《な》る。

第二節

天地《てんち》の道《みち》は、壹言《いちげん》にして盡《つ》くす可《べ》きなり。其《そ》の物《もの》たる貳《じ》ならざれば、則《すなわ》ち其《そ》の物《もの》を生《しょう》ずること測《はか》られず。天地《てんち》の道《みち》は、博《はく》なり、厚《こう》なり、高《こう》なり、明《めい》なり、悠《ゆう》なり、久《きゅう》なり。
今夫《いまそ》れ天《てん》は、斯《し》たる昭昭《しょうしょう》の多《おお》きなり。其《そ》の窮《きわ》まり無《な》きに及《およ》んでは、日《じつ》・月《げつ》・星《せい》辰繋《しんかか》り、萬物覆《ばんぶつおお》はる。今夫《いまそ》れ地《ち》は、一撮土《いっさつど》の多《おお》きなり。其《そ》の廣厚《こうこう》なるに及《およ》んでは、華《か》・嶽《がく》を載《の》せて重《おも》しとせず、河《か》・海《かい》を振《おさ》めて洩《も》らさず、萬物載《ばんぶつの》せらる。今夫《いまそ》れ山《やま》は、一巻石《いっけんせき》の多《おお》きなり。其《そ》の廣大《こうだい》なるに及《およ》んでは、草木之《そうもくこれ》に生《しょう》じ、禽獣之《きんじゅうこれ》に居《お》り、寶藏興《ほうぞうおこ》る。今夫《いまそ》れ水《みず》は、一勺《いっしゃく》の多《おお》きなり。其《そ》の測《はか》られざるに及《およ》んでは、黿《げん》・鼉《だ》・鮫《こう》・龍《りょう》・魚《ぎょ》・鼈生《べっしょう》じ、貨財殖《かざいしょく》す。

詩《し》に曰《いわ》く、惟《こ》れ天《てん》の命《めい》は、於穆《ああぼく》として已《や》まず、と。蓋《けだ》し天《てん》の天《てん》たる所以《ゆえん》を曰《い》ふなり。於乎不顯《ああひけん》なるかな、文王《ぶんおう》の徳《とく》の純《じゅん》、と。蓋《けだ》し文王《ぶんおう》の文《ぶん》たる所以《ゆえん》を曰《い》ふなり。純《じゅん》も亦已《またや》まず。

第五段

第一節

大《だい》なるかな聖人《せいじん》の道《みち》。洋洋乎《ようようこ》として萬物《ばんぶつ》を發育《はついく》せしめ、峻《たか》くして天《てん》に極《いた》る。優優《ゆうゆう》として大《だい》なるかな、禮儀三百《れいぎさんびゃく》、威儀三千《いぎさんぜん》。其《そ》の人《ひと》を待《ま》つて後行《のちおこな》はる。故《ゆえ》に曰《いわ》く、苟《いやし》くも至徳《しとく》ならざれば、至道凝《しどうな》らず、と。

故《ゆえ》に君子《くんし》は、徳性《とくせい》を尊《たっと》んで問學《もんがく》に道《よ》り、廣大《こうだい》を致《いた》して精微《せいび》を盡《つ》くし、高明《こうめい》を極《きわ》めて中庸《ちゅうよう》に道《よ》り、故《ふる》きを溫《たず》ねて新《あたら》しきを知《し》り、敦厚以《とんこうもっ》て禮《れい》を崇《たっと》ぶ。

是《こ》の故《ゆえ》に上《かみ》に居《お》りては驕《おご》らず、下《しも》と爲《な》りては倍《そむ》かず。國《くに》に道有《みちあ》れば、其《そ》の言以《げんもっ》て興《おこ》すに足《た》り、國《くに》に道無《みちな》ければ、其《そ》の默以《もくもっ》て容《い》るるに足《た》る。詩《し》に曰《いわ》く、既《すで》に明《めい》にして且《か》つ哲《てつ》、以《もっ》て其《そ》の身《み》を保《たも》つ、と。其《そ》れ此《これ》の謂《いい》か。

第二節

子曰《しいわ》く、愚《ぐ》にして自《みずか》ら用《もち》ふるを好《この》み、賤《せん》にして自《みずか》ら専《もっぱ》らにするを好《この》み、今《いま》の世《よ》に生《うま》れて古《いにしえ》の道《みち》に反《かえ》る。此《かく》の如《ごと》き者《もの》は、裁《わざはい》其《そ》の身《み》に及《およ》ぶ者《もの》なり、と。天子《てんし》に非《あら》ざれば禮《れい》を議《ぎ》せず、度《ど》を制《せい》せず、文《ぶん》を考《つく》らず。今《いま》は天下《てんか》車《くるま》軌《き》を同《おな》じうし、書文《ふみぶん》を同《おな》じくし、行倫《おこないりん》を同《おな》じうす。其《そ》の位《くらい》有《あ》りと雖《いえど》も、苟《いやし》くも其《そ》の徳《とく》無《な》ければ、敢《あえ》て禮樂《れいがく》を作《つく》らず。其《そ》の徳《とく》有《あ》りと雖《いえど》も、苟《いやし》くも其《そ》の位《くらい》無《な》ければ、亦《また》敢《あえ》て禮樂《れいがく》を作《つく》らず。子曰《しいわ》く、吾《われ》夏《か》の禮《れい》を説《と》く、杞《き》は徴《ちょう》するに足《た》らざるなり。吾《われ》殷《いん》の禮《れい》を學《まな》ぶ、宋《そう》の存《そん》する有《あ》り。吾《われ》周《しゅう》の禮《れい》を學《まな》ぶ、今之《いまこれ》を用《もち》ふ。吾《われ》は周《しゅう》に從《したが》はん、と。

天下《てんか》に王《おう》たるに、三重《さんじゅう》有《あ》り。其《そ》れ過《あやまち》寡《すくな》からんかな。

上《かみ》なる者《もの》は、善《ぜん》なりと雖《いえど》も徴《ちょう》無《な》し。徴《ちょう》無《な》ければ信《しん》ぜず、信《しん》ぜざれば民《たみ》從《したが》はず。

下《しも》なる者《もの》は、善《ぜん》なりと雖《いえど》も尊《とうと》からず。尊《とうと》からざれば信《しん》ぜず、信《しん》ぜざれば民《たみ》從《したが》はず。

故《ゆえ》に君子《くんし》の道《みち》は、諸《これ》を身《み》に本《もと》づけ、諸《これ》を庶民《しょみん》に徴《ちょう》し、諸《これ》を三王《さんおう》に考《かんが》へて繆《あやま》らず。諸《これ》を天地《てんち》に建《た》てて悖《もと》らず。諸《これ》を鬼神《きじん》に質《ただ》して疑《うたがい》無《な》し。百世《ひゃくせい》以《もっ》て聖人《せいじん》を俟《ま》つて惑《まど》はず。諸《これ》を鬼神《きじん》に質《ただ》して疑《うたがい》無《な》きは、天《てん》を知《し》るなり。百世《ひゃくせい》以《もっ》て聖人《せいじん》を俟《ま》つて惑《まど》はざるは、人《ひと》を知《し》るなり。

是《こ》の故《ゆえ》に君子《くんし》は動《うご》いては世々《よよ》天下《てんか》の道《みち》と爲《な》り、行《おこな》ひては世々《よよ》天下《てんか》の法《ほう》と爲《な》り、言《い》ひては世々《よよ》天下《てんか》の則《のり》と為《な》り、之《これ》に遠《とお》ざかれば則《すなわ》ち望《のぞ》む有《あ》り、之《これ》に近《ちか》づけば則《すなわ》ち厭《あ》かず。

詩《し》に曰《いわ》く、彼《かしこ》に在《あ》りて惡《にく》まるること無《な》く、此《ここ》に在《あ》りて射《いと》はるること無《な》し。庶幾《こいねが》はくは夙夜《しゅくや》して、以《もっ》て終譽《しゅうよ》を永《なが》くせん、と。君子《くんし》未《いま》だ此《かく》の如《ごと》くならずして、蚤《つと》に天下《てんか》に譽《ほまれ》有《あ》る者《もの》は有《あ》らざるなり。

第三節

仲尼《ちゅうじ》は堯《ぎょう》・舜《しゅん》を祖述《そじゅつ》し、文《ぶん》・武《ぶ》を憲章《けいしょう》す。上《かみ》は天《てん》の時《とき》に律《のっと》り、下《しも》は水土《すいど》に襲《よ》る。辟《たと》へば天地《てんち》は持載《じさい》せざる無《な》く、覆幬《ふとう》せざる無《な》きが如《ごと》し。辟《たと》へば四時《しいじ》の錯行《さくこう》するが如《ごと》く、日月《じつげつ》の代明《だいめい》するが如《ごと》し。萬物《ばんぶつ》竝《なら》び育《いく》して相害《あいそこな》はず、道《みち》竝《なら》び行《おこな》はれて相悖《あいもと》らず。小徳《しょうとく》は川流《せんりゅう》し、大徳《だいとく》は敦化《とんか》す。此《こ》れ天地《てんち》の大《だい》たる所以《ゆえん》なり。

唯《ただ》天下《てんか》の至聖《しせい》のみ、能《よ》く聰明叡知《そうめいえいち》、以《もっ》て臨《りん》有《あ》るに足《た》り、寛裕溫柔《かんゆうおんじゅう》、以《もっ》て容《よう》有《あ》るに足《た》り、發強剛毅《はっきょうごうき》、以《もっ》て執《しゅう》有《あ》るに足《た》り、齊荘中正《せいそうちゅうせい》、以《もっ》て敬《けい》有《あ》るに足《た》り、文理《ぶんり》密察《みっさつ》、以《もっ》て別《べつ》有《あ》るに足《た》ると為《な》す。溥博淵泉《ふはくえんせん》にして、時《とき》に之《これ》を出《いだ》す。溥博《ふはく》は天《てん》の如《ごと》く、淵泉《えんせん》は淵《ふち》の如《ごと》し。見《あら》はして民敬《たみけい》せざるは莫《な》く、言《い》ひて民信《たみしん》ぜざるは莫《な》く、行《おこな》ひて民説《たみよろこ》ばざるは莫《な》し。

是《ここ》を以《もっ》て聲名中國《せいめいちゅうごく》に洋溢《よういつ》し、施《ひ》きて蠻貊《ばんぱく》に及《およ》ぶ。舟車《しゅうしゃ》の至《いた》る所《ところ》、人力《じんりょく》の通《つう》ずる所《ところ》、天《てん》の覆《おお》ふ所《ところ》、地《ち》の載《の》する所《ところ》、日月《じつげつ》の照《てら》す所《ところ》、霜露《そうろ》の隊《お》つる所《ところ》、凡《およ》そ血氣《けつき》有《あ》る者《もの》、尊親《そんしん》せざる莫《な》し。故《ゆえ》に天《てん》に配《はい》すと曰《い》ふ。

唯天下《ただてんか》の至誠《しせい》のみ、能《よ》く天下《てんか》の大經《たいけい》を經綸《けいりん》し、天下《てんか》の大本《たいほん》を立《た》て、天地《てんち》の化育《くわいく》を知《し》ると爲《な》す。夫《そ》れ焉《いづ》くんぞ倚《かたよ》る所《ところ》有《あ》らん。肫肫《じゅんじゅん》として其《そ》れ仁《じん》なり、淵淵《えんえん》として其《そ》れ淵《えん》なり、浩浩《こうこう》として其《そ》れ天《てん》なり。

苟《まこと》に固《もと》より聰明聖知《そうめいせいち》にして、天徳《てんとく》に達《たっ》せる者《もの》にあらざれば、其《そ》れ孰《たれ》か能《よ》く之《これ》を知《し》らん。

第六段

第一節

詩《し》に曰《いわ》く、錦《にしき》を衣《き》て絅《けい》を尙《こ》ふ、と。其《そ》の文《ぶん》の著《あら》はるるを惡《い》めばなり。

故《ゆえ》に君子《くんし》の道《みち》は、闇然《あんぜん》として而《しか》も日々《ひび》に章《あきら》かなり。小人《しょうじん》の道《みち》は、的然《てきぜん》として而《しか》も日々《ひび》に亡《ほろ》ぶ。

君子《くんし》の道《みち》は、淡《あわ》くして厭《いと》はれず、簡《かん》にして文《ぶん》あり、溫《おん》にして理《り》あり。遠《とお》きの近《ちか》きを知《し》り、風《ふう》の自《よ》るを知《し》り、微《び》の顯《けん》なるを知《し》れば、與《とも》に德《とく》に入《い》る可《べ》し。

詩《し》に云《いわ》く、潛《ひそ》み雖伏《またふく》すれども、亦孔《またはなは》だ之《こ》れ昭《あきら》かなり、と。故《ゆえ》に君子《くんし》は内《うち》に省《かえり》みて疚《やま》しからず、志《こころざし》に惡無《あくな》からしむるなり。君子《くんし》の及《およ》ぶ可《べ》からざる所《ところ》の者《もの》は、其《そ》れ唯人《ただひと》の見《み》ざる所《ところ》か。

第二節

詩《し》に云《いわ》く、爾《なんじ》の室《しつ》に在《あ》るを相《み》るに、尚《こいねが》はくは屋漏《おくろう》に愧《は》ぢざれ、と。故《ゆえ》に君子《くんし》は動《うご》かずして而《しか》も敬《けい》せられ、言《い》はずして而《しか》も信《しん》ぜらる。

詩《し》に曰《いわ》く、奏假《そうか》すること言無《げんな》きも、時《こ》れ争《いさかい》有《あ》ること靡《な》し、と。是《こ》の故《ゆえ》に君子《くんし》は賞《しょう》せずして而《しか》も民《たみ》勸《よろこ》び、怒《いか》らずして而《しか》も民《たみ》鈇鉞《ふえつ》より威《おそ》る。

詩《し》に曰《いわ》く、不顯《ひけん》なるかな惟《こ》れ徳《とく》、百辟《ひゃくへき》其《そ》れ之《これ》に刑《のっと》る、と。是《こ》の故《ゆえ》に君子《くんし》は篤恭《とくきょう》にして而《しか》も天下《てんか》平《たいら》かなり。

第三節

詩《し》に曰《いわ》く、予《よ》は明徳《めいとく》に懐《よ》る。聲《こえ》と色《いろ》とを大《だい》にせず、と。子《し》曰《いわ》く、聲色《せいしょく》の以《もっ》て民《たみ》を化《か》するに於《お》けるや、末《すえ》なり、と。

詩《し》に曰《いわ》く、徳《とく》の輶《かろ》きこと毛《け》の如《ごと》し、と。毛《け》は猶《な》ほ倫《りん》有《あ》り。上天《じょうてん》の載《さい》は、聲《こえ》も無《な》く臭《におい》も無《な》し、と。至《いた》れり。

中庸章句序

中庸《ちゅうよう》は何《なん》の爲《ため》に作《つく》れるや。子思子《ししし》、道學《どうがく》の其《そ》の傳《でん》を失《うしな》はんこと憂《うれ》へて作《つく》れるなり。

蓋《けだ》し上古《じょうこ》の聖神《せいしん》、天《てん》に繼《つ》いで極《きょく》を立《た》てしより、道統《どうとう》の傳《でん》は自《よ》つ來《きた》る有《あ》り。其《そ》の經《けい》に見《み》ゆる（もの）は、則《すなわ》ち允《まこと》に厥《そ》の中《ちゅう》を執《と》れとは、堯《ぎょう》の舜《しゅん》に授《さず》くる所以《ゆえん》なり。人心《じんしん》は惟《こ》れ危《あやう》く、道心《どうしん》は惟《こ》れ微《び》なり。惟《こ》れ精《せい》に惟《こ》れ一《いつ》にして、允《まこと》に厥《そ》の中《ちゅう》を執《と》れとは、舜《しゅん》の禹《う》に授《さず》くる所以《ゆえん》なり。堯《ぎょう》の一言《いちげん》は、至《いた》れり、盡《つ》くせり。而《しか》して舜《しゅん》の復《また》之《これ》を益《ま》すに三言《さんげん》を以《もっ》てする者《もの》は、則《すなわ》ち堯《ぎょう》の一言《いちげん》は、必《かなら》ず是《かく》の如《ごと》くにして而《しか》る後庶《のちしょ》幾《き》す可《べ》きを明《あきら》らかにする所以《ゆえん》なり。

蓋《けだ》し嘗《こころ》みに之《これ》を論《ろん》ぜん。心《こころ》の虚靈《きょれい》なる知覺《ちかく》は、一《いつ》のみ。而《しか》るに以《もっ》て人心《じんしん》・道心《どうしん》の異《ことなり》有《あ》りと爲《な》す者《もの》は、則《すなわ》ち其《そ》の或《あるい》は形氣《けいき》の私《わたくし》に生《しょう》じ、或《あるい》は性命《せいめい》の正《せい》に原《もと》づくを以《もっ》てして、知覺《ちかく》を爲《な》す所以《ゆえん》の者同《ものおな》じからず。是《ここ》を以《もっ》て或《あるい》は危殆《きたい》にして安《やす》からず、或《あるい》は微妙《びみょう》にして見難《みがた》きのみ。然《しか》れども人《ひと》は是《こ》の形《かたち》有《あ》らざるは莫《な》し、故《ゆえ》に上智《じょうち》と雖《いえど》も、人心《じんしん》無《な》き能《あた》はず。亦是《またこ》の性《せい》有《あ》らざる莫《な》し、故《ゆえ》に下愚《かぐ》と雖《いえど》も、道心《どうしん》無《な》き能《あた》はず。二者《にしゃ》、方寸《ほうすん》の間《かん》に雜《まじ》はりて、之《これ》を治《おさ》むる所以《ゆえん》を知《し》らざれば、則《すなわ》ち危《あやう》き者《もの》は愈ゝ《いよいよ》危《あやう》く、微《び》なる者《もの》は愈々《いよいよ》微《び》にして、天理《てんり》の公《こう》、卒《つい》に以《もっ》て夫《か》の人欲《じんよく》の私《わたくし》に勝《か》つ無《な》し。精《せい》とは則《すなわ》ち夫《か》の二者《にしゃ》の間《かん》を察《さっ》して雜《まじ》へざるなり。一《いっ》とは則《すなわ》ち其《そ》の本心《ほんしん》の正《せい》を守《まも》つて離《はな》さざるなり。斯《ここ》に從事《じゅうじ》して、少《いささ》かも間斷無《かんだんな》く、必《かなら》ず道心《どうしん》をして常《つね》に一身《いっしん》の主《しゅ》と爲《な》りて、人心《じんしん》をして毎《つね》に命《めい》を聽《き》かしむれば、則《すなは》ち危《あやう》き者《もの》も安く、微《び》なる者《もの》も著《あら》はれて、動靜云爲《どうせいいんい》、自《おのずか》ら過不及《かふきゅう》の差無《たがいな》し。

夫《そ》れ堯《ぎょう》・舜《しゅん》・禹《う》は、天下《てんか》の大聖《たいせい》なり。天下《てんか》を以《もっ》て相傳《あいつた》ふるは、天下《てんか》の大事《だいじ》なり。天下《てんか》の大聖《たいせい》を以《もっ》て、天下《てんか》の大事《だいじ》を行《おこな》ひ、而《しか》も其《そ》の授受《じゅじゅ》の際《さい》に、丁寧《ていねい》に告《つ》げ戒《いまし》むることは、此《かく》の如《ごと》きに過《す》ぎざれば、則《すなわ》ち天下《てんか》の理《り》は、豈《あ》に以《もっ》て此《これ》に加《くわ》ふる有《あ》らんや。是《これ》より以來《いらい》、聖聖相承《せいせいあいう》く。成湯《せいとう》・文《ぶん》・武《ぶ》の君《きみ》たる、皐陶《こうよう》・伊《い》・傅《ふ》・周《しゅう》・召《しょう》の臣《しん》たる若《ごと》きは、既《すで》に皆此《みなこれ》を以《もっ》て夫《か》の道統《どうとう》の傳《でん》に接《せっ》す。

吾《わ》が夫子《ふうし》の若《ごと》きは、則《すなわ》ち其《そ》の位《くらい》を得《え》ずと雖《いえど》も、往聖《おうせい》を繼《つ》ぎ來學《らいがく》を開《ひら》く所以《ゆえん》の、其《そ》の功《こう》は反《かえ》つて堯《ぎょう》・舜《しゅん》より賢《まさ》る者有《ものあ》り。然《しか》れども是《こ》の時《とき》に當《あた》りて、見《み》て之《これ》を知《し》る者《もの》〔のうち〕、惟顏氏《ただがんし》・曾氏《そうし》の傳《でん》のみ其《そ》の宗《そう》を得《え》たり。曾氏《そうし》の再《ふたた》び傳《つた》ふるに及《およ》んで、復夫子《またふうし》の孫子思《そんしし》を得《え》たり。則《すなわ》ち聖《せい》を去《さ》ること遠《とお》くして異端起《いたんおこ》る。

子思《しし》、夫《か》の愈々久《いよいよひさ》しうして愈々其《いよいよそ》の眞《しん》を失《うしな》はんことを懼《おそ》る。是《ここ》に於《おい》て堯舜《ぎょうしゅん》以來《いらい》相傳《あいつた》ふるの意《い》を推本《すいほん》し、質《ただ》すに平日聞《へいじつき》ける所《ところ》の父師《ふし》の言《げん》を以《もっ》てし、更互《こうご》に演繹《えんえき》して、此《こ》の書《しょ》を作爲《さくい》し、以《もっ》て後《のち》の學者《がくしゃ》に詔《つ》ぐ。蓋《けだ》し其《そ》の之《これ》を憂《うれ》ふるや深《ふか》し、故《ゆえ》に其《そ》の之《これ》を言《い》ふや切《せつ》なり。其《そ》の之《これ》を慮《おもんぱか》るや遠《とお》し、故《ゆえ》に其《そ》の之《これ》を説《と》くや詳《つまびら》かなり。其《そ》の、天《てん》の命《めい》ぜる・性《せい》に率《したが》ふ、と曰《い》ふは、則《すなわ》ち道心《どうしん》の謂《いい》なり。其《そ》の、善《ぜん》を擇《えら》びて固《かた》く執《と》る、と曰《い》ふは、則《すなわ》ち精一《せいいつ》の謂《いい》なり。其《そ》の、君子《くんし》は時中《じちゅう》す、と曰《い》ふは、則《すなわ》ち中《ちゅう》を執《と》るの謂《いい》なり。世《よ》の相後《あいおく》るること千有餘年《せんゆうよねん》にして、而《しか》も其《そ》の言《げん》の異《こと》ならざること、符節《ふせつ》を合《あ》はすが如《ごと》し。前聖《ぜんせい》の書《しょ》を歴選《れきせん》するに、綱維《こうい》を提挈《ていけい》し、蘊奥《うんおう》を開《かい》示《じ》する所以《ゆえん》、未《いま》だ是《かく》の若《ごと》く之《こ》れ明《あきら》かにして且《か》つ盡《つ》くせる者《もの》は有《あ》らざるなり。是《これ》よりして又再傳《またさいでん》して、以《もっ》て孟氏《もうし》を得《え》たり。能《よ》く是《こ》の書《しょ》を推明《すいめい》し、以《もっ》て先聖《せんせい》の統《とう》を承《う》くるを爲《な》す。

其《そ》の没《ぼっ》するに及《およ》んで遂《つい》に其《そ》の傳《でん》を失《うしな》ふ。則《すなわ》ち吾《わ》が道《みち》の寄《よ》る所《ところ》は、言語《げんご》・文字《もんじ》の閒《あいだ》に越《こ》えずして、異端《いたん》の説《せつ》は、日《ひ》に新《あらた》に月《つき》に盛《さか》んにして、以《もっ》て老《ろう》・佛《ぶつ》の徒《と》出《い》づるに至《いた》り、則《すなわ》ち彌々《いよいよ》理《り》に近《ちか》き〔がごとくにして〕而《しか》も大《おお》いに眞《しん》を亂《みだ》る。

然《しか》り而《しか》して尚《な》ほ幸《さいわい》に此《こ》の書《しょ》之《こ》れ泯《ほろ》びず。故《ゆえ》に程夫子《ていふうし》兄弟《けいてい》なる者《もの》出《い》でて、考《かんが》ふる所《ところ》有《あ》りて、以《もっ》て夫《か》の千載《せんざい》夫傳《ふでん》の緒《ちょ》を續《つ》ぐことを得《え》、據《よ》る所《ところ》有《あ》りて、以《もっ》て夫《か》の二《に》家《か》の是《ぜ》に似《に》たるの非《ひ》を斥《しりぞ》くることを得《え》たり。蓋《けだ》し子思《しし》の功《こう》は是《ここ》に於《お》いて大《だい》なりと爲《な》す。而《しか》して程夫子《ていふうし》微《な》かりせば、則《すなわ》ち亦《また》能《よ》く其《そ》の語《ご》に因《よ》つて其《そ》の心《こころ》を得《う》る莫《な》きなり。

惜《お》しいかな其《そ》の說《せつ》を爲《な》す所以《ゆえん》の者《もの》は傳《つた》はらず。而《しか》して凡《およ》そ石氏《せきし》の輯錄《しゅうろく》する所《ところ》も、僅《わずか》に其《そ》の門人《もんじん》の記《き》する所《ところ》に出《い》づ。是《ここ》を以《もっ》て大義《たいぎ》は明《あきら》かなりと雖《いえど》も、微言《びげん》は未《いま》だ析《せき》ならず。其《そ》の門人《もんじん》の自《みずか》ら說《せつ》を爲《な》す所《ところ》に至《いた》りては、則《すなわ》ち頗《すこぶ》る詳盡《しょうじん》にして發明《はつめい》する所多《ところおお》しと雖《いえど》も、然《しか》れども其《そ》の師說《しせつ》に倍《そむ》きて、老《ろう》・佛《ぶつ》に淫《いん》する者《もの》も亦之有《またこれあ》り。熹《き》、蚤歲《そうさい》より卽《すなわ》ち嘗《かつ》て受《う》けて讀《よ》みて、竊《ひそか》に之《これ》を疑《うたが》ふ。沈潛《ちんせん》して反覆《はんぷく》すること、蓋《けだ》し亦年有《またとしあ》り。一旦恍然《いったんこうぜん》として以《もっ》て其《そ》の要領《ようりょう》を得《う》る者有《ものあ》るに似《に》たり。然《しか》る後乃《のちすなわ》ち敢《あえ》て衆說《しゅうせつ》を會《かい》して其《そ》の中《ちゅう》を折《さだ》め、既《すで》に爲《ため》に章句一篇《しょうくいっぺん》を定著《ていちょ》し、以《もっ》て後《のち》の君子《くんし》を俟《ま》つ。而《しか》して一二《いちに》の同志《どうし》、復石氏《またせきし》の書《しょ》を取《と》りて、其《そ》の繁亂《はんらん》を刪《けず》り、名《な》づくるに輯略《しゅうりゃく》を以《もっ》てし、且《か》つ嘗《かつ》て論辯《ろんべん》して取舍《しゅしゃ》する所《ところ》の意《い》を記《き》して、別《べつ》に或問《わくもん》を爲《つく》りて、以《もっ》て其《そ》の後《あと》に附《ふ》す。然《しか》る後此《のちこ》の書《しょ》の旨《むね》、支分節解《しぶんせつかい》し、脈絡貫通《みゃくらくかんつう》し、詳細相因《しょうさいあいよ》り、巨細畢《きょさいことごと》く擧《あ》がる。而《しか》して凡《およ》そ諸說《しょせつ》の同異得失《どういとくしつ》も、亦以《またもっ》て曲《つまびら》かに暢《の》び旁《あまね》く通《つう》じて、各々《おのおの》其《そ》の趣《むね》を極《きわ》むるを得《え》ん。道統《どうとう》の傳《でん》に於《おい》ては、敢《あえ》て妄議《もうぎ》せずと雖《いえど》も、然《しか》れども初學《しょがく》の士《し》或《あるい》は取《と》る有《あ》らば、則《すなわ》ち亦遠《またとお》きに行《ゆ》き高《たか》きに升《のぼ》るの一助《いちじょ》たるに庶《ちか》からんと爾云《しかい》ふ。淳熙己酉《じゅんききゆう》の春三月《はるさんがつ》の戊申《ぼしん》、新安《しんあん》の朱熹序《しゅきじょ》す。

【著者略歴】

田口佳史（たぐち・よしふみ）

1942年東京生まれ。東洋思想研究家。イメージプラン代表取締役会長。新進の映画監督としてバンコク郊外で撮影中、水牛二頭に襲われ瀕死の重傷を負い入院。生死の狭間で「老子」と運命的に出会い、「天命」を確信する。「東洋思想」を基盤とする経営思想体系「タオ・マネジメント」を構築・実践、延べ一万人超の企業経営者・社会人・政治家を育て上げてきた。第一人者として政財界からの信任は厚い。東洋と西洋の叡智を融合させ「人類に真の調和」をもたらすべく精力的に活動中。配信中のニュースレターは海外でも注目を集めている。著書に『書経講義録』『「大学」に学ぶ人間学』『ビジネスリーダーのための老子「道徳経」講義』『人生に迷ったら「老子」』『横井小楠の人と思想』『佐久間象山に学ぶ大転換期の生き方』（いずれも致知出版社）など多数。

「中庸《ちゅうよう》」講義録

令和五年十一月三十日第一刷発行

著　者　田口佳史
発行者　藤尾秀昭
発行所　致知出版社
〒150-0001東京都渋谷区神宮前四の二十四の九
TEL（〇三）三七九六―二一一一
印刷・製本　中央精版印刷
落丁・乱丁はお取替え致します。（検印廃止）

ISBN978-4-8009-1297-8 C0095

ホームページ　https://www.chichi.co.jp
Eメール　books@chichi.co.jp

装　幀――秦　浩司
編集協力――柏木孝之

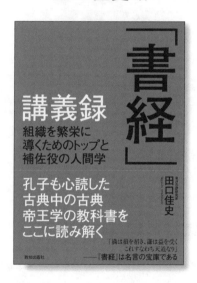